REINVENTANDO GERENCIAMENTO DE PROJETOS

REINVENTANDO GERENCIAMENTO DE PROJETOS

Aaron J.Shenhar ◆ Dov Dvir

A ABORDAGEM DIAMANTE AO CRESCIMENTO E INOVAÇÃO BEM-SUCEDIDOS

M.BOOKS

M.Books do Brasil Editora Ltda.

Rua Jorge Americano, 61 - Alto da Lapa
05083-130 - São Paulo - SP - Telefones: (11) 3645-0409/(11) 3645-0410
Fax: (11) 3832-0335 - e-mail: vendas@mbooks.com.br
www.mbooks.com.br

Dados de Catalogação da Publicação

Shenhar, Aaron; Dvir, Dov

Reinventado Gerenciamento de Projetos: A Abordagem Diamante ao Crescimento e Inovação Bem-sucedidos/ Aaron J. Shenhar e Dov Dvir.
1. Gerenciamento de Projetos 2. Administração Estratégica 3. Negócios

ISBN: 978-85-7680-079-8

Do original: Reinventing project management: the diamond approach to successful growth and innovation.

ISBN-13: 978-1-59139-800-4 (capa dura)
ISBN-10: 1-59139-800-2

Editor: Milton Mira de Assumpção Filho

Tradução: R. Brian Taylor
Revisão Técnica: Paulo Affonso Ferreira, PMP

Produção Editorial: Lucimara Leal
Coordenação Gráfica: Silas Camargo
Projeto Gráfico, Capa e Diagramação: Crontec

Para nossos filhos

Ayelet, Galit e Ben

e

Ori, Hilla e Omer

SUMÁRIO

PARTE TRÊS

FAZENDO A ABORDAGEM DIAMANTE FUNCIONAR

Os Anexos estão disponíveis em *www.mbooks.com.br*, no link referente a este livro.

AGRADECIMENTOS

Há sempre muitas pessoas para agradecer, especialmente por um trabalho que se estendeu por mais de uma década e meia, cujas sementes foram plantadas bem antes. Minha inspiração inicial veio de Ze'ev Bonen, CEO da Rafael, que sempre promoveu a idéia de que projetos se diferem e desenvolveu uma categorização de quatro tipos de projetos, a qual, mais tarde, inspirou esta pesquisa. Serei sempre muito grato a ele e a alguns gerentes excepcionais como Yorm Valfish, Reuven Regev, Aharale Shapira e Giora Shalgi, que me ensinaram a arte de gerenciamento de projetos e demonstraram o que realmente significa excelência.

Como praticante que se tornou acadêmico, inicialmente me senti perdido e precisei de diretrizes em território desconhecido. Meus novos colegas na Universidade de Tel-Aviv, Dov Eden, Shimcha Ronen, Asya Pazy, Zeev Neumann, Niv Ahituv, Yair Aharoni, Zvi Adar, Shlomo Globerson, Boaz Ronen, Israel Shpigler, Gadi Ariav, Igal Ayal, Yechiel Zif, Shoshi Anily, Yehuda Kahane, Yair Tauman, Avraham Beza, Elie Segev e Dalia Etzion, me ajudaram a continuar com o pensamento correto e a manter meus padrões altos dentro de uma cultura singular de erudição. Seu apoio e energia estiveram sempre presentes; para sempre lembrarei com carinho o que eles me ensinaram.

Grande parte da pesquisa que Dov e eu fizemos para este livro foi feita em colaboração com outras pessoas. A amizade e a interação com esses colegas extraordinários fizeram com que este empenho fosse bastante recompensador. Eles são: Asher Tishler, Avi Grossfeld-Nir, Tzvi Raz, Hans Thamhain, Dragan Milosevic, Andy Sage, Stanislav Lipovetsky, Paul Adler, Yechiel Shulman, Joca Stefanovic, Rias van Wyk, Ofer Levy, Alan Maltz, Michael Poli, Richard Reilly, Brian Sauser, Jerry Mulenberg, Zvi Ahronson, Peerasit Patanakul, Thomas Lechler, William Guth, Gus Gaynor, Alex Laufer, Shlomo Alkaher, Arik Sadeh, Amnon Shefi, Daniel Kuhn, Michael Cooper, Larry French, Gary Lynn, Lynn Crawford, Max Wideman, Scott Fricke, Sabin Srivannaboon, Moshe Ayal, Tim Phelan, Nancy Tighe, Ayala Malach-Pines, Arie Ben-David e Michael Ryan.

Outros colegas e eruditos também nos apoiaram muito. Ao lerem os rascunhos do trabalho ou se envolverem em discussões sobre ele, eles ofereceram conselhos e estímulo que me puseram de volta nos trilhos mais de uma vez. Pessoas como Clayton Christensen, Jim Collins, David Cleland, Ed Roberts, Ralph Katz, Karlos Arrto, Alan Pearson, Rodney Turner, Jeff Butler, Dundar Kocaolgu, Peter Morris, Rajan anand, Pritesh Shah, Bob Mason, Ari Plonski, Dick Cardozo, George Farris, Harold Linstone, Isak Kruglianskas, Janice Thomas, Louis Lefebvre, Mel Silverman, Miriam Erez, Yehouda Shenhav, Josh Weston, Elie Geisler, Roberto Sbragia, Jacob Levy e Roland Gareis foram parte inseparável dessa jornada. Muitas vezes fui inspirado pelos trabalhos de grande eruditos, incluindo Kathleen Eisenhardt, Michael Tushman, Robert Burgleman, Rebecca Henderson, Christoph Loch, Kim Klark, Steve Wheelright, Richard Rosenbloom, Dorothy Leonard, James Utterback, Tom Allen, Gary Pisano, Marco Iansiti, Harold Kerzner, Gideon Kunda, Jeff Pinto, Terry Williams, Tim Kloppenborg, Alan McCormack, Stephen Thomke, Eric von Hippel, Geoffrey Moore e Andy Van de Ven.

Administradores e colegas no Instituto de Tecnologia Stevens nos proporcionaram um ambiente bastante suportivo. Este grupo inclui Harold Raveche, James Tietjen, Jerry Hultin, Arthur Shapiro, Lex McCuster, George Korfiatis, Edward Friedman, Erich Kunhardt, Peter Koen, Murrae Bowden, Audrey Curtis, Ted Stohr, Ann Mooney, Hosen Fallah, Steve Savitz, Donald Merino, Tim Koeller, Bernard Gallois, Bernard Skwon, Dinesh Verma, Bob Ubell, Charles Suffel, Christos Christodoulatos, Dinesh Verma, Elliot Fishman, Frank Fernandez, Helena Wisniewski, Jerry Luftman, Joe Moeller, Jeff Nickerson, Larry Gastwirt, Patrick Berzinski, Lem Tarshis, Lu Terminello, Pete Dominick, Peter Jurkat, Mary Gaspar, Melissa Vinch e Susan Pavelchack.

Estamos extremamente endividados com muitos executivos e funcionários na indústria e no governo que apoiaram este trabalho de várias maneiras em suas organizações. Para cada uma das pessoas seguintes, expressamos nossos desejos de que este trabalho seja, de certa maneira, uma recompensa aos seus esforços: Sefi Katzenelson e Iris Elia-Shaul da Mafat, o Ministro de Defesa de Israel; Ed Hoffman, Lewis Peach, David Holdridge, Tony Maturo, Jon Baylke, Jerry Mulenburg e Bruce Sauser da NASA; Harr Stefanou, Edandrews, Eva Goldman, Shellie Gaddy, Mary Devon e Ed Miller da PMI; Karen Sorenson, Tony Rodriguez, Pamela Au e Mike Bakaletz da Johnson & Johnson; Carole Hedden, Greg Hamilton e Tony Velocci da Aviation Week; David Guttman, Joe Incremona, Barry Dayton, Ron Kubinski e Mark Hynnek da 3M; Dennis Dorman e Paul Glamn da Trane; Jim Schneidmuller da AT&T; Mike Devine, Joe Lehman e Vic Lindner do ARDEC do Exército dos EUA; Paul Malinowski e Brendan McDonald da Becton Dickenson; Cheryl Badger e Mike Salvatore da Dow Jones &

Co.; Tom Rabaut da United Defense; Joe Hennessey e Don Senich da NSF; Roy Nicolosi da ISO e Miles Braffet da BMG.

Porém, meu maior agradecimento vai para os muitos alunos cuja inteligência e mentes inquisitivas ficaram me lembrando o quanto eu ainda não sei. Eles foram os verdadeiros propulsores deste estudo ao oferecerem idéias inestimáveis e ajudarem a produzir alguns dos estudos de casos. Esse grupo inclui Atish Babu, Donald Olson, Tim Phelan, William Sverapa, Doris Schultz, Michael Peled, Shlomo Klein, Zadok hougui, Arie Lagerwaard, Paula Richards, Brian Cohn, Brian Nofzinger, David Walden, Kevin Lay,Zvi Yami, Derek Jensen, Givi Peradze, Balazs Vandor, Nancy Conrad, Maureen Lanucci, Arnold Lo, Stefan Merino, David Morgan, Seham Salazar, Daniel Marionni, Marc Martinez,Steve Szalanczi, Randal Vendetti, Xiang Yu, Anthony Mueller, Chris Switzer, Paul Tupaczewski, Nilesh Shringarpure, John Tracy, Ned Rogers, David Walter, Matthew Gilvey, Durga Bhogal, Fernando de la Vega, Deborah Ehrlich, Stan Jadwinski, Chris Long, Roj Sundar, Brian Coughlin, Mark Eppedio, Sumen Gupta, Joyce Jordan, Darren Birmingham, Alan Bader, Biren Desai, Jinsoo Kim, William Judge, Milton Maisonet, Darryl Clark, Michele Macleod, Wesley Patterson, Shashi Sinha, Aanad Chouthai, Shawn Hopkins, Kalyan Narayanan, Nick Stampone, Eda Kilic, Jorymel Shada Jaquinet e Todd Dennison.

Várias agências apoiaram este estudo em fases diferentes. Temos uma grande dívida para com elas pela confiança e generosa. Elas são o Ministério de Defesa de Israel, Mafat, a Fundação Nacional de Ciências, o PMI e o Centro para Pesquisa de Gerenciamento de Projetos e Programas da USRA da NASA.

Dov e eu devemos um agradecimento especial à Kirsten Sandberg, nossa editora na Harvard Business School Press. Ela foi uma mentora, professora e colega maravilhosa e uma amiga extraordinária que nunca deixa de extrair o melhor que temos. E ao restante da equipe do Harvard Business School Publishing, Dino Malvone, Michelle Morgan, Mark Bloomfield, Zeenat Potia, Allison Monro, Todd Berman, Sarah Mann, Liz Baldwin, Daisy Blackwell Hutton, Seana McInerney e Leslie Zheutlin pela sua dedicação e apoio entusiástico. Para George Alhoun pelo seu investimento em editar parte do trabalho; para Lucy McCauley pelo extraordinário trabalho de desenvolvimento de edição, para Betsy Hardinger pela edição de cópia do manuscrito, e especialmente para Sarah Weaver, nossa gerente de produção, por nunca deixar passar algo e por encontrar as pequenas coisas que deixamos passar.

Este trabalho representa uma colaboração extraordinária com meu co-autor Dov Dvir, que se juntou a mim nesta jornada no início dos anos de 1990 e tem sido, desde então, um colega excepcional. Sua inteligência e clareza me desafiam a retificar as lacunas em meu raciocínio e a filtrar tudo por meio de sua lupa acadêmica, disciplinada e afiada. Eu realmente agradeço sua dedicação contínua, modéstia, altruísmo e persistência.

Por último, agradeço a Hava pelo seu amor incondicional, inteligência rara e apoio sem fim.

Aaron J. Shenhar
Hoboken, NJ

Minha jornada em gerenciamento de projetos começou na indústria de defesa e forças de defesa em Israel. Meu agradecimento especial vai para Arie Ben-Tov que me deu a oportunidade "única" de gerenciar projetos grandes e complexos. Também agradeço aos outros gerentes excepcionais tais como Reuven Yeredor, Moti Dor-On, Oded Zach e Shmulik Rothman, que sempre estiveram em busca de excelência administrativa e de notável trabalho em equipe.

A experiência que moldou minha carreira como pesquisador ocorreu durante meus estudos para doutorado sob a supervisão de Aaron (Aharale) Shenhar e Eli Segev. Ambos me ofereceram apoio e diretrizes de pontos de vista diferentes, o que me ajudou a integrar a conexão, muitas vezes impossível, entre dois mundos, o acadêmico e o prático.

Aharale Shenhar tornou-se, desde então, um dos meus melhores amigos e colegas. Nosso trabalho conjunto representa uma colaboração extraordinária e produtiva. Aharale foi, e continua sendo, a roda motriz por trás de nosso trabalho. Seu entusiasmo incessante, espírito empreendedor e habilidade erudita geram as idéias e os recursos para a maior parte de nossos estudos em gerenciamento de projetos e áreas relacionadas, as quais são representadas por este livro.

Por último, agradeço a minha esposa e grande amiga, Yael, por mais de trinta anos de apoio contínuo. Sem seu estímulo eu não teria sobrevivido às intermináveis horas de trabalho e pesquisa posterior que nos levou a este livro.

Dov Dvir
Hertzlia, Israel

Parte Um

UM NOVO MODELO PARA GERENCIAR PROJETOS

CAPÍTULO

1

POR QUE O SUCESSO DE SEU NEGÓCIO DEPENDE DE PROJETOS

De modo geral, pode-se dividir a atividade de uma organização em duas categorias: operações e projetos. *Operações* envolvem atividades repetitivas e contínuas, como manufatura, serviço e produção, ao passo que *projetos* envolvem iniciativas singulares, únicas, como o lançamento de novos produtos, novas organizações ou novas iniciativas, melhoria de produtos existentes e investimento na infra-estrutura da empresa. Os projetos impulsionam a inovação da empresa e as mudanças; na realidade, o único jeito de as empresas mudarem, implementarem uma estratégia, inovarem ou obterem vantagem competitiva é por meio de projetos. Além disso, pensando bem, cada processo operacional começa como um projeto que coloca as coisas em movimento.

Com a alta demanda por crescimento e inovação, a participação de operações em muitas empresas está em declínio, enquanto a participação de projetos está em ascendência (veja a Figura 1-1). Essa tendência começou no início dos anos de 1990, e encontra-se acelerada em quase todas as organizações e indústrias: o ciclo de vida dos produtos não apenas tornou-se mais curto, mas os consumidores de hoje também exigem uma variedade maior de escolhas, o que força as empresas a oferecerem mais produtos em quase todos os mercados. Por exemplo, em 2003 a GM ofereceu 89 modelos, vendendo uma média de 50 mil carros por modelo; por outro lado, nos anos de 1950, um único modelo venderia milhões.[1]

Além disso, a globalização do mercado força as empresas a responderem às demandas locais e à concorrência de baixo custo ao redor do mundo. Além do mais, a revolução da tecnologia da informação (TI) e da internet não está desacelerando. Mesmo em indústrias estáveis, como bancos e empresas de seguros, as organizações precisam continuamente investir em novas infra-estruturas de TI para se manter em dia com a demanda crescente e com a concorrência. Cada uma dessas tendências intensifica a atividade de projetos em quase todas as organizações e setores industriais.

FIGURA 1-1

O aumento da participação de projetos

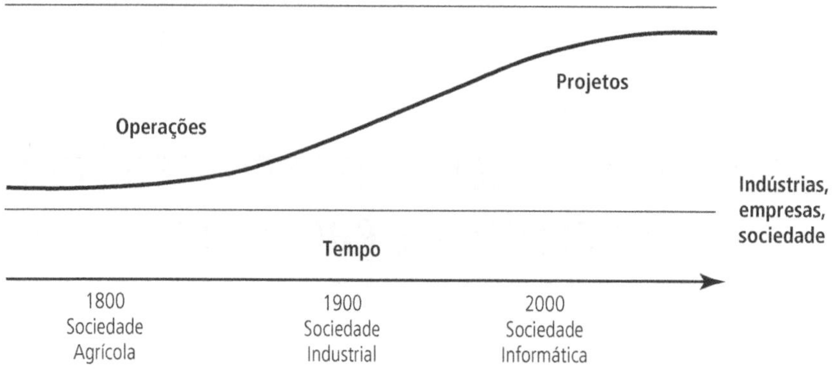

Ironicamente, durante grande parte do tempo, pelo menos na teoria, todas as empresas conseguem atingir um nível similar de eficiência. Por exemplo, pense na qualidade. Nos anos de 1980, alta qualidade era considerada uma importante fonte de vantagem competitiva. Não mais! Os consumidores hoje vêem a qualidade como uma necessidade, e não como uma vantagem singular. Alta qualidade é um dever e basicamente uma licença para fazer negócios. O mesmo acontece com a eficiência organizacional.[3]

Nenhuma empresa comercial consegue sobreviver se estiver focada apenas em aprimorar suas operações. O próximo candidato inexplorado para melhorias significativas, na busca de uma empresa pela competitividade, é a atividade de projetos da organização. Projetos são os motores que impulsionam inovações de idéias à comercialização. Mas projetos também são os propulsores que fazem com que as organizações sejam melhores, mais fortes e mais eficientes. E, pelo fato de muitas organizações acelerarem em direção a um mundo baseado em projetos, você não deveria estar se perguntando como a sua organização está indo com seus projetos? Você está se saindo melhor do que seus concorrentes?

Essa situação apresenta uma tremenda oportunidade. É hora de desatrelar o potencial negligenciado que existe nos projetos. A premissa deste livro é que o sucesso organizacional depende cada vez mais de projetos. A boa notícia é que pelo fato de todas as organizações – empresas comerciais, agências governamentais, instituições educacionais e fundos beneficentes – terem projetos, os gerentes em todos os níveis têm um papel crucial em tornarem o gerenciamento de projetos em um ativo organizacional competitivo. Chegou a hora de reconhecer que o *gerenciamento de projetos é problema de todos.*

Para este livro, definimos um projeto como sendo *uma organização temporária e processo estabelecido para alcançar uma meta específica sob as restrições de tempo, orçamento e outros recursos.* Gerenciamento de projetos é o *conjunto de atividades administrativas necessárias para levar um projeto a um final bem-sucedido.*[4]

A Má Notícia: A Maioria dos Projetos Ainda Fracassa

Como provam os dados, a maioria dos projetos deixa de cumprir suas metas. Eles não cumprem as metas de tempo e de orçamento e nem seus objetivos comerciais. Considere o seguinte:

- O Standish Group descobriu que em 2000 apenas 28% dos projetos de TI tiveram sucesso. Os outros foram fracassos totais ou deixaram de cumprir seus requisitos comerciais.[5]
- O Standish Group também estimou que dos $382 bilhões gastos em projetos de TI em 2003 nos Estados Unidos, $82 bilhões foram um total desperdício. Um terço dos projetos que fracassaram, ou não cumpriram os requisitos comerciais, tiveram excessos de 200 a 300%.[6]
- Os estudos de Robert Cooper sobre o desenvolvimento de novos produtos mostrou que aproximadamente 46% de todos os recursos foram alocados a projetos que foram cancelados ou fracassaram para resultar em um retorno financeiro adequado. Apenas um em cada quatro produtos que entraram em desenvolvimento tornou-se um sucesso comercial.[7]
- Um estudo conduzido em 1998 pela Bull Computer Corporation no Reino Unido descobriu que 75% dos projetos de TI não cumpriram com seus prazos, 55% excederam seus orçamentos e 37% não cumpriram com os requisitos do projeto.[8]

Temos coletado dados por 15 anos, em mais de 600 projetos nos setores comerciais, governamentais e sem fins lucrativos em vários países e documentamos centenas de estudos de casos de projetos. (Para a descrição de nossa pesquisa, veja o Anexo 1 (Os anexos estão disponíveis em *www.mbooks.com.br*, no link referente a este livro). Os anexos posteriores incluem alguns de nossos instrumentos de pesquisa.) Aproximadamente 85% dos projetos que estudamos deixou de cumprir com as metas de tempo e orçamento, com uma média de excesso de 70% em tempo e 60% em orçamento.[9]

Por Que Até Mesmo Projetos Bem-Gerenciados Fracassam

Você deve estar pensando que os projetos fracassam por causa da falta de planejamento, da falta de comunicação ou recursos inadequados; mas, como sugerem as evidências, o fracasso é muitas vezes visto mesmo em projetos bem gerenciados, por gerentes experientes e apoiados por organizações altamente reconhecidas. Considere o seguinte:

O Aeroporto Internacional de Denver foi iniciado em 1989 para tomar o lugar do Aeroporto Stapleton de Denver, o qual havia ultrapassado sua capacidade máxima.[10] O projeto, porém, sofreu um atraso extenso de 60 meses e um excesso de custo enorme de $1,5 bilhões. Como conseqüência, um componente – o sistema automático de manuseio de bagagens – tinha um risco mais alto do que os outros elementos, mas foi tratado como um subsistema padrão, bem-testado, assim como qualquer outra parte do projeto.

Esperava-se que o sistema de transporte pessoal Segway mudasse o modo como as pessoas se locomovem, especialmente nas grandes cidades.[11] Com grandes expectativas de vendas, seus construtores prepararam uma infra-estrutura substancial para produção em massa. Embora o produto seja bem-desenhado e divertido, ele não cumpriu com suas previsões comerciais; as vendas não atingiram a meta e, em retrospecto, o extenso investimento nas capacidades de produção parecia sem justificativa.

Supunha-se que o Orbitador Climático de Marte (OCM) da NASA circundasse o planeta Marte e coletasse dados climáticos e também agisse como uma estação de comunicação retransmissora para um segundo veículo, o Mars Polar Lander. O OCM foi lançado pela NASA em 11 de dezembro de 1998, como planejado, mas depois de 9 meses e meio no espaço, seu sinal foi perdido assim que ele começou sua manobra final de inserção. O fracasso foi mais tarde descrito como um erro técnico causado pela falha em usar unidades métricas na codificação de um dos arquivos de software em terra.[12]

Esses projetos aconteceram em setores diferentes, almejavam mercados diferentes e usaram tecnologias diferentes. Ainda assim, eles tinham uma coisa em comum. Todos tinham gerentes altamente qualificados e dedicados, as melhores equipes de profissionais, as últimas ferramentas de gerenciamento de projetos e o apoio total da alta administração. Parecia que cada um desses projetos tinha todos os ingredientes para ter sucesso, mas todos eles deixaram de cumprir suas expectativas; quando os gerentes finalmente entenderam o que havia dado errado e por que, já era tarde para consertar o problema. O tema comum para todos esses fracassos foi que os executivos, assim como as equipes de projetos, não avaliaram de antemão a extensão das incertezas e as complexidades envolvidas (ou não comunicaram essa extensão aos outros) e fracassaram em adaptar seu estilo gerencial à situação. A história completa desses projetos será contada mais adiante no livro.

Esses projetos não são únicos. Encontramos situações similares em todas as organizações, onde projetos bem-gerenciados deixam de cumprir suas promessas e acabam sendo uma decepção.

Por Que Precisamos de Uma Nova Estrutura e de Uma Nova Abordagem

Muitos executivos acreditam que se eles tiverem a estratégia correta ou um plano de negócios, suas equipes de projetos "farão o serviço" e executarão a estratégia, de acordo como direcionados. Como temos observado, os altos gerentes geralmente vêem os orçamentos de projetos como um custo, não como um investimento, e vêem as atividades de projetos como parte das operações. Eles raramente nomeiam um diretor executivo de projetos (CPO) ou vice-presidente de projetos, e suas equipes de projetos acabam ficando por conta própria, com poucas diretrizes ou ajuda da gerência.

As equipes de projetos geralmente tentam seguir um conjunto bem-estabelecido de diretrizes que se tornaram o padrão na disciplina de gerenciamento de projetos (veja na página 20 "A Evolução de Uma Disciplina"). Embora o corpo de conhecimento convencional do gerenciamento de projetos forme uma base sólida para o treinamento básico e o aprendizado inicial, ele não é suficiente para endereçar os problemas complexos dos projetos de hoje. A pergunta básica é: Se aplicarmos as ferramentas-padrão e seguirmos as regras e os processos como prescritos, o nosso projeto terá sucesso? A resposta é: Nem sempre. Freqüentemente, mesmo que você faça tudo como mandam as instruções de gerenciamento de projetos convencional, ainda assim poderá fracassar.

A maioria dos problemas de projetos não é técnica, mas sim gerencial. Quando erros técnicos causam o fracasso do projeto, geralmente é porque a gerência não usou o sistema correto para que esses erros pudessem ser detectados em tempo. Tais problemas se originam da estrutura e da mentalidade que impulsionam a abordagem tradicional ao gerenciamento de projetos, e não da falta de processo ou prática. As questões críticas são: Podemos ajudar as equipes de projetos a fazer as avaliações corretas antes de apresentarem suas propostas de projetos para a alta gerência? Podemos mostrar aos executivos como fazer as perguntas corretas e antecipar o perigo antes de se comprometerem com um projeto e antes que seja tarde demais? E podemos direcionar as equipes de projetos na adaptação de seus estilos de gerenciamento de projetos as circunstâncias, ambientes e tarefas? Parece que os gerentes em todos os níveis precisam de uma nova estrutura de trabalho e de uma nova linguagem para se comunicarem sobre os projetos. Nosso objetivo neste livro é oferecer essa estrutura de trabalho, a qual representa uma abordagem nova e mais realística ao gerenciamento de projetos.

A Evolução de uma Disciplina

Quando você vê as Pirâmides, a Grande Muralha da China, o Pantheon na Grécia, até mesmo o Stonehenge, percebe que projetos têm sido parte importante de todas as civilizações. Ainda assim, foi apenas nos tempos modernos que as empresas começaram a organizar o trabalho ao redor de projetos; e quando as ferramentas, técnicas e métodos usados se tornaram padrão nas indústrias, surgiu uma nova disciplina – o gerenciamento de projetos.

Como uma disciplina formal, o gerenciamento de projetos como conhecemos nasceu em meados do século 20. O Projeto Manhattan, que construiu a primeira bomba atômica durante a Segunda Guerra Mundial, exibiu os princípios de organização, planejamento e direção que influenciaram o desenvolvimento de práticas-padrão para gerenciar projetos. Durante a Guerra Fria, projetos grandes e complexos exigiam novas abordagens. Em programas como o míssil balístico intercontinental (ICBM) da Força Aérea dos EUA e dos mísseis Polaris da Marinha dos EUA, os gerentes desenvolveram um novo procedimento para controle chamado técnica de revisão e avaliação de programa (PERT). Essa abordagem evoluiu simultaneamente com o método do caminho crítico (CPM), que foi inventado pela DuPont para os projetos de construção. Esses métodos levaram aos diagramas de rede dos cronogramas atuais, os quais se tornaram as ferramentas-padrão para planejamento e controle.[13] Tais diagramas descrevem o plano do projeto como uma cadeia lógica de atividades seqüenciais, com tempo alocado para cada atividade.

Assim como qualquer outra disciplina ou profissão, o gerenciamento de projetos inclui regras, procedimentos e ferramentas usadas por todos os praticantes ao redor do mundo. Do mesmo modo, as associações profissionais foram formadas para disseminar e compartilhar o conhecimento e a experiência da profissão. A primeira organização, o Project Management Institute (PMI), foi fundada em 1969 e tem, desde então, feito um trabalho

Por Que o Gerenciamento de Projetos Tradicional Geralmente Fracassa

A abordagem padrão e formal ao gerenciamento de projetos é embasada em um modelo previsível, fixo, relativamente simples e certo. Ela não está acoplada às mudanças no ambiente ou às necessidades comerciais; uma vez que o plano do projeto é criado, ela traça os objetivos para o projeto, e o gerente de projeto deve executá-lo usando a filosofia de "gestão como planejada".[17] Após o lança-

notável na construção do Guia do Conjunto de Conhecimentos em Gerenciamento de Projetos (Guia PMBOK), o qual se tornou, de fato, o padrão da disciplina.[14] Outras associações, como a Associação Internacional de Gestão de Projetos (IPMA) da Europa, têm feito coisas similares em outras partes do mundo.

A Maneira Tradicional de Gerenciar Projetos

Normalmente, começamos o planejamento de um projeto ao criar uma declaração do escopo, a qual define o trabalho que precisa ser feito. O escopo é então dividido em elementos de trabalho, chamados *pacotes de trabalho*, os quais são edificados hierarquicamente em uma estrutura em forma de árvore chamada *estrutura analítica do projeto* (WBS). A partir daí, construímos uma *estrutura analítica organizacional* (OBS) e um diagrama de rede do cronograma; em seguida, os recursos requeridos são alocados, o orçamento é desenvolvido e as muitas outras partes do plano do projeto são estabelecidas.

Cada plano de projeto deve incluir, no mínimo, uma declaração do escopo, uma WBS, uma OBS, um cronograma e um orçamento. Alguns incluem um plano de gerenciamento de riscos para avaliar o que poderá dar errado e para planejar o que fazer sobre isso. O objetivo básico de um plano convencional de projeto é completar o projeto no tempo programado, dentro do orçamento e de acordo com os requisitos.

Porém, o gerenciamento de projetos também é um processo, e, assim sendo, o PMI definiu nove áreas principais de conhecimento ou processos gerenciais: escopo, integração, custo, tempo, qualidade, risco, aquisição, recursos humanos e comunicação. Esses processos são então divididos em 45 subprocessos.[15] O PMI recentemente desenvolveu um modelo de maturidade organizacional em gerenciamento de projetos (OPM3), construído de acordo com essas áreas para avaliar o nível de padronização de uma organização no gerenciamento de projetos.[16]

mento do projeto, o progresso e o desempenho são avaliados em comparação ao plano, e as mudanças devem ser raras e, se possível, evitadas.[18] Considere os dois principais direcionadores do gerenciamento de projetos:

- **A restrição tripla.** Os gerentes de projeto acreditam que conseguiram ter sucesso quando conseguem completar um projeto no tempo programado, dentro do orçamento e dentro das metas de desempenho (ou requisitos). Isso é comumente conhecido como *restrição tripla* (ou "triângulo de ferro") do gerenciamento de projetos. Os desvios da restrição tripla são vistos como sinais negativos que devem ser evitados ou corrigidos.

- **Tamanho único.** Muitos executivos e gerentes presumem que todos os projetos são os mesmos, sofrendo com isso a síndrome de que "um projeto é um projeto".[19] Eles esperam ter sucesso simplesmente ao seguir o conjunto de atividades padrão como delineado nos livros convencionais de gerenciamento de projetos, sendo que nenhum deles atualmente inclui diretrizes para distinguir os projetos e para selecionar a abordagem apropriada para um projeto.[20]

Em seu esforço para manter o projeto nos trilhos, os executivos e as equipes se frustram quando tentam alcançar expectativas não realistas de estabilidade. Pior ainda, em seu esforço para focar o projeto na restrição tripla, as equipes de projetos geralmente perdem a noção do raciocínio lógico do negócio por trás de seus projetos – de que eles devem satisfazer um cliente e alcançar resultados comerciais, e não simplesmente cumprir os requisitos do projeto. E quando eles tentam seguir um conjunto de regras padrão para todos os projetos, geralmente acabam empregando a abordagem errada aos seus projetos específicos.

Os *drivers* clássicos do gerenciamento de projetos não são mais suficientes no ambiente atual de negócios. O modelo tradicional se encaixa apenas em um grupo pequeno de projetos dos dias de hoje. A maioria dos projetos modernos é incerta, complexa e mutável, e é bastante afetada pelas dinâmicas do ambiente, da tecnologia e dos mercados. Virtualmente todos os projetos que estudamos passaram por mudanças imprevisíveis, e nenhum dos projetos foi completado exatamente como planejado. Além disso, como descobrimos, os projetos diferem de várias maneiras e um tamanho *não* serve para todos. Para ter sucesso, é preciso adaptar o projeto ao ambiente, à tarefa e à meta e não simplesmente se ater a um conjunto de regras.

Na maioria dos projetos, não se pode mais presumir que o plano inicial se manterá até o final do projeto. Mudanças *acontecerão* e os planos terão de ser ajustados a essas mudanças. Algumas vezes, apesar do esforço, não se consegue construir nem mesmo um plano completo. Em vez disso, é preciso estabelecer um programa piloto pequeno para criar protótipos em pequena escala, e incluir marcos intermediários para resolver problemas desconhecidos antes de se comprometer com o projeto total, ou deve-se separar um componente imprevisível do resto do projeto e tratá-lo de maneira completamente diferente do que a tarefa maior e mais confiável. A extensão da imprevisibilidade, da contingência e da mudança será diferente para tipos diferentes de projetos. Nenhuma dessas realidades está incluída nos livros didáticos ou guias de gerenciamento de projetos tradicional.

Uma Maneira Melhor de Gerenciar: em Direção a uma Abordagem Adaptativa ao Gerenciamento de Projetos

Com base em nossa pesquisa, sugerimos mudar o paradigma do gerenciamento de projetos e aceitar as coisas como elas são. Neste livro, desenvolvemos uma nova abordagem e um novo modelo formal para ajudar os gerentes a entender o que é o gerenciamento de projetos. Essa nova abordagem é baseada em uma nova estrutura voltada para o sucesso, flexível e adaptativa. Chamamo-na de *abordagem adaptativa ao gerenciamento de projetos*, e ela difere da abordagem tradicional de várias maneiras, como mostra a Tabela 1-1.

De acordo com a abordagem adaptativa, projetos não são apenas um conjunto de atividades que precisam ser completadas em tempo. Em vez disso, projetos são processos relacionados aos negócios que precisam atender resultados comerciais. Muitos projetos não são previsíveis ou certos. Eles envolvem muita incerteza e complexidade, e devem ser gerenciados de maneira flexível e adaptativa. O planejamento não é rígido, fixo ou moldado de uma vez por todas; ele é ajustável e mutável, e à medida que o projeto avança, o replanejamento é muitas

TABELA 1-1

Do gerenciamento tradicional de projetos ao adaptativo

Abordagem	Gerenciamento de projetos tradicional	Gerenciamento de projetos adaptativo
Meta do projeto	Fazer com que o trabalho seja feito no tempo programado, dentro do orçamento e dentro dos requisitos.	Obter resultados de negócios, satisfazer critérios múltiplos.
Plano do projeto	Um conjunto de atividades que são executadas como planejadas para satisfazer a restrição tripla.	Uma organização e um processo para alcançar as metas esperadas e os resultados de negócios.
Planejamento	Planejar uma única vez no início do projeto.	Planejar no início e replanejar quando necessário.
Abordagem gerencial	Rígida, focada no plano inicial.	Flexível, mutável, adaptativa.
Trabalho do projeto	Previsível, certo, linear, simples.	Imprevisível, incerto, não-linear, complexo.
Efeito ambiental	Mínimo, desvencilha-se após o lançamento do projeto.	Afeta o projeto durante toda a sua execução.
Controle do projeto	Identifica os desvios do plano e coloca as coisas de volta nos trilhos.	Identifica as mudanças no ambiente e ajusta o plano de acordo.
Distinção	Todos os projetos são iguais.	Projetos diferem.
Estilo gerencial	Tamanho único.	Abordagem adaptativa; um tamanho *não* serve para todos.

vezes apropriado ou mesmo inevitável.[21] E os estilos gerenciais de projetos precisam se adaptar ao projeto específico e a seus requisitos.

Embora essa abordagem represente uma mudança no pensamento, ela é inevitável para se cumprir os desafios organizacionais de hoje em dia. Enquanto nenhuma estrutura poderá proporcionar todas as respostas, acreditamos que toda organização pode melhorar significativamente seus resultados comerciais e conseguir mais resultados de seus projetos se ela aplicar a abordagem descrita neste livro.

Entretanto, nós não estamos sugerindo que se deva eliminar a abordagem tradicional. A abordagem adaptativa é construída sobre esta. Muitos elementos do gerenciamento de projetos tradicional continuarão sendo essenciais. Juntos, os capítulos do livro apresentam uma abordagem teoricamente sólida, baseada em pesquisas, amplamente válida e prática para lidar com os projetos dinâmicos e incertos dos dias atuais. A seguir, resumimos seus mais importantes princípios.

Criando Projetos Focados nos Negócios e Voltados para o Sucesso

Este livro apresenta um novo modelo multidimensional para avaliar e planejar o sucesso de projetos além da restrição tripla.[22] É baseado na noção de que "o que se mede é o que se obtém" e na análise do benefício do investimento. Ele também presume que o líder do projeto é responsável por atingir todas as métricas de sucesso do projeto.

Nosso modelo considera os aspectos estratégicos, assim como os táticos, de desempenho do projeto a curto *e* a longo prazo, e considera os pontos de vista de pessoas interessadas no sucesso do projeto, incluindo consumidores e empresas. Uma vez adotado, o novo modelo afetará o planejamento e a execução de projetos e focará a atenção de todos em algo mais do que simplesmente cumprir as metas de tempo e de orçamento. Mais especificamente, os novos critérios para o sucesso envolvem pelo menos cinco dimensões (ou métricas):

- Eficiência do projeto: cumprir as metas de tempo e de orçamento.
- Impacto no cliente: cumprir os requisitos e alcançar a satisfação do cliente, os benefícios e a lealdade.
- Impacto na equipe: satisfação, retenção e crescimento pessoal.
- Resultados comerciais: retorno do investimento, participação de mercado e crescimento.
- Preparação para o futuro: novas tecnologias, novos mercados e novas capacidades.

Cada métrica pode ter várias submedidas e pode ser diferente de projeto para projeto em detalhes, intensidade, importância e outros aspectos. Em alguns casos, você terá de definir outros critérios específicos para o seu projeto, mas, no geral, essas métricas proporcionam uma estrutura trabalhável para lidar com as necessidades organizacionais e comerciais. A estrutura é apresentada em detalhes no Capítulo 2.

A Abordagem Diamante: Adaptando-se aos Riscos e Benefícios de um Projeto

Para endereçar as diferenças entre projetos, apresentamos uma estrutura em forma de diamante para ajudar os gerentes a distinguir os projetos de acordo com quatro dimensões: novidade, tecnologia, complexidade e ritmo (NTCR). Se você imaginar o diamante como um campo de beisebol, então cada dimensão pode ser vista como uma das bases que representam três ou quatro tipos possíveis de projetos.

O diamante foi elaborado para proporcionar uma ferramenta disciplinada para analisar os benefícios e os riscos esperados do projeto e desenvolver um conjunto de regras e comportamentos para cada tipo de projeto. Se você visitar cada base durante o planejamento do projeto de maneira metódica, poderá considerar a singularidade de seu projeto em cada dimensão e selecionar o estilo gerencial apropriado para esta singularidade. A análise diamante também é útil para avaliar um projeto no meio do caminho, identificar as possíveis lacunas em um projeto problemático e selecionar as medidas corretivas para colocar o projeto de volta nos trilhos. Por último, e talvez mais importante, ele proporciona uma linguagem comum para a discussão entre executivos, gerentes, equipes e clientes durante os processos de aprovação, contratação e monitoramento do projeto.

As quatro bases do diamante são definidas como se segue (veja a Figura 1-2):

- **Novidade.** Esta base representa a incerteza do objetivo do projeto, a incerteza no mercado ou ambos. Ela mede quão novo é o produto do projeto para os consumidores, os usuários ou para o mercado em geral e, conseqüentemente, quão claros e bem definidos são os requisitos iniciais do produto. *Novidade* inclui três tipos: derivativa, plataforma e inovação.

- **Tecnologia.** Esta base representa o nível de incerteza tecnológica do projeto. Ela é determinada pela quantidade de nova tecnologia necessária. *Tecnologia* inclui quatro tipos: baixa-tecnologia, média-tecnologia, alta-tecnologia e super-alta-tecnologia.

- **Complexidade.** Esta base mede a complexidade do produto, a tarefa e a organização do projeto. *Complexidade* inclui três tipos: montagem, sistema e matriz (ou sistema de sistemas).

- **Ritmo.** Esta base representa a urgência do projeto – mais especificamente, quanto tempo há para completar o serviço. *Ritmo* inclui quatro tipos: regular, rápido/competitivo, de tempo crítico e blitz.

FIGURA 1-2

O modelo diamante – avaliando os riscos e os benefícios de um projeto e selecionando a abordagem gerencial correta

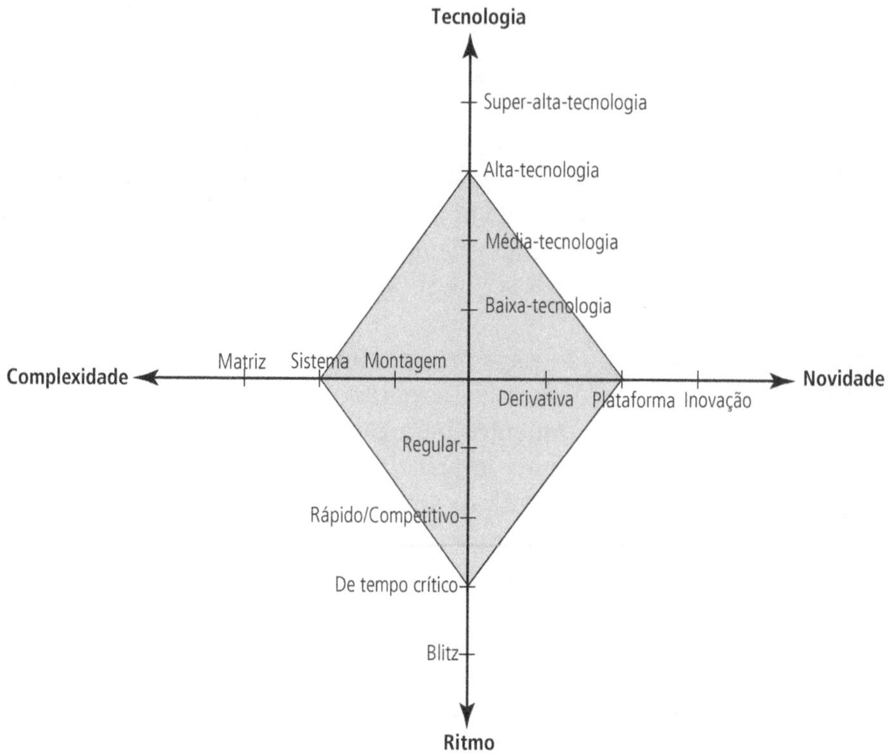

Cada dimensão afeta o gerenciamento do projeto à sua maneira. A novidade afeta o tempo que levaria para se fixar nas especificações do produto e a precisão e confiabilidade dos dados de mercado. A tecnologia afeta o tempo que levará para se obter o plano correto e congelá-lo, a intensidade das atividades técnicas e as habilidades técnicas exigidas pelo gerente do projeto e equipe. A complexidade afeta a organização do projeto e o nível de burocracia e formalidade necessárias para administrá-lo. O ritmo afeta o planejamento e as revisões, a autonomia da equipe do projeto e o envolvimento da alta gerência, especialmente em projetos mais urgentes.

Nos projetos sem sucesso que estudamos, normalmente encontramos lacunas entre o formato do diamante das características exigidas pelo projeto e o formato do diamante do estilo de gerenciamento efetivo que foi usado. Em retrospecto, essas lacunas explicaram por que o projeto fracassou ou não cumpriu suas expectativas. Para ilustrar, considere como a análise diamante poderá nos ajudar a entender o fracasso do projeto do Aeroporto Internacional de Denver.

Aeroporto Internacional de Denver

O Aeroporto Internacional de Denver era visto como um projeto de construção típico, embora complexo. Como é comum em projetos de construção, seu nível tecnológico pode ser classificado como baixa-tecnologia. Se analisarmos o estilo gerencial usando as quatro dimensões do diamante (novidade, tecnologia, complexidade e ritmo), concluiremos que o projeto foi administrado como um projeto de plataforma, de baixa-tecnologia, de matriz e rápido/competitivo. Mas o sistema automático de manuseio de bagagens era um tipo diferente de projeto. Ele exigia uma tecnologia totalmente nova, que nunca havia sido aplicada em larga escala. Essa parte do programa tinha de ser tratada como um projeto de plataforma, de alta-tecnologia, de sistema e rápido/competitivo, mas foi gerenciado como qualquer um dos outros componentes (veja a Figura 1-3). Assim sendo, o fracasso do projeto em avaliar o nível de incerteza de um de seus componentes mais sensíveis e novos causou atrasos excessivos e custos muito elevados. Uma simples análise diamante teria identificado essa lacuna de antemão.

FIGURA 1-3

Projeto do Aeroporto Internacional de Denver

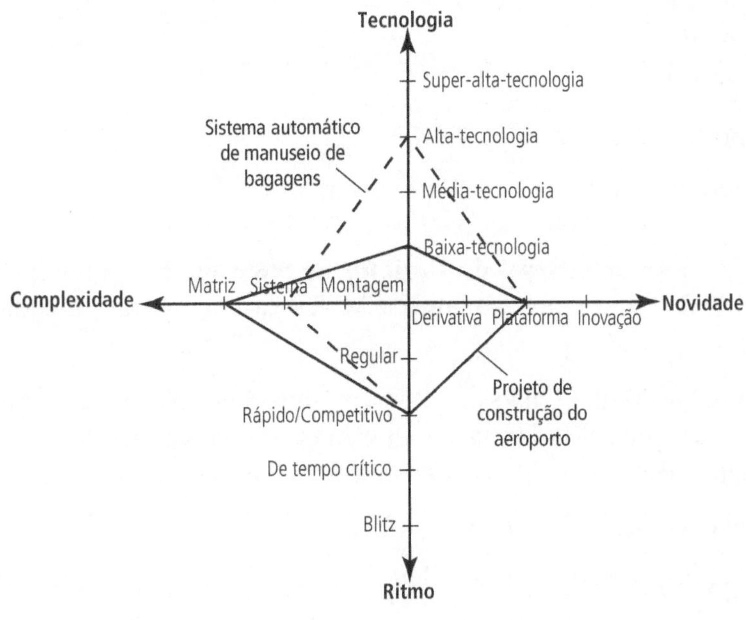

Um Mapa para Este Livro

Este livro foi organizado da seguinte maneira:

Parte 1: Um Novo Modelo para Gerenciar Projetos. Esta primeira parte proporciona a motivação, o histórico e a descrição da abordagem principal e da estrutura.

- **Capítulo 1: Por Que Seu Sucesso Comercial Depende de Projetos.** Este capítulo introduziu os motivos para os gerentes focarem na oportunidade que existe no gerenciamento de projetos e por que eles precisam de uma nova estrutura e linguagem para gerenciar os projetos.
- **Capítulo 2: O Que Faz Um Projeto Ter Sucesso.** Este capítulo discute a transição do paradigma tradicional de restrição tripla para um modelo voltado mais para os negócios, para usar as dimensões múltiplas de sucesso do projeto. Ele ilustra os seguintes casos:
  - O Opera House de Sidney.
  - O metrô de Los Angeles.
- **Capítulo 3: A Estrutura Diamante.** Este capítulo discute o modelo diamante em detalhes. Ele mostra como uma análise diamante pode servir como uma avaliação antecipada dos benefícios e riscos e como uma ferramenta de planejamento disciplinada. O Capítulo 3 discute os seguintes casos:
  - O FCS, um sistema militar para controle de incêndios.
  - O *Walkman* da Sony.
  - O carro BMW Z3.
  - A resposta federal ao Furacão Katrina.
  - O projeto de construção do World Trade Center.

Parte 2: As Quatro Bases de Projetos de Sucesso. A segunda parte esboça as bases NTCR do modelo diamante. Ela dedica um capítulo a cada base (ou dimensão).

- **Capítulo 4: Novidade.** Quão novo é o produto para os consumidores e usuários? Com um produto mais novo, a pesquisa de mercado é menos confiável e os requisitos não são tão claros. O Capítulo 4 analisa três casos:
  - A criação do filme *Toy Story.*
  - O sistema de transporte pessoal da Segway.
  - O programa de software middleware financeiro.

- **Capítulo 5: Tecnologia.** Qual é o nível de incerteza tecnológica do projeto? Uma maior incerteza tecnológica requer atividades mais extensas de planejamento, mais testes e posterior congelamento do plano, e gerentes que tenham sensatez técnica. O Capítulo 5 analisa a história dos seguintes projetos:
  - O aeroporto Internacional de Denver.
  - O avião de reconhecimento SR-71 Blackbird.
  - O programa de aterrissagem na Lua do Apollo da NASA.
  - O programa do ônibus espacial da NASA.
- **Capítulo 6: Complexidade.** Quão complexo é o produto ou a organização (ou ambos)? Essa medida é baseada na hierarquia de sistemas e subsistemas. O nível mais alto de complexidade requer maiores organizações, mais interação e aumento na formalidade. O Capítulo 6 discute os seguintes casos:
  - O esforço para reestruturar a Ford 2000.
  - O túnel do Canal Inglês, ou Chunnel.
  - O projeto Harmony, uma rede de software colaborativo para telecomunicações.
- **Capítulo 7: Ritmo.** Quanto tempo temos disponível para completar o projeto? O aumento no ritmo requer cuidadoso gerenciamento do tempo, mais autonomia para as equipes de projetos e mais apoio da alta gerência. O Capítulo 7 cita os seguintes exemplos:
  - O orbitador Climático de Marte da NASA.
  - O problema Y2K: A pressa para concluir.

Parte 3: Fazendo a Abordagem Diamante Funcionar. A terceira parte deste livro ilustra a aplicação prática do modelo diamante em vários contextos e ambientes.

- **Capítulo 8: Gerenciando Projetos para Inovação do Negócio.** Este capítulo discute as necessidades comerciais por trás dos projetos e explica como elas afetam a seleção de projetos, assim como as práticas específicas de gerenciamento de projetos. Também discutimos o relacionamento entre gerenciamento de projetos e inovação, incluindo o "dilema da inovação" e o ciclo de adoção do cliente. O Capítulo 8 discute quatro casos:
  - A seleção de projetos de TI em uma grande corporação de mídia.
  - O projeto do software Market Watch.

  - A invenção da memória flash.
  - A história do forno de microondas.

- **Capítulo 9: Gerenciando Projetos Dentro da Organização Existente.** Este capítulo mostra como aplicar os modelos deste livro em sua organização e como incluir a abordagem adaptativa como parte de seus procedimentos *existentes* de gerenciamento de projetos. Em seguida, discutimos em detalhes sobre como realizar o planejamento do projeto e lidar com a incerteza e os riscos do projeto. Também descrevemos como aprimorar a eficiência da atividade do projeto em geral e como lidar com os dilemas de terceirização do projeto. O capítulo apresenta a seguinte história:
  - O modelo do Quadrante (para eficiência do projeto).

- **Capítulo 10: Como os Mercados e as Indústrias Afetam o Gerenciamento de Projetos.** Este capítulo mostra como vários tipos de clientes e mercados requerem vários tipos de estilos de gerenciamento de projetos. Ele também esboça as diferenças em gerenciamento de projetos entre as grandes indústrias. O Capítulo 10 apresenta um caso:
  - O projeto de revestimento de fios.

- **Capítulo 11: Reinventando o Gerenciamento de Projetos para Sua Organização.** Este capítulo explica o que os executivos e gerentes precisam fazer para aproveitar o máximo possível essa nova abordagem para o benefício de suas organizações. O capítulo é concluído com previsões sobre a futura evolução do gerenciamento de projetos.

Pontos Principais e Itens de Ação

- Em organizações modernas, a participação de atividades do projeto cresce constantemente, enquanto a porcentagem de esforço dedicado às operações diminui.
- A maioria dos projetos deixa de cumprir com as metas de tempo e orçamento e com os objetivos comerciais. Os projetos são o próximo candidato inexplorado significativo para alcançar excelência e ganhar vantagem competitiva.
- Gerentes em todos os níveis precisam aproveitar esta oportunidade ao prestar mais atenção à maneira como suas empresas lidam com os projetos. O gerenciamento de projetos não é um problema apenas dos gerentes de projetos e das equipes; é um problema de todos.

- O gerenciamento tradicional de projetos é embasado em um modelo previsível, estável, certo e linear. Ele foca em um plano que é preparado uma única vez no início para cumprir com as metas de tempo, orçamento e desempenho do projeto, e é, em grande parte, desvencilhado das mudanças ambientais durante a execução do projeto. Ele também presume que todos os projetos devem seguir um conjunto padrão de regras e processos.
- O gerenciamento tradicional de projetos não é mais suficiente para garantir o sucesso nos projetos dinâmicos dos dias atuais. Mesmo que você faça tudo como manda o figurino, ainda assim poderá fracassar. Há a necessidade de uma nova abordagem e de uma nova linguagem para que os gerentes entendam o que é o gerenciamento de projetos.
- Ao examinar sua organização, pergunte-se: Os seus projetos recebem a mesma atenção, ou mais atenção, que recebem as operações? Os gerentes de projeto recebem apoio suficiente da organização e da alta gerência? Você trata os projetos como custos ou como investimentos?
- Você deve avaliar o sucesso do projeto usando cinco dimensões: eficiência, impacto no cliente, impacto na equipe, sucesso do negócio e preparação para o futuro.
- A estrutura diamante oferece uma ferramenta disciplinada para avaliar os benefícios e os riscos de um projeto e para selecionar o estilo correto de gerenciamento de projetos. Ela também proporciona um modelo para avaliar um projeto no meio do caminho e colocar um projeto problemático de volta nos trilhos. O modelo diamante inclui quatro dimensões (bases) para distinguir entre projetos: novidade, tecnologia, complexidade e ritmo.

CAPÍTULO

2

O QUE FAZ UM PROJETO TER SUCESSO

O Opera House de Sidney

Uma das maiores atrações turísticas do mundo é o Opera House de Sidney, uma maravilha da arquitetura visitada todos os anos por milhões de viajantes.[1] O plano do projeto original, como previsto pelo governo de Nova Gales do Sul nos anos de 1950, incluía um orçamento estimado de aproximadamente 7 milhões de dólares australianos e um prazo de 5 anos. Mas não foi fácil chegar lá. O projeto de construção passou por enormes dificuldades – atrasos extensos, conflitos amargos e excessos dolorosos no orçamento. Dezesseis anos se passaram antes que o Opera House abrisse suas portas, e seu custo final foi de mais de 100 milhões de dólares.

Ao analisar pura e simplesmente em termos de tempo e desempenho orçamentário, pode-se concluir que o projeto do Opera House de Sidney foi um exemplo didático de fracasso de projetos. Mas ninguém mais se importa sobre como o projeto foi administrado, e quase todos vêem o Opera House como uma história de sucesso. Ele proporciona renda e fama para a cidade de Sidney, e continua sendo um dos prédios mais fascinantes do mundo.

Temos visto projetos similares, que não cumpriram suas metas de tempo ou de orçamento ou não seguiram os procedimentos-padrão de gerenciamento de projetos e, ainda assim, com o tempo, foram considerados bem-sucedidos. E temos visto projetos que fracassam apesar de serem bem gerenciados, seguindo as regras tradicionais. Alguns foram completados no tempo programado e dentro do orçamento, e ainda assim, não trouxeram muito valor para suas organizações ou clientes.

Mas, se o cumprimento das metas de tempo e orçamento não é o único critério, o que mais há? Em uma era em que os projetos estão entre os fenômenos mais difundidos nas organizações modernas, não é fácil responder essa simples pergunta. A atitude tradicional sustenta que o sucesso de um projeto depende do cumprimento da restrição tripla – na hora programada, dentro do orçamento e de acordo com as especificações. No entanto, no mundo dinâmico de projetos relacionados aos negócios, ater-se à restrição tripla não é mais suficiente, e um novo modelo é necessário.

Não importa qual seja a motivação para um projeto, qualquer avaliação de seu sucesso deve estar conectada ao sucesso da organização principal e ao seu bem-estar com o decorrer do tempo. Entretanto, apesar dos vários argumentos, ainda não existe uma maneira universal para medir e avaliar o sucesso de um projeto.[2] Este capítulo sugere uma perspectiva de negócio sobre o sucesso de um projeto. Nosso objetivo é ajudar os executivos e gerentes a melhor definir suas expectativas durante a fase de planejamento de um projeto e, mais adiante, avaliar o sucesso efetivo dele.

Além de Tempo, Orçamento e Desempenho

O que significa sucesso do projeto? As mesmas regras deveriam se aplicar a todos os projetos? Embora o tempo para o mercado possa ser crítico para a posição competitiva atual de uma empresa, muitas outras questões têm um impacto no sucesso do projeto com o decorrer do tempo. Considere os seguintes casos de sucesso famosos.

> Quando a primeira geração do Ford Taurus foi introduzida em 1986, ele rapidamente se tornou o carro mais vendido na América e um dos carros mais bem-sucedidos na história da Ford. Seu desenho revolucionário e qualidade excepcional criaram um novo padrão na indústria automobilística dos EUA, e os consumidores simplesmente adoravam o carro. Ainda assim, quando o projeto de desenvolvimento foi completado, seus gerentes de projetos foram rebaixados de cargo porque este foi completado três meses depois do programado.[3]
>
> O primeiro software Windows lançado pela Microsoft sofreu enormes atrasos, com redirecionamento contínuo de recursos e pessoas. Mas o Windows acabou sendo um dos produtos mais lucrativos da Microsoft e uma fonte enorme de renda.[4]

Antes de introduzir seu grande sucesso, o Macintosh, em 1984, a Apple Computer fracassou completamente com seu predecessor – o computador Lisa. Os gerentes da Apple reconheceram mais tarde que sem as lições aprendidas e as tecnologias desenvolvidas no projeto Lisa, o sucesso do Mac não teria sido possível – o que nos faz pensar se o Lisa foi realmente um fracasso total.[5]

Em se tratando de projetos de sucesso, a pergunta chave é: O que as organizações precisam considerar antes de lançarem um novo projeto, e como elas avaliariam um projeto em retrospectiva?

O cumprimento das metas de tempo e de orçamento é apenas uma pequena parte do quadro geral. O fato de alcançar essas metas sugere que o projeto foi gerenciado cuidadosa e eficientemente, e que a equipe do projeto fez um bom trabalho em termos de planejamento, monitoramento e execução do plano. Porém, a adesão ao plano de um projeto não nos diz nada sobre alcançar as metas comerciais de longo prazo, para as quais o projeto foi inicialmente elaborado.

A maioria dos projetos é parte da gestão estratégica de suas organizações, e eles devem ser avaliados com base em suas contribuições para os resultados do negócio em geral, e não apenas pela sua habilidade em cumprir com as metas de tempo, orçamento ou desempenho. Além disso, os benefícios dos projetos têm muitas formas: alguns podem ser imediatos, enquanto outros podem ser percebidos apenas mais tarde. Uma organização deve, portanto, estabelecer as metas do projeto antecipadamente para refletir suas expectativas, a curto e a longo prazo. Conseqüentemente, todas as atividades do projeto devem estar alinhadas a essas expectativas.

Um Conceito Estratégico Multidimensional

Alguns acadêmicos sugeriram a distinção entre o sucesso de um projeto e o sucesso de um produto. Eles argumentam que deveríamos primeiro avaliar a eficiência da execução do projeto (Ele foi completado no tempo programado e dentro do orçamento?) e mais adiante examinarmos o sucesso do produto e seu impacto nos negócios (Ele criou o impacto esperado no mercado e trouxe as receitas antecipadas?).[6]

Entretanto, acreditamos que o sucesso do projeto e do produto não devem ser separados. Eles são os dois lados da mesma moeda, e ambos precisam ser abordados pela equipe do projeto durante sua execução. Isso tudo se resume a uma pergunta simples: Como o projeto contribuiu para o sucesso e a eficácia da organização?

Quem É Responsável pelo Sucesso de um Projeto?

Esta perspectiva exige que os gerentes de projeto vejam o sucesso do projeto de maneira mais ampla e assumam a responsabilidade por fazer com que isso aconteça. Os executivos, por sua vez, devem transmitir às equipes de projetos a perspectiva da empresa como um todo, definir as expectativas comerciais de antemão e fazer as perguntas pertinentes às expectativas do negócio antes do plano do projeto ser aprovado e quando o progresso de um projeto é revisto.

Com esta mentalidade, os gerentes de projetos administram seus projetos de maneira diferente, desde o primeiro dia. Eles estão constantemente cientes do ambiente corporativo e certificam-se de que as atividades da equipe estejam focadas nas metas de curto *e* longo prazo do projeto. A ênfase e a importância das metas do projeto diferem de projeto para projeto, e a responsabilidade total pelo seu sucesso, em geral, descansa nos ombros do gerente do projeto, aquele que o administra dia após dia.

Observe, no entanto, que algumas empresas separam o papel do "dono" do projeto daquele do gerente do projeto. O "dono" cuida de cumprir as necessidades do negócio, e o gerente é responsável pela entrega em tempo oportuno. Mas mesmo neste caso, você não pode tirar da equipe e seu líder a responsabilidade de garantir que o trabalho diário leve ao sucesso a longo prazo.

Sucesso: Várias Dimensões, Vários Pontos de Vista

Vemos o sucesso de um projeto como um conceito multidimensional e estratégico.[7] Cada projeto precisa de mais de uma dimensão para avaliar o sucesso, e essas dimensões variam em importância e significância, dependendo do projeto.

A medida da eficácia organizacional em dimensões diferentes não é novidade. Ela evoluiu nos últimos anos no nível corporativo, quando as empresas perceberam que a avaliação baseada em medidas financeiras e contábeis tradicionais não era suficiente. Kaplan e Norton desenvolveram o conceito do Placar Equilibrado da corporação para endereçar essas questões. Ele inclui quatro dimensões principais: medidas financeiras, medidas relacionadas aos consumidores, medidas internas e medidas sobre a inovação e o aprendizado.[8] Tipicamente, as organizações escolhem de 15 a 20 submedidas que reflitam suas necessidades e ambientes específicos. Outros estudos sugeriram a adição de outra dimensão, para um total de cinco: financeira, relacionada ao mercado, qualidade do processo, desenvolvimento de pessoas e preparação para o futuro.[9]

Mas, como tudo isso se aplica aos projetos e ao seu sucesso? Está claro que qualquer coleção de medidas deve endereçar mais de uma necessidade e deveria representar os interesses de mais do que um grupo de pessoas interessadas (*stakeholders*). Mas, acima de tudo, as medidas do sucesso devem refletir a intenção estratégica da empresa e seus objetivos de negócio, por três motivos. Primeiro, se um projeto não serve à organização, porque fazê-lo? Segundo, ele deve abranger o sucesso em tempos diferentes: o que parece ter sido bem-feito em curto prazo poderá mais tarde acabar sendo uma decepção, e os contratempos a curto prazo podem acabar sendo recompensas a longo prazo. O sucesso do projeto deve, portanto, ser observado tendo em mente períodos de tempo diferentes. Por último, as medidas de sucesso devem refletir os interesses de várias pessoas interessadas (*stakeholders*) que serão afetadas pelo resultado do projeto.

Considere, por exemplo, a construção de um novo prédio de escritórios. Um arquiteto poderá considerar o projeto um sucesso em termos de sua estética; um engenheiro, em termos da competência técnica; um contador, em termos do dinheiro gasto sob o orçamento; um gerente de recursos humanos, em termos da satisfação da equipe. Por último, o CEO classificará o prédio em termos de seu efeito no preço das ações, e o proprietário, em termos do retorno sobre o investimento.[10] O que parece ser um grande projeto para uma comunidade pode não ser apreciado por outra. O exemplo seguinte representa um caso que foi considerado de classe mundial pela mentalidade tradicional de gerenciamento de projetos, acabou sendo um fracasso porque não abordou as necessidades de seus principais interessados (*stakeholders*), os clientes.

O Metrô de Los Angeles: Um Sistema de Metrô em uma Cidade de Automóveis

Em janeiro de 1993, a Linha Vermelha – as primeiras 4,4 milhas do metrô de Los Angeles – abriu suas portas para os passageiros no centro de Los Angeles. Essa linha foi comissionada como o primeiro segmento de um sistema de metrô que havia sido planejado por muitos anos.

O sistema ferroviário subterrâneo em Los Angeles foi sugerido pela primeira vez em 1925, mas os eleitores rejeitaram-no. No ambiente urbano dos anos de 1980, os eleitores finalmente aprovaram os fundos para um sistema ferroviário integrado. Ele seria implementado em estágios, e, quando completado, as 23 milhas planejadas da Linha Vermelha se espalhariam do centro em três direções (leste, oeste e centro da cidade), criando a espinha dorsal de um novo sistema de transporte elaborado para servir a cidade pelos próximos 30 anos.

O projeto encontrou vários desafios técnicos e administrativos: gases hidrocarbono no solo, poços de petróleo abandonados, lençóis freáticos contaminados e alta atividade císmica. Mas o maior desafio foi mudar a atitude dos cidadãos – convencê-los a deixarem seus carros em casa e usarem o sistema de metrô.

A Rail Construction Corporation (RCC), o braço de construção da Autoridade de Transporte Público de Los Angeles, estabeleceu várias medidas para avaliar o sucesso do projeto de acordo com a missão e a visão do projeto: construir um sistema de metrô de classe mundial para a comunidade de Los Angeles e tornar-se um modelo de excelência no projeto de obras públicas e construção. Sucesso significaria completar o primeiro segmento antes do tempo e dentro do orçamento, manter os recordes de segurança em construção, que eram 50% melhores do que a média nacional, empregar empresas locais e de minorias, manter as operações dos trens no horário a 98%, alcançar reconhecimento formal da indústria e ganhar prêmios como uma indústria distinta.

Por todas essas medidas, o projeto foi um sucesso. Ele foi completado oito meses antes do tempo programado e sem excessos orçamentários. Ele também foi escolhido como "O Projeto do Ano" pelo Project Management Institute (PMI) em 1993.[11] Entretanto, as fases remanescentes do projeto foram abandonadas alguns anos depois e a cidade percebeu que o uso dos trens era significativamente mais baixo do que o esperado. O desafio de mudar a atitude dos cidadãos, para que deixassem seus carros em casa e usassem o sistema de metrô, nunca foi alcançado. A parte mais importante da missão do projeto – construir um sistema de classe mundial que será usado pela comunidade – foi ignorado em favor de "tornar-se um modelo de excelência no projeto de obras públicas e construção".

As Cinco Dimensões do Sucesso do Projeto

Com base em nossa pesquisa, sugerimos que uma avaliação abrangente do sucesso do projeto a curto e a longo termo pode ser definida por cinco grupos de medidas:[12]

- Eficiência do projeto.
- Impacto no cliente.
- Impacto na equipe.
- Sucesso comercial e direto.
- Preparação para o futuro.

Outras dimensões também são relevantes, mas esses grupos representam um espectro amplo de situações do projeto e cobrem a maioria dos casos e períodos de tempo. Cada dimensão inclui várias submedidas possíveis, como listado na Figura 2-1. (O anexo 2 mostra o questionário de pesquisa usado em nosso estudo. Este anexo está disponível em *www.mbooks.com.br*, no link referente a este livro.)

FIGURA 2-1

Medidas Específicas de Sucesso

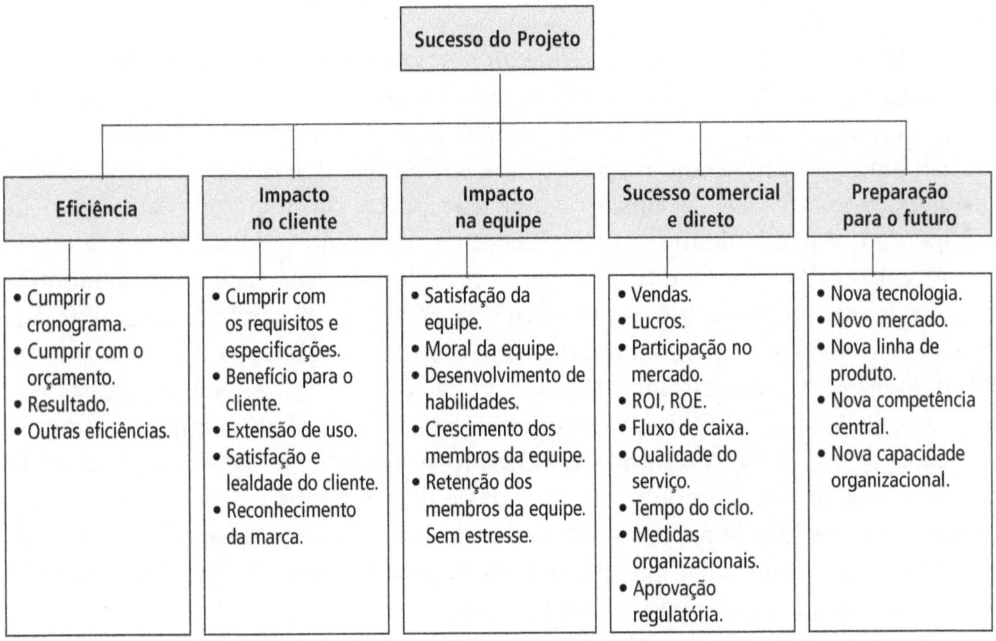

A primeira dimensão, *eficiência do projeto* (ou o cumprimento das metas planejadas) representa uma medida de curto prazo: se o projeto foi completado ou não de acordo com o plano. Ele foi completado em tempo? Seus gastos estavam dentro do orçamento? Como mencionamos, o cumprimento das restrições de recursos indica um projeto bem administrado e eficiente, mas não garante que este terá sucesso e beneficiará a organização a longo prazo. No entanto, com o aumento na concorrência e os ciclos de vida mais curtos dos produtos, o tempo para o mercado pode ser um componente competitivo crítico que não pode ser ignorado.

A segunda dimensão, *impacto no cliente*, representa os principais interessados (*stakeholders*), cujas percepções são críticas para a avaliação do sucesso do projeto. Essa dimensão deve mostrar claramente como o resultado do projeto melhorou a vida ou o negócio do cliente e como ele abordou as necessidades dos clientes. Por exemplo, se o cliente for um provedor de serviços, o sucesso nesta dimensão deve ser algo como: "O produto permitirá que o cliente corte pela metade o tempo de resposta aos seus próprios clientes, e reduzirá os erros em 60%".

Como mostra a Figura 2-1, esta (e não a eficiência do projeto) é a dimensão que inclui as medidas de desempenho do produto, os requisitos funcionais e as especificações técnicas. Quem, afinal de contas, é mais afetado pelo desempenho do produto, se não o cliente? Esta dimensão tipicamente também inclui o nível de satisfação do cliente, até que ponto ele está usando o produto e qual é a extensão da lealdade do cliente: se ele está ou não disposto a comprar ou pedir o próximo produto.

A terceira dimensão, *impacto na equipe*, reflete como o projeto afeta a equipe e seus membros. Bons líderes de projetos estimulam e inspiram os membros de sua equipe e fazem com que o projeto seja uma experiência memorável e emocionante. Outros projetos podem ser lembrados como experiências exigentes e exaustivas. Essa dimensão avalia o impacto cumulativo: a satisfação da equipe, o moral, a lealdade em geral da equipe para a organização e a retenção dos membros dela depois que o projeto é completado. Mas tal dimensão também avalia o investimento indireto que a organização fez nos membros da equipe. Ela mede a extensão do aprendizado da equipe e seu crescimento, assim como suas habilidades recém-adquiridas e as novas capacidades profissionais e gerenciais.

A quarta dimensão, *sucesso comercial e direto*, reflete o impacto direto e imediato que o projeto tem na organização principal. No contexto do negócio, ela deve avaliar os níveis de vendas, rendas e lucros, assim como os fluxos de caixa e outras medidas financeiras. Resumindo, essa dimensão deve estar relacionada ao sucesso comercial do projeto e deve responder uma pergunta simples: Ela ajudou a reforçar os resultados finais?

Em muitos casos, essa dimensão é representada por um plano de negócios típico, que esboça as vendas futuras esperadas, o crescimento e os lucros do produto resultante. Em outros casos, ela envolve um plano de análise do benefício do investimento, o qual conecta o investimento aos retornos esperados. No entanto, esta dimensão também inclui medidas relacionadas à empresa para projetos internos, que não almejam novos produtos para mercados externos, tais como projetos de reengenharia para reestruturar os fluxos de trabalho da empresa. Nesses casos, esta dimensão geralmente inclui medidas de redução de custos, tempo de produção melhorado, resultado e qualidade do processo.

Essa dimensão também se aplica às organizações sem fins lucrativos. Por exemplo, quando uma fundação de caridade inicia um projeto que aperfeiçoa seus serviços, encurta seus processos e atende mais clientes mais eficazmente, a avaliação do sucesso desse projeto de aperfeiçoamento deve incluir medidas elaboradas para revelar o impacto direto do projeto sobre os benefícios para o público.

A última dimensão, *preparação para o futuro*, trata dos benefícios de longo alcance do projeto. Ela reflete quão bem o projeto ajuda a organização a preparar sua infra-estrutura para o futuro e como ele cria novas oportunidades. Infra-estruturas futuras incluem novos processos organizacionais e competências técnicas e organizacionais adicionais. Medidas típicas incluem a criação de novos mercados, a criação de uma nova linha de produtos ou o desenvolvimento de uma nova tecnologia.

Assim como o Lisa da Apple, projetos sem benefícios comerciais imediatos podem, ainda assim, proporcionar degraus para oportunidades futuras. Para analisar essa dimensão, podemos fazer uma série de perguntas. O seu projeto testou novas idéias que resultarão em novos mercados, inovações e produtos? Você desenvolveu novas tecnologias e competências principais? Você está preparado para iniciar a mudança e criar o futuro na sua indústria ou se adaptar rapidamente aos desafios externos, movimentações inesperadas dos concorrentes e surpresas no mercado e na tecnologia?

As cinco dimensões apresentadas aqui proporcionam uma estrutura universal para avaliar o sucesso do projeto na maioria dos casos e ambientes, porém, algumas vezes, é necessário definir dimensões adicionais de sucesso para projetos específicos. Por exemplo, na indústria farmacêutica, um dos testes mais claros de sucesso do projeto é conseguir a aprovação do FDA (Food and Drug Administration) para um novo medicamento ou tratamento; em campanhas eleitorais, vencer a eleição define o sucesso final.

Do mesmo modo, em projetos públicos ou governamentais, o sucesso pode ser avaliado pela imagem e percepção que os cidadãos têm do governo, para o qual medidas especiais são desenvolvidas, ao passo que, em uma batalha, sucesso não é apenas ganhar a guerra, mas também minimizar as fatalidades e o sofrimento dos civis.

Sucesso do Projeto como um Conceito Dinâmico

Quando essas dimensões principais são usadas, o sucesso do projeto se torna um conceito dinâmico com implicações a curto e a longo prazo. A primeira dimensão, eficiência, pode ser avaliada a curto prazo – durante a execução do projeto e no momento de conclusão do mesmo. A segunda e terceira dimensões assumirão um formato durante o progresso do projeto, na forma de avaliação da adequação às especificações para as necessidades dos clientes e da qualidade das interações da equipe. Elas normalmente se tornam claras alguns meses depois da conclusão do projeto, depois que o produto é entregue ao cliente e o impacto na equipe é mais aparente no contexto organizacional maior.

A quarta dimensão, sucesso comercial e direto, pode ser avaliada apenas após se ter conseguido um nível substancial de vendas e quando há um ponto de equilíbrio (*break even*) nos retornos do projeto, geralmente depois de um ou dois anos. E por último, a quinta dimensão pode ser avaliada apenas muito mais adiante, provavelmente depois de três, até mesmo cinco, anos, quando os benefícios de longo prazo começam a ter lucro. Na prática, essas avaliações se sobrepõem, mas os períodos de tempo das dimensões mudam, como mostra a Figura 2-2.

FIGURA 2-2

Períodos de tempo das dimensões de sucesso

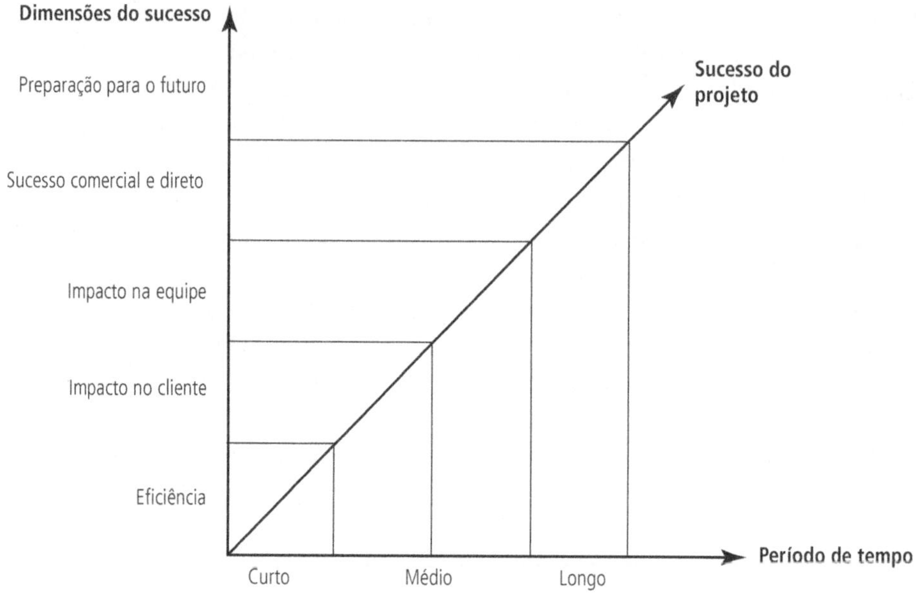

O Impacto do Tempo

Qual das cinco dimensões é mais importante? Como sugere a natureza das dimensões, sua importância relativa também muda, dependendo de quando elas são examinadas. Em curto prazo, e especialmente durante a execução do projeto, a dimensão de eficiência do projeto é crítica. De fato, é a única que pode ser medida em termos concretos neste estágio. Cumprir com as restrições de recursos, medir os desvios do plano e examinar as várias medidas de eficiência talvez sejam os melhores meios para monitorar o progresso do projeto e controlar seu curso.

Entretanto, depois que o projeto é completado, a importância dessa dimensão diminui. À medida que o tempo passa, não importa muito se o projeto cumpriu com suas restrições de recursos, e, na maioria dos casos, depois de aproximadamente um ano torna-se irrelevante. Embora a segunda e a terceira dimensões – impacto nos clientes e impacto na equipe – tornam-se relevantes depois que o projeto é completado, o momento para se pensar nelas (assim como nas outras dimensões) é durante o projeto em si, quando se tem o poder de influenciá-las.

A quarta dimensão, sucesso comercial e direto, torna-se significativa apenas mais tarde. Ela entra em cena depois de um tempo, quando as vendas do produto de um projeto começam a trazer lucros ou estabelecem uma participação no mercado. E por último, a preparação para o futuro, que expressa os benefícios a longo prazo do projeto, afeta a organização apenas depois de vários anos. A importância relativa das cinco dimensões, como uma função de tempo, é mostrada na Figura 2-3.

FIGURA 2-3

Importância relativa das dimensões de sucesso: Uma questão de tempo

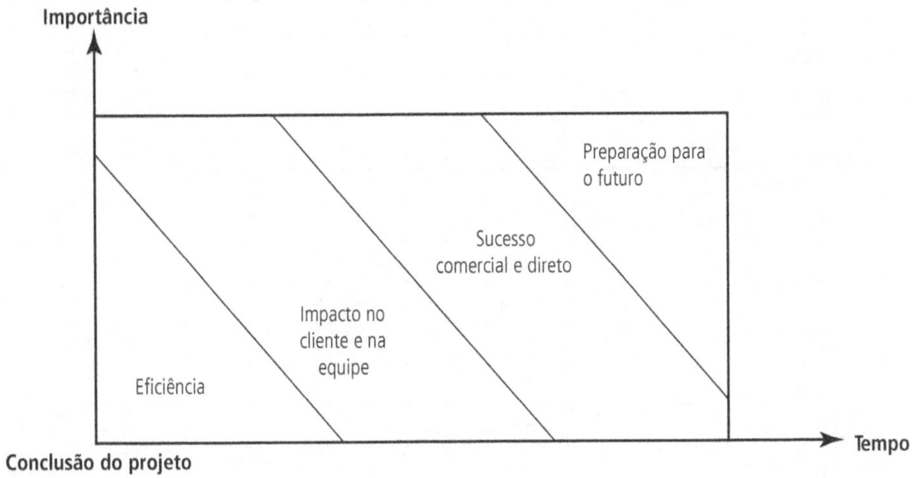

Tipos de Projetos e as Dimensões de Sucesso

Os capítulos posteriores endereçam a questão de vários tipos de projetos, discutindo em detalhes como eles se ajustam à sua abordagem gerencial. Por ora, observe que risco e oportunidade normalmente variam juntos de acordo com o tipo de projeto – quanto maior o risco, maior a oportunidade – e as medidas de sucesso devem refletir essa situação. Projetos de baixo risco e baixa incerteza normalmente criam oportunidades limitadas, e a maior parte dessas oportunidades pode ser alcançada com um alto nível de confiança.

Acredita-se que para os projetos de baixo risco, o cumprimento das restrições de recursos é mais crítico e relevante do que para os projetos de risco mais alto. O sucesso imediato de projetos de baixo risco depende do cumprimento das restrições de tempo e de orçamento, e seus lucros esperados podem ser geralmente determinados antecipadamente. Por outro lado, para os projetos de alto risco e alta incerteza, o desempenho medíocre a curto prazo, os excessos orçamentários e mesmo o sucesso comercial limitado podem ser compensados pelos benefícios a longo prazo, como a criação de novos mercados, o desenvolvimento de especialidades em novas tecnologias e o preparo da infra-estrutura para produtos mais avançados no futuro. Está claro que a satisfação do cliente e da equipe, e o sucesso direto são importantes para todos os tipos de projetos.[13] Assim sendo, a importância relativa de sucesso do projeto mede as mudanças com níveis de riscos e incertezas, como mostra a Figura 2-4.

FIGURA 2-4

Importância relativa das dimensões de sucesso depende do projeto

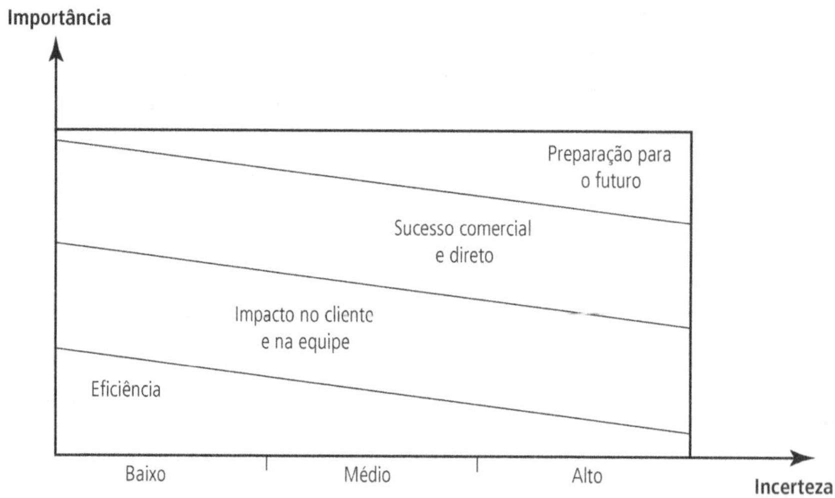

Resumindo, devemos observar mais uma vez que, embora as dimensões de sucesso possam variar em importância com o tempo e o tipo de projeto, elas precisam, contudo, ser abordadas durante toda a vida do projeto. Em seguida, discutiremos como as empresas e os gerentes podem aplicar esta abordagem.

Aplicando a Estrutura das Dimensões de Sucesso aos Seus Projetos

As empresas precisam estabelecer um ambiente de projetos focado no sucesso, que empregue uma abordagem multidimensional e de medidas flexíveis, e que preste atenção a cada dimensão de sucesso durante o planejamento e a execução do projeto. Se, durante a execução do projeto, ninguém se importar se o cliente comprará ou não o produto, as chances de lançar um produto lucrativo são bem menores. As organizações podem, portanto, tomar medidas importantes desde o início para garantir o sucesso de um projeto.

Adaptar Suas Expectativas ao Tipo de Projeto

A atenção dos gerentes e dos membros da equipe deve estar voltada, desde o começo, para os objetivos do projeto, como especificados pela empresa. Se as organizações planejam atingir os benefícios estratégicos do projeto, os gerentes devem incorporar esses benefícios como medidas predeterminadas de sucesso do projeto. Eles devem ver os benefícios do projeto a curto e a longo prazo e julgar seu desempenho em todas as dimensões.

Uma vez que nenhum conjunto de dimensões serve a todos os projetos, os gerentes precisam adaptar suas expectativas ao tipo de projeto e pesar as várias dimensões de sucesso com base no projeto. Por exemplo, um projeto de alta incerteza e alto risco será avaliado principalmente em seu efeito comercial e a longo prazo, em vez de medidas de tempo e desempenho orçamentário a curto prazo. Por outro lado, é improvável que um projeto de baixa incerteza e baixo risco, como a construção de um novo prédio, ajudará a organização a desenvolver novas tecnologias ou criar novas oportunidades.

Tornar as Dimensões de Sucesso do Projeto Parte do Planejamento do Projeto

As dimensões de sucesso do projeto devem, portanto, tornar-se parte integral do planejamento do projeto, e um componente padrão no gerenciamento estratégico da organização. Deve-se incorporar as medidas de sucesso ao processo de tomada de decisões da alta gerência quando iniciar o projeto, e deve-se incluí-las no termo de abertura da equipe do projeto. A gerência deve comprometer os recursos da organização ao cumprimento dessas medidas. É necessário documentá-las em detalhes e torná-las parte do plano do projeto, e monitorá-las durante as revisões do projeto. Elas continuam sendo relevantes? E como o projeto está se "comportando" para alcançá-las?

Os gerentes e as equipes de projetos devem ser avaliados com base em seu desempenho em todas as dimensões, e não apenas nas dimensões de curto prazo. Qualquer projeto específico deve ser focado nas dimensões apropriadas. É um projeto de curto prazo e baixo risco cujos benefícios são baseados na eficiência? Ou é um projeto de alto risco, no qual a organização está pronta para sofrer alguns excessos orçamentários, e mesmo conviver com um sucesso do negócio menos satisfatório a curto prazo, para poder desfrutar os benefícios a longo prazo e a infra-estrutura construída para criar o futuro?

O estilo de gerenciamento de projetos adaptativo e flexível também se aplica ao sucesso do projeto. Se necessário, você deve estar pronto para adaptar as dimensões de sucesso de seu projeto em resposta às novas informações e mudanças no ambiente. Durante as revisões do projeto, os executivos devem examinar essas dimensões de sucesso e o progresso que foi alcançado e, se necessário, aprovar mudanças nas métricas de acordo com as mudanças nas circunstâncias.

Aceitar Maior Responsabilidade

Em nosso ponto de vista, os gerentes de projetos são responsáveis por alcançar o sucesso em todas as dimensões – primeiro e mais importante, para a satisfação dos clientes e os resultados dos negócios. Quando apresentamos essas idéias aos gerentes ou outros estudiosos, a resposta típica sempre foi entusiástica e de apoio. De tempos em tempos, no entanto, temos escutado outras opiniões – uma delas é bem representada pelas palavras de um revisor anônimo de um de nossos trabalhos de pesquisa: "Um gerente de projeto deve certificar-se de que o projeto seja completado em tempo, dentro do orçamento e deve cumprir suas especificações. O resto é irrelevante. Se estes não forem congruentes, podemos argumentar que houve uma falha *fora* do projeto, não dentro deste, e que ele pode ser considerado um sucesso legítimo".

Esperamos que essas crenças antigas estejam desaparecendo. Nenhuma pessoa fora do projeto conhece o projeto melhor do que seus gerentes, e ninguém pode fazer mais para garantir seu sucesso. O período de trabalho no projeto, extenso e contínuo, deve ser dedicado à criação de um ambiente focado no sucesso, além da restrição tripla, no qual cada membro da equipe sabe claramente o que significa sucesso e age com o propósito de alcançá-lo.

Mas, e as recompensas? Como recompensamos um gerente de projeto por um trabalho bem-feito quando o resultado do negócio virá (ou não virá) muito depois do projeto ter sido completado? Parte dessa recompensa poderá vir naturalmente durante a execução do projeto, em forma de reação dos clientes ou da resposta comercial inicial. O modelo adaptativo, portanto, basicamente causará uma mudança da cultura na organização. Os projetos estarão mais conectados aos resultados comerciais, os executivos estarão mais sintonizados aos processos do projeto e, a longo prazo, os sistemas de recompensas se tornarão mais flexíveis e adaptativos aos múltiplos indicadores de desempenho do projeto.

Lidar com a Possibilidade de Fracasso

A maior parte deste capítulo foca no sucesso do projeto – como medi-lo e como planejar seu projeto para obter o máximo de sucesso. Mas, e o fracasso? Infelizmente, como temos visto, o fracasso é comum em projetos, e as equipes de projetos precisam aprender a lidar com ele durante o planejamento, assim como lidam com o planejamento para o sucesso. Muitas equipes, na realidade, usam um plano de gerenciamento de riscos para seus projetos; entretanto, argumentamos que se deve definir os critérios de sucesso *e* fracasso em várias dimensões, ao mesmo tempo. Os critérios de fracasso declaram de antemão o que pode dar errado com um projeto e formam a base para seu plano detalhado de gerenciamento de riscos. Projetos podem não cumprir suas metas de tempo e de orçamento, não cumprir os objetivos do negócio, causar danos ou ser perigosos, ou mesmo pôr em risco a vida humana. Oferecemos mais detalhes sobre os riscos do projeto nos capítulos posteriores e trataremos mais especificamente sobre o gerenciamento de riscos no Capítulo 9.

Agora que vimos o que determina o sucesso de um projeto, o capítulo 3 esboça a estrutura pela qual a abordagem adaptativa de gerenciamento de projetos pode ser aplicada a vários tipos de projetos em várias situações e ambientes.

Pontos Principais e Itens de Ação

- O sucesso do projeto não pode ser julgado apenas pela restrição tripla. Tempo, orçamento e desempenho são dimensões de curto prazo que não refletem o sucesso a longo prazo. Ele é um conceito multidimensional e estratégico que deve considerar o sucesso a curto e a longo prazo, e seu produto. Ele deve focar no sucesso do negócio, assim como na eficiência com a qual o projeto é executado, e considerar os pontos de vistas diferentes das partes interessadas (*stakeholders*).
- As cinco dimensões normalmente são suficientes para planejar e avaliar o sucesso do projeto: eficiência, impacto no cliente, impacto na equipe, sucesso comercial e direto, e preparação para o futuro. Cada uma dessas dimensões é então refletida em medidas detalhadas para cada projeto. Pode haver a necessidade de dimensões adicionais em casos específicos.
- Projetos diferentes têm medidas de sucesso diferentes. Essas medidas dependem do ponto de vista, do período de tempo, da incerteza do projeto e de outras variáveis. A importância relativa das dimensões de sucesso depende do tempo de observação e do tipo de projeto.
- As dimensões de sucesso são determinadas como parte do plano do projeto e devem guiar sua execução. Elas devem ser definidas juntamente com os possíveis critérios de fracasso para se ver "o que pode dar errado". É responsabilidade do gerente de projetos e da equipe certificar-se de que este está sendo executado de maneira a cumprir com todas as dimensões de sucesso.
- As dimensões de sucesso também podem mudar durante o ciclo de vida do projeto, quando novas informações são coletadas e à medida que o ambiente muda.
- Os executivos devem implementar um sistema no qual todos os projetos, como um primeiro passo, definem as dimensões de sucesso relevantes no plano do projeto. As revisões do projeto devem incluir revisões de progresso em todas as dimensões e, se necessário, aprovar mudanças nas medidas de sucesso.
- A cultura de sua organização deve recompensar os gerentes de projetos e as equipes por mais do que simplesmente cumprir com as metas de tempo e de orçamento. Dê maior responsabilidade aos gerentes de projetos, e certifique-se de que eles serão recompensados quando o produto tiver um bom desempenho no mercado e quando os clientes estiverem realmente felizes com o resultado.

CAPÍTULO

3

A ESTRUTURA DIAMANTE

Para ir além das práticas convencionais de gerenciamento de projetos, precisamos começar a reconhecer que um mesmo tamanho não serve para todos. Diferentemente de operações, que são repetitivas, cada projeto é, por definição, único. Cada projeto representa uma nova experiência, endereça um novo problema com uma nova constelação de desafios administrativos e o processo de gerenciamento nunca é uma questão de repetir as etapas e os procedimentos conhecidos.

Pelo fato de os projetos individuais serem únicos, gerentes e executivos precisam entender os meios pelos quais eles se diferenciam entre si e a importância em adequar a organização correta ao projeto correto. Não entender essas diferenças poderá, de fato, comprometer um projeto e até mesmo levá-lo ao fracasso. Considere a história seguinte:

O Projeto FCS

O FCS era um sistema de controle de incêndios de terceira geração desenvolvido por uma empresa de defesa bastante conhecida em Israel. O principal desafio do projeto FCS era aprimorar a precisão de acerto de armas montadas em veículos em movimento.[1] Pelo fato de a empresa ser experiente em componentes de construção e subsistemas para gerações anteriores similares, seus executivos presumiram que eles tinham capacidade de competir por um sistema inteiro. Após o processo de licitação, a empresa ganhou o contrato.

A principal inovação técnica no FCS era uma nova técnica de estabilização, que prometia melhorar substancialmente o desempenho. Entretanto, ela também pedia o uso de uma tecnologia que era totalmente nova para a empresa, assim como uma doutrina operacional totalmente diferente. No entanto, os gerentes da empresa presumiram que poderiam gerenciar o desenvolvimento deste novo sistema do mesmo modo que gerenciaram seus projetos anteriores e menos abrangentes. Eles também presumiram que poderiam usar os módulos existentes, com pequenas modificações, como tijolos para o novo sistema. Além disso, presumiram que uma vez que todos os subsistemas fossem desenvolvidos, testados e validados, seria uma questão direta montá-los em um sistema integrado em funcionamento. Com base nessas premissas, montaram uma equipe como sempre tinham feito, e iniciaram o novo projeto com a mesma mentalidade e metodologia com as quais estavam acostumados.

Entretanto, a maioria dos engenheiros que trabalharam no programa não tinha experiência com a nova tecnologia de estabilização. Além disso, nenhum dos membros da equipe havia construído sistemas inteiros, com responsabilidade sobre o desempenho em geral para atender as expectativas do usuário final do sistema. Para completar, todo o projeto era novidade para o cliente, e isso significava que os objetivos básicos de desempenho (e os requisitos mínimos) eram, de certo modo, incertos. O plano era começar a entrega das unidades iniciais depois de 16 meses e começar a produção em larga escala em três anos e meio.

Logo se tornou claro que o cronograma original do projeto era irreal. O plano do projeto foi, então, refeito – duas vezes. Ainda assim, ele continuava atrasado. Depois do primeiro ano, a empresa iniciou procedimentos de emergência e começou a canalizar recursos adicionais para o programa. Mesmo assim demorou dois anos para que os gerentes da empresa percebessem que todo o programa precisava abordar dois grandes problemas, os quais se encontravam fora do escopo do plano original. Mas aí a crise já havia se instalado.

O primeiro problema era que o desenvolvimento da tecnologia de estabilização exigia muito mais tempo, isso porque as novas unidades precisavam de ciclos adicionais de projeto para acomodar uma maior incerteza tecnológica. O segundo problema era mais profundo: um sistema complexo não funciona simplesmente como uma coleção de subsistemas. O programa precisava de um período extenso de integração do sistema, juntamente com o desenvolvimento de uma nova doutrina de combate. Essas atividades não faziam parte do plano original do projeto.

Foi necessária uma mudança drástica no estilo de gerenciamento do projeto. Após a intervenção da alta gerência, novas engenharias de sistemas e grupos de integração foram adicionadas à equipe. Adicionalmente, a empresa mobilizou especialistas cuidadosamente escolhidos, incluindo consultores externos, para ajudar a equipe em seus esforços. E o envolvimento da alta gerência tornou-se mais extenso, com reuniões diárias e relatórios quase instantâneos de novos problemas e soluções. Essa mudança resultou em uma inovação, e levou, depois de 38 meses, à entrega do primeiro sistema totalmente operacional. A produção teve início depois de cinco anos, com um atraso final de 21 meses e um excesso de custos de quase duas vezes o orçamento original.

Por Que as Organizações Precisam de uma Estrutura de Trabalho

Os executivos do projeto FCS tiveram de aprender uma lição dolorosa. Em retrospecto, se eles tivessem avaliado correta e antecipadamente as dificuldades do projeto, teriam implementado a abordagem correta desde o começo. O que os gerentes não tinham era um modelo para avaliar sistematicamente a singularidade do projeto e entender as principais dimensões pelas quais o novo projeto diferia daquelas em suas experiências anteriores.

Mas como podemos nos referir a uma estrutura, padrão ou modelo comum se cada projeto é único? Não somos condenados por contarmos histórias peculiares sobre cada empreendimento novo? Há uma maneira de se estabelecer uma metodologia coerente que possa ser aplicada sistematicamente a uma variedade de projetos? A resposta é sim: cada projeto *é* único, mas não em todos os aspectos. Quando pesquisamos uma variedade de projetos, podemos encontrar variações consideráveis – mas também uma série de características comuns. Na realidade, como você verá, a variação segue certos padrões, e isso significa que podemos desenvolver métodos gerais para lidar com vários tipos de projetos. Essa variação característica ainda não foi capturada nas literaturas atuais sobre gerenciamento de projetos e não faz parte do corpo de conhecimento comum.[2]

Os gerentes de projeto geralmente estão entre os líderes mais criativos em uma organização, o que explica por que eles chegaram a este posto. Eles aprenderam que precisam solucionar seus próprios problemas, normalmente sem as diretrizes dos executivos de níveis mais altos, e ainda assim precisam terminar o serviço dentro de um período de tempo limitado. Quando não encontram uma solução nos livros, eles inventam suas próprias.

Mas o que os praticantes geralmente não têm é uma perspectiva de generalidade suficiente; qualquer gerente participará em apenas um número pequeno de projetos durante o curso de sua carreira. A contribuição da disciplina científica é, portanto, estender e generalizar os princípios relevantes além do escopo da experiência individual limitada. Em nossa experiência, o que os gerentes mais precisam é de um modelo para ajudá-los a identificar as diferenças entre os projetos, classificar seus próprios projetos e selecionar a abordagem correta para eles.

Este capítulo apresenta o modelo diamante NTCR que é usado em todo o livro como uma estrutura prática para endereçar a variação entre os projetos. Embora o modelo diamante possa não ser a única maneira, ele proporciona uma solução útil e um ponto de partida para a maioria dos projetos. Vamos começar examinando como avaliar e classificar o projeto em mãos.

Como Fazer a Distinção Entre Projetos

Os projetos diferem entre si de várias maneiras. Eles podem se distinguir pela tecnologia, tamanho, risco, ambiente, consumidor, contrato, complexidade, habilidades, geografia e muitos outros aspectos. Mas eles também têm muito em comum. Cada projeto tem uma meta, tempo limitado e outros recursos e um gerente de projeto ou líder, e os projetos normalmente desenvolvem orçamentos, programações e organizações para determinar quem faz o que. A questão é como combinar os elementos comuns *e* diferentes em um modelo que permita aos gerentes classificar seus projetos e escolher a abordagem correta para cada projeto.

Para classificar um projeto, podem-se empregar três direcionadores-chave: meta, tarefa e ambiente.

- **Meta.** Qual é o resultado exato, ou produto, que este projeto precisa alcançar? Qual é o produto final? O produto final do projeto deve ser visto de maneira ampla: ele pode ser tangível ou intangível, um processo, uma empresa, uma organização, um sistema, uma campanha de marketing ou mesmo um programa educacional.
- **Tarefa.** Qual é o trabalho exato que precisa ser feito? Quão difícil ele é? Quão conhecido ele é? Tarefas similares foram realizadas anteriormente? Quão complexo ele é, e qual é a disponibilidade de tempo?
- **Ambiente.** O ambiente do projeto inclui o ambiente comercial, o mercado, a tecnologia disponível ou a indústria específica. Ele também envolve o ambiente econômico, político e geográfico externo, assim como os ambientes internos na empresa: a cultura, as pessoas, as habilidades, os procedimentos e qualquer outro projeto que esteja competindo pelos mesmos recursos.

Nosso objetivo era construir uma estrutura livre de contextos que não dependesse da indústria, tecnologia ou organização específica e seria suficientemente universal para capturar o espectro amplo de projetos. Em nossa pesquisa tentamos entender as dimensões básicas que fazem com que um projeto seja diferente do outro, ou semelhante, de maneira que possam nos dizer como gerenciar projetos mais eficazmente.

Com base na teoria clássica de contingência, concluímos que podemos definir três dimensões que caracterizam cada projeto: incerteza, complexidade e ritmo. (O Anexo 3A mostra como a teoria clássica de contingência pode ser aplicada aos projetos e como essas dimensões emergiram. O Anexo 3B inclui nosso questionário de pesquisa em classificação e o Anexo 3C discute as bases conceituais para os sistemas de classificação.[3] Esses anexos estão disponíveis em *www.mbooks.com.br*, no link referente a este livro.) *Incerteza* se refere ao estado de nossa informação sobre as metas do projeto, sua tarefa e seu ambiente; geralmente essa informação é rascunhada e incompleta, especialmente no início. *Complexidade* é uma medida do escopo do projeto que se reflete em características como o número de tarefas e o grau de interdependência entre elas. E, é claro, *ritmo* está relacionado à dimensão de tempo e à existência de prazos "suaves" ou "rigorosos" que impulsionam o trabalho.

Na prática, descobrimos ser útil expandir este modelo, reconhecendo que existem, de fato, duas grandes fontes de incerteza: incerteza de mercado (ou meta) e incerteza tecnológica (ou tarefa). Assim surgiu o modelo diamante NTCR (novidade, tecnologia, complexidade e ritmo). A dimensão de incerteza agora está dividida em duas partes: a novidade é determinada pela incerteza da meta ou mercado e a tecnologia pela incerteza tecnológica.

Talvez, a melhor maneira de explicar e explorar este modelo seja examinando exemplos bem-conhecidos.

As Dimensões NTCR: Alguns Exemplos Famosos

Uma vantagem do modelo NTCR é que as dimensões são facilmente identificadas. A história do FCS, apresentada anteriormente, ilustra a dificuldade que um projeto enfrentou em face de um alto grau de tecnologia e o problema complexo de integrar muitos subsistemas a um sistema operacional. Mais especificamente, a nova tecnologia exigia aumento no tempo para desenho técnico, construção e teste; e a natureza complexa do produto exigia uma organização especial e um período extenso de integração do sistema e engenharia dos sistemas. Esses representam as funções das dimensões de tecnologia e de complexidade. A história seguinte ilustra o impacto da dimensão de novidade.

Uma Revolução de Mercado Criada Pela Sony

O primeiro *Walkman* nasceu da frustração.[4] Masaru Ibuka, o co-fundador e *chairman* honorário da Sony em 1970, disse a alguns de seus subordinados: "Eu gostaria que fosse fácil escutar música no avião. Sempre que viajo a negócios levo um gravador pesado e fones de ouvido comigo". Para agradar o chefe, uma equipe de funcionários da Sony retirou os componentes de gravação de um gravador portátil da Sony, o que o tornou mais leve e menor, e acrescentou um par de fones de ouvido. O que sobrou torno-se o protótipo para o primeiro *Walkman* – suficientemente pequeno para ser levado no avião ou para escutar música enquanto se faz caminhadas.

Embora não tivesse o apoio de uma pesquisa de marketing, o CEO Akio Morita decidiu, em 1979, desenvolver e comercializar o *Walkman* como um produto comercial. De acordo com Morita: "A pesquisa de mercado está na minha cabeça; nós *criamos* mercados!" Sem uma especificação clara, a equipe de desenvolvimento trabalhou por meses, com dois objetivos: boa qualidade de som e fones de ouvido pequenos que fizesse com que as pessoas nem sentissem que estavam usando-os.

Embora a tecnologia não fosse nova, o produto representava um conceito novo para o mundo. A reação inicial dos consumidores foi morna. De 30 mil unidades produzidas, apenas três mil foram vendidas, e os gerentes da Sony entenderam que precisavam de uma estratégia de mercado inovadora. Mas como convencer as pessoas de que elas precisavam de um produto que nunca tinham visto, comprado ou mesmo imaginado?

O primeiro passo foi espalhar a novidade para as pessoas que influenciam o público, como celebridades e pessoas da indústria de música. A Sony enviou, de graça, *Walkmans* para artistas de gravadoras japonesas e estrelas de TV e de cinema. Almejando atingir os jovens e as pessoas ativas, os funcionários da Sony começaram a andar de metrô usando o *Walkman* e escutando música. Aos domingos, eles passeavam pelos *shopping centers* e eventos culturais e esportivos de Tóquio. Cada funcionário que usava um *Walkman* tornava-se uma estratégia de marketing ambulante.

Inicialmente, algumas pessoas eram céticas, mas quando experimentavam o novo sistema de música, ficavam maravilhadas. Essa foi uma experiência totalmente nova. O Japão foi varrido pela onda dos *Walkmans*, e logo os turistas voltavam para casa com esses *souvenires* feitos no Japão. Em um ano, as vendas atingiram um milhão de unidades e começou a revolução dos *Walkmans*. Não é à-toa que seu nome tornou-se genérico e em 1986 foi admitido no *Dicionário de Inglês da Oxford*.[5]

Essa história, quase clássica, ilustra a dificuldade que as organizações enfrentam com a incerteza de mercado. Em projetos que têm este tipo de incerteza, a empresa não pode contar apenas com a pesquisa de marketing e nem prever com precisão as vendas esperadas. A incerteza de mercado é baseada em quão novo (ou inovador) é o produto para o mercado que ele serve.

Vamos examinar agora uma idéia de complexidade, ilustrada pela história de outro produto bem-conhecido.

O Z3 da BMW

No final dos anos de 1980, a BMW lutava com a queda nas vendas imposta pelos novos concorrentes japoneses de carros de luxo.[6] A empresa também sofria com a queda nos mercados mundiais de motocicletas. Em um esforço para reverter essa tendência, a BMW decidiu se reposicionar como um produtor de veículos de luxo voltado para a qualidade, tendo uma identidade singular e definitiva no mercado. Ela definiu seus produtos como "a última novidade em máquinas motoras", construída para pessoas que buscam emoção e uma expressão singular de individualidade. Entre outras coisas, a BMW precisava de um produto que satisfizesse as mesmas necessidades que as motocicletas fazem e representasse um produto emocionante, com uma estética agradável. Foram consideradas várias alternativas, entre elas carros de corrida, *buggies* para andar nas dunas, veículos utilitários esportivos e "estradeiros" (*roadsters*). O conceito de "estradeiro" foi finalmente adotado em 1992 porque permitiu que a BMW mantivesse sua meta de produzir veículos superiores e emocionantes. O veículo foi chamado de Z3.

A BMW entendeu as complexidades da produção do carro. Ela estava acostumada a superar as dificuldades associadas a desenho, desenvolvimento e produção de carros novos como sistemas complexos, um processo que envolve a integração de muitos subsistemas produzidos pelos vários subcontratados internos e externos. Entretanto, o Z3 apresentou níveis adicionais de complexidade. A primeira foi a decisão de lançar o Z3 como o primeiro carro da BMW desenhado na Alemanha, porém produzido nos Estados Unidos (em uma montadora em Spartanburg, Carolina do Sul), alinhando, assim, o objetivo a longo termo da empresa de tornar-se uma marca realmente global. Essa decisão exigiu a adaptação a uma cultura diferente de equipes funcionais cruzadas coordenadas em uma organização matricial. A meta era usar um novo ambiente de manufatura enxuto e flexível, uma lição aprendida na Honda.

A segunda foi que a BMW decidiu influenciar o alvoroço do Z3 e investir 60% de seus esforços de marketing em vias não-tradicionais. A meta era gerar interesse no Z3 dois anos antes do lançamento do produto. A abordagem não-tradicional incluía, entre outras coisas, o lançamento em conjunto com o novo filme de James Bond, *Golden Eye*, mostrando o Z3 como um item para presente no catálogo da Neiman Marcus e em uma página interativa da BMW na internet.

Para lidar com essas complexidades, os gerentes tentaram fazer com que o desenho fosse o mais simples possível. Eles usaram uma plataforma de carro da já existente série 3 e alguns poucos componentes. Entretanto, para ter certeza de que tudo ia bem, a BMW produziu 150 protótipos para integração e teste. Esse número era muito mais alto do que para qualquer outro projeto anterior. As peças para as unidades iniciais foram feitas na Alemanha, mas a integração aconteceu nos Estados Unidos, e, quando completado, esses carros foram colocados em *showrooms* nos Estados Unidos antes do lançamento do produto. Essa ação permitiu que as equipes da Alemanha e dos Estados Unidos em conjunto identificassem e resolvessem os problemas de projeto e manufatura logo no início do ciclo de vida do produto. Ela também permitiu replanejar o trabalho sem ter de parar a produção e criou interesse do mercado antes do lançamento oficial.

Quando todos os problemas foram solucionados, e apesar dos atrasos no fornecimento, o Z3 capturou 32% do mercado alvo estimado no seu primeiro ano de vendas, excedendo receitas previstas em 50%. O fato de o Z3 ter aparecido no filme de James Bond e outras técnicas não-convencionais de marketing resultaram em 9 mil pedidos antes da produção e causou uma mudança de paradigma de marketing na BMW.

O projeto do Z3 é um exemplo de como uma empresa gerenciou um grau incomum de complexidade do projeto. Seu sucesso resultou da atenção detalhada da BMW à construção da estrutura organizacional correta e dos esforços extensos de integração, com muitos protótipos integrados. O projeto refletiu uma mudança massiva e de sucesso na cultura e na estrutura da BMW – uma mudança para uma empresa moderna e global que emprega uma equipe integrada de projeto, marketing e manufatura para produzir carros que expressam o puro prazer de dirigir, para ser vendido no mundo todo.

A nossa próxima história ilustra a dimensão de ritmo do modelo diamante ao relembrar os eventos dolorosos do Furacão Katrina.

Furacão Katrina

O Katrina atingiu as costas da Louisina e do Mississippi no dia 29 de agosto de 2005, causando a maior devastação de um desastre natural na história dos Estados Unidos. Esse furacão foi um lembrete de que mesmo a sociedade mais desenvolvida no mundo é tão vulnerável como qualquer outra sociedade, e, de certo modo, até mais vulnerável. Mas também foi um alerta para o governo como o setor responsável pela segurança e bem-estar de seus cidadãos. A magnitude e a abrangência do Katrina foram além do entendimento e talvez da capacidade com que uma cidade ou estado possa suportar. Ele demonstrou que, quando há uma catástrofe, o governo federal é responsável pela ação rápida e por salvar vidas e propriedades, e fazer com que a vida volte ao normal o mais rápido possível.

Ainda assim, a Agência Federal de Gerenciamento de Emergências (FEMA) e outras agências governamentais dos EUA foram lentas em responder e agir. Passou-se muito tempo antes que a ajuda do governo fosse evidente em Nova Orleans, enquanto as pessoas, desesperadas por ajuda, se abrigavam em telhados e remexiam o lixo em busca de alimento e abrigo. Por três dias, saqueadores e criminosos se aproveitaram do caos, aterrorizando e infiltrando mais medo na cidade devastada. O governo demorou quatro dias para agir. Por fim, um comboio de caminhões militares passou pelas ruas alagadas, e os primeiros suprimentos de água e de alimentos chegaram às vítimas que haviam esperado por dias. Milhares de tropas da Guarda Nacional também tomaram as ruas da cidade para restaurar a ordem.

Qualquer pessoa que veja os esforços de ajuda às vítimas do Katrina como um projeto, concluiria que o fracasso foi causado pela inabilidade do governo (ou falta de preparo) em responder imediatamente às crises nos momentos mais críticos, quando milhares de pessoas buscam ajuda e em evitar o caos. Em retrospecto, o governo aprendeu muito tarde a extensão do desastre e esperou muito tempo para ter notícias das autoridades locais sobre a ajuda que precisavam.[7] Na falta de informações, o governo federal não agiu. Durante uma catástrofe, as primeiras horas são críticas. É nessa hora que a maioria das vidas são salvas e o impacto sobre o resultado pode ser atenuado. A realidade é que durante estes momentos fatais não há tempo para esperar por informações ou preparar planos.

A história do Furacão Katrina mostra que não se pode tratar uma crise como um projeto qualquer. Os projetos típicos começam com um plano e em seguida as medidas para implementá-los. Mas em crises, planejamentos são inúteis. De um lado, seria útil considerar sobre todos os cenários possíveis de antemão e elaborar planos de contingência para qualquer desastre imaginável; também seria útil preparar equipamentos e pessoas que estejam prontas para responder. Por outro lado, quando surge uma crise, ela geralmente tem dimensões inimagináveis, e é preciso estar pronto para agir *sem um plano*.

O mais importante é estar lá, agir e permitir que os líderes locais respondam imediatamente; acima de tudo, é preciso adotar o hábito de improvisação, o que significa que é preciso começar a agir em vez de esperar até ter um plano. Esses tipos de projetos, que chamamos de *blitz*, representam o nível mais alto de ritmo no modelo NTCR. Entretanto, a ajuda para o Katrina foi o projeto mais complexo, isto porque ele envolvia uma cidade inteira e seus cidadãos. Na dimensão de complexidade, ele seria chamado de matriz, representando o lado mais alto do espectro.

O Modelo NTCR: Uma Introdução

O modelo NTCR é uma estrutura que os gerentes podem usar quando tomam decisões sobre projetos e como eles devem ser gerenciados. Essas decisões envolvem fatores como a seleção do projeto correto e seus gerentes, alocação de recursos, planejamento, avaliação dos riscos, seleção do estilo de gerenciamento do projeto, seleção da estrutura do projeto, processos de construção e escolha de ferramentas. Cada dimensão inclui de três a quatro níveis ao longo de um espectro no qual o projeto se encaixa, como mostra a Figura 3-1.[8]

Nos Capítulos 4 a 7, examinamos cada dimensão (ou cada base) do modelo diamante em detalhes. Por ora, vamos examiná-los brevemente.

Novidade: Quão Novo É o Seu Produto no Mercado?

A novidade do produto é definida por quão novo ele é para seus mercados e usuários potenciais. Essa dimensão representa até que ponto cada consumidor está familiarizado com esse tipo de produto, o modo como o usamos e seus benefícios. Ela também representa a incerteza da meta de seu projeto – isto é: quão claramente os requisitos e as necessidades dos clientes são definidos de antemão.

A novidade do produto inclui três tipos: derivativa, plataforma e inovação.[9] Essas categorias determinam qual abordagem de marketing é melhor e quanto impacto o produto terá no gerenciamento do projeto. Resumindo, a novidade do produto afetará três questões importantes: a confiabilidade da pesquisa de marketing, o tempo que se leva para definir e congelar os requisitos do produto e as estratégias de marketing específicas para o produto. Os níveis de novidade são definidos da seguinte maneira:

- Produtos *derivativos* são extensões e melhorias de produtos existentes.
- Produtos de *plataforma* são as novas gerações de linhas de produtos existentes. Tais produtos substituem produtos anteriores em um setor bem-estabelecido do mercado. Um exemplo típico é um modelo novo de carro.

FIGURA 3-1

O modelo NTCR

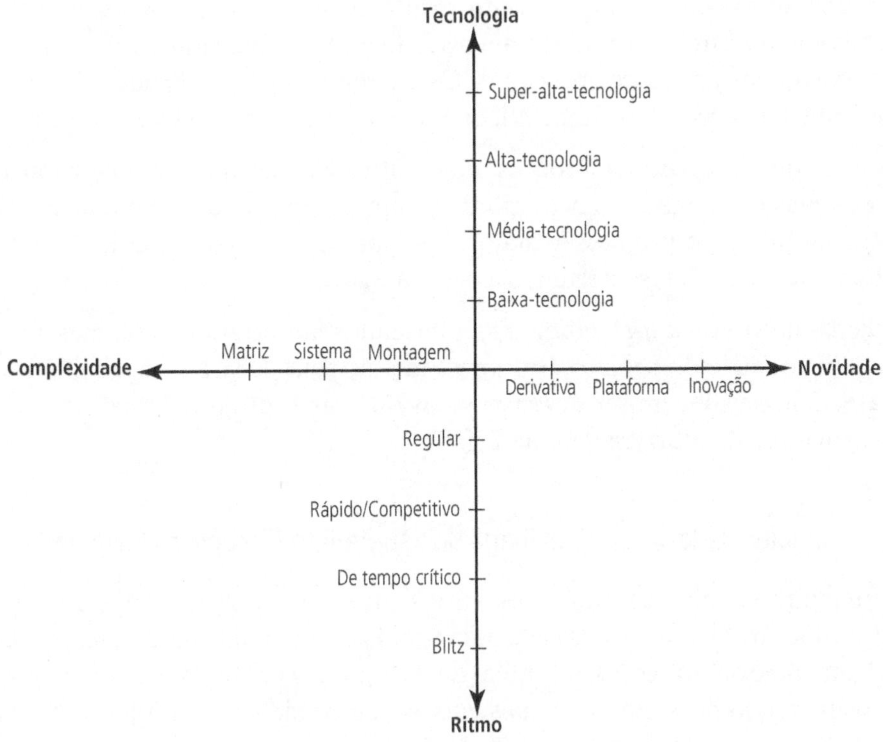

- Produtos de *inovação* são produtos novos para o mundo. Eles transformam um novo conceito ou idéia em um novo produto que os consumidores nunca tinham visto anteriormente. O primeiro *Walkman* da Sony e os primeiros papéis de recados Post-it da 3M são exemplos típicos.

Tecnologia: Incerteza Tecnológica

A maior fonte de incerteza da tarefa é a incerteza tecnológica. (Outras fontes podem ser a falta de experiência da equipe ou restrições orçamentárias apertadas.) A incerteza tecnológica causa, entre outras coisas, um impacto no projeto e testes, na comunicação e interação, no momento de congelar o plano e no número necessário de ciclos de planejamento. Ela também afeta a competência técnica que o gerente de projeto e os membros da equipe do projeto precisam ter. A incerteza tecnológica inclui quatro níveis:[10]

- Projetos de *baixa-tecnologia* dependem de tecnologias existentes e bem-estabelecidas. Os exemplos mais comuns são os projetos de construção.
- Projetos de *média-tecnologia* usam principalmente as tecnologias existentes ou básicas, porém incorporam uma nova tecnologia ou característica nova que não existia nos produtos anteriores. Os exemplos incluem produtos em indústrias estáveis como eletrodomésticos, automóveis ou equipamentos pesados.
- Projetos de *alta-tecnologia* representam situações nas quais a maior parte das tecnologias empregadas é nova para a empresa, mas já existem e estão disponíveis no início do projeto. A maioria dos projetos de computadores e desenvolvimento para defesa pertence a esta categoria.
- Projetos de *super-alta-tecnologia* são baseados em novas tecnologias que não existem no início do projeto. Embora a missão seja clara, a solução não é, e novas tecnologias devem ser desenvolvidas durante o projeto. Um bom exemplo é o programa de aterrissagem na Lua.

Complexidade: A Complexidade de Seu Projeto (Escopo do Sistema)

Uma maneira simples de definir os vários níveis de complexidade é usar uma estrutura hierárquica de sistemas e subsistemas. Chamamo-na de *escopo do sistema*, e, na maioria dos casos, um nível de escopo mais baixo pode ser visto como um subsistema do próximo nível mais alto. A complexidade do projeto está diretamente ligada ao escopo do sistema e afeta a organização do projeto e a formalidade do gerenciamento de projetos. Três níveis típicos de complexidade são usados para distinguir entre as práticas de gerenciamento de projetos: montagem, sistema e matriz.

- Os projetos de *montagem* envolvem a criação de uma coleção de elementos, componentes e módulos combinados em uma única unidade ou entidade que desempenha uma função simples. Os projetos de montagem produzem um produto simples e independente (como um toca-CD ou uma máquina de café) ou elaboram um subsistema de um sistema maior (como a transmissão dos carros). Eles também envolvem a elaboração de uma nova organização responsável por uma única função (como folha de pagamento).
- Os projetos de *sistemas* envolvem uma coleção complexa de elementos interativos e subsistemas que juntos desempenham várias funções para atender uma necessidade operacional específica. Os projetos de sistemas fabricam produtos como carros, computadores ou constroem prédios, ou lidam com a criação de empresas inteiras que incluem várias funções.
- Os projetos de *matriz* lidam com uma coleção grande, amplamente dispersa de sistemas que funcionam em conjunto para alcançar um propósito comum

(às vezes, eles são chamados de "sistemas de sistemas" ou "super-sistemas"). Exemplos de projetos de matriz incluem as redes nacionais de comunicação, a infra-estrutura de transportes públicos ou redes regionais de distribuição de energia, assim como corporações inteiras.

Ritmo: Quão Crítico É o Período de Tempo?

Nesta escala, os projetos diferem pela urgência (ou disponibilidade de tempo) e pelo que acontece quando as metas de tempo não são cumpridas. O ritmo causa impacto na autonomia das equipes de projeto, na burocracia, na velocidade de tomada de decisões e na intensidade de envolvimento da alta gerência. Identificamos quatro níveis de ritmo: regular, rápido/competitivo, de tempo crítico e blitz:[11]

- Projetos *regulares* são aqueles esforços em que o tempo não é crítico para o sucesso organizacional imediato.
- Projetos *rápidos/competitivos* são os projetos mais comuns realizados por organizações industriais e voltadas para o lucro. Eles geralmente são feitos para suprir as necessidades do mercado, criar um posicionamento estratégico ou formar novas linhas comerciais.
- Projetos *de tempo crítico* devem ser completados dentro de uma data específica, a qual é restrita por um evento definitivo ou uma janela de oportunidade. O não cumprimento com o prazo de entrega significa que o projeto fracassou. Exemplos desses projetos incluem o lançamento de um veículo espacial baseado em uma constelação cósmica específica ou o projeto Y2K.
- Os projetos blitz são os mais urgentes, com tempo mais crítico. Esses são os projetos de crises. Solucionar a crise o mais rápido possível é o critério para o sucesso.

O Modelo Diamante Adaptativo

A combinação de categorias específicas do projeto em cada dimensão cria o nosso modelo diamante adaptativo. O formato de diamante proporciona uma ilustração gráfica de um projeto de acordo com seus níveis de novidade, tecnologia, complexidade e ritmo. A Figura 3-2 mostra, por exemplo, o diamante de um projeto de plataforma, alta-tecnologia, de sistema e de tempo crítico.

O modelo diamante atende vários propósitos nos próximos capítulos. Primeiro, ele mostra claramente qual tipo de projeto se tem em mãos. Para comunicar por escrito um diamante específico de classificação de projetos, usamos uma linguagem que traduz o diamante em letras (em um formato vetorial). Assim sendo, o diamante na Figura 3-2 é descrito como D = (Pl [**Pl**ataforma], AT [**A**lta-

FIGURA 3-2

O modelo diamante NTCR

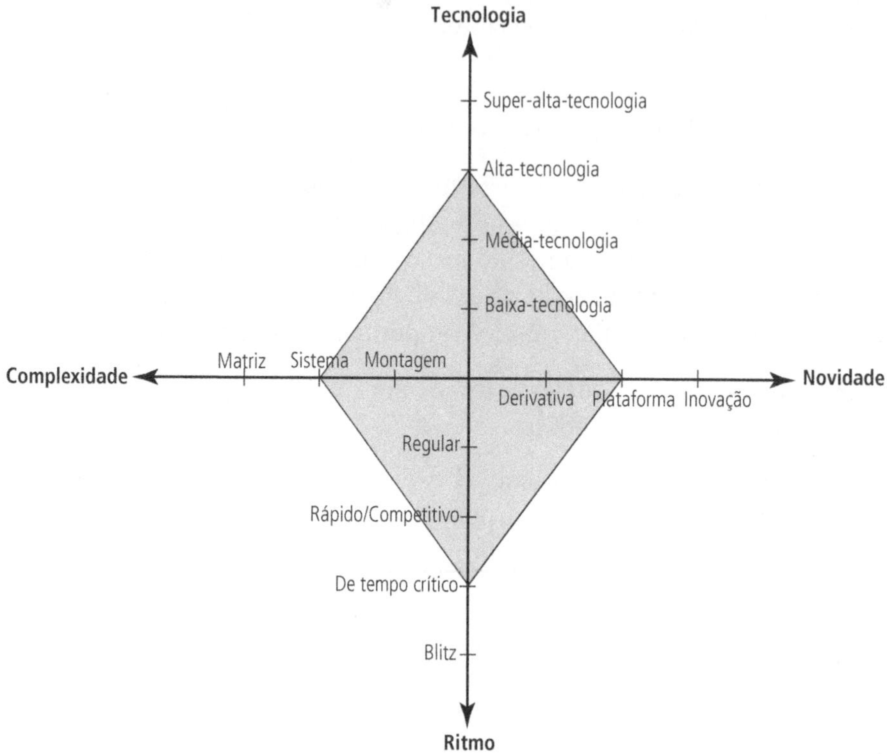

Tecnologia], Si [**Si**stema], TC [**T**empo **C**rítico]). Do mesmo modo, um projeto de inovação, média-tecnologia, matriz e rápido/competitivo seria descrito como D = (In, MT, Ma, RC).

Segundo, como vocês verão a seguir, pode-se usar o modelo diamante como uma ferramenta para analisar a adequação entre o estilo gerencial exigido e o real. Ele é também útil para a comunicação bi-direcional entre a gerência e a equipe do projeto.

Estilo Gerencial Exigido e Real: a Adequação e a Lacuna

O nível de adequação entre o estilo gerencial exigido e o real geralmente proporciona explicações para os problemas ou fracassos dos projetos. Ele também nos dá a oportunidade de analisar o problema e oferecer recomendações para colocá-lo de volta nos trilhos.

Desse modo, usamos o modelo diamante como uma ferramenta gráfica para demonstrar as lacunas entre o modo como o projeto deveria ser gerenciado e como ele é realmente gerenciado. Chamamo-no de "estilo exigido" *versus* "estilo real". Usamos uma linha sólida para o estilo exigido e uma linha pontilhada para o estilo real, para formar o diamante. Por exemplo, na história do projeto da FCS, que abriu este capítulo, o estilo exigido foi plataforma, alta-tecnologia, sistema, rápido/competitivo. Ao analisar os eventos e as ações gerenciais, concluímos que o projeto foi inicialmente gerenciado como plataforma, média-tecnologia, montagem e rápido/competitivo (veja a Figura 3-3)

O terceiro propósito do modelo diamante é ser usado pela gerência para identificar os principais benefícios e os riscos associados ao projeto. Como todos sabem, risco e oportunidade andam juntos. Quanto maior a oportunidade, mais altos serão os riscos. E este é o mesmo caso para os projetos.

Seleção do Projeto: Equilíbrio entre Benefícios e Riscos

Com o modelo diamante, os gerentes conseguem selecionar o projeto correto, nomear os membros da equipe e identificar quanta atenção da gerência é necessária. Assim sendo, quando os gerentes tomam as decisões sobre a seleção

FIGURA 3-3

O projeto FCS

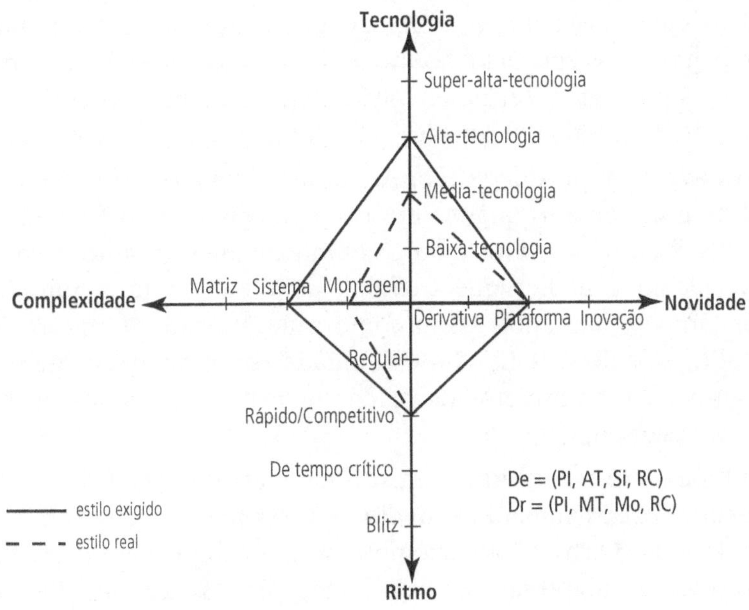

do projeto, o início e a alocação de recursos, eles podem ver o modelo diamante como uma ferramenta para discutir os benefícios e os riscos potenciais de cada proposta de projeto. Na vida real, diamantes maiores são mais preciosos, porém estão mais propensos a serem roubados. Modelos diamante maiores representam projetos que têm potencial para resultados e benefícios maiores, porém eles também apresentam um risco maior.

Cada uma das dimensões do NTCR representa um tipo diferente de risco e benefício para o projeto. A Tabela 3-1 e a discussão seguinte resumem esses benefícios e riscos para cada uma das quatro dimensões. (O Capítulo 9 inclui uma discussão detalhada sobre o gerenciamento de risco do projeto e como aplicar a análise diamante para quantificar os riscos em projetos na vida real.)

- **Novidade.** Projetos derivativos produzem melhorias aos produtos existentes, os quais são comumente bem-definidos com antecedência. Os projetos de plataforma, no entanto, produzem novas gerações de produtos existentes, as quais representam uma mudança significativa no desempenho. Mas essa mudança envolve um aumento no risco de excesso a mais ou a menos do desempenho do produto, algo que os clientes podem não gostar. Produtos de inovação, novos para o mundo, podem criar oportunidades extraordinárias para os negócios, mas eles apresentam um risco mais alto para as empresas em alcançar o produto correto, recuperar o investimento ou atrair concorrentes mais rapidamente.
- **Tecnologia.** Tecnologia mais alta produz produtos mais avançados, com aumento no desempenho e na funcionalidade. Mas eles obviamente criam um aumento no risco de tecnologia que é incompleta ou imatura ou que simplesmente fracassa. No nível mais alto de super-alta-tecnologia, os clientes esperam um salto quântico no desempenho e nos benefícios (como os programas espaciais), mas pelo fato de as tecnologias precisarem ser desenvolvidas durante o projeto, esses projetos são muito mais arriscados do que aqueles que adotam tecnologias conhecidas.
- **Complexidade.** Complexidade representa tanto uma oportunidade embasada no nível de investimento quanto um risco associado à complexidade (ou tamanho). Os riscos envolvidos com a complexidade são tanto organizacionais quanto técnicos. À medida que a complexidade aumenta, o número de componentes também aumenta, assim como a necessidade de interação e coordenação. Projetos de sistema têm dificuldade em integração e gerenciamento de configuração, e os projetos de matriz têm de tratar de assuntos políticos, ambientais e econômicos.
- **Ritmo.** O aumento no ritmo cria respostas mais rápidas. Entretanto, o risco em apressar as coisas aumenta à medida que o ritmo torna-se mais rápido. Em projetos de tempo crítico, por exemplo, o não cumprimento das datas finais significa o fracasso do projeto, e nos projetos blitz a reação imediata é necessária; caso contrário, a crise não será resolvida.

TABELA 3-1

Benefícios e riscos de altos níveis de NTCR

Dimensão	Benefícios esperados	Risco potencial
Novidade	Explorar novas oportunidades de mercado; avançar sobre a concorrência; ganhar vantagem de ser o primeiro a se mexer.	Dificuldade em prever as necessidades exatas do mercado; não cumprir as metas de vendas; atrair concorrentes para copiar suas idéias.
Tecnologia	Melhorar o desempenho e a funcionalidade.	Passar por fracassos tecnológicos; falta de habilidades necessárias.
Complexidade	Programas maiores, resultados maiores.	Dificuldade em integrar e coordenar.
Ritmo	Ganhar introdução precoce no mercado, aumentando a resposta mais rápida.	Não cumprir com os prazos; causar erros perigosos.

O Impacto das Dimensões do NTCR no Gerenciamento de Projetos

Quando o projeto foi selecionado, e os riscos e benefícios foram avaliados, como os vários projetos devem ser gerenciados? Cada uma das dimensões do NTCR afeta o gerenciamento de projetos de maneira diferente (veja a Figura 3-4). Nos próximos capítulos exploramos todos esses aspectos mais detalhadamente. Apresentamos aqui um resumo:

- A dimensão novidade afeta a precisão das previsões de mercado, a habilidade em determinar os requisitos e a hora do congelamento dos requisitos. Quanto maior a novidade, menos se dependerá das pesquisas de mercado. No nível mais alto, inovação, os dados de mercado são virtualmente inexistentes, isso porque os clientes nunca viram seu produto e não conseguem dizer como eles o usarão ou mesmo se gostam dele. É necessário obter *feedback* do cliente rapidamente mediante o uso de protótipos antes que as especificações finais do produto sejam estabelecidas.
- Um nível mais alto de tecnologia requer aumento nas atividades de planejamento e desenvolvimento, mais ciclos de planejamento, congelamento posterior do plano e melhor interação entre os membros da equipe. Um nível alto de tecnologia também requer que os membros da equipe tenham habilidades técnicas mais altas e que revisões técnicas, além das revisões administrativas usuais, sejam mais freqüentes.
- A dimensão complexidade afeta sua organização e seus procedimentos. Quanto maior a complexidade de um projeto, mais complexa será a organização e mais formais serão os procedimentos necessários.
- A dimensão ritmo requer aumento da atenção aos prazos de entrega. Quanto mais rápido o ritmo, maior autonomia deverá ser proporcionada às equipes de projetos e maior suporte elas precisarão da alta gerência.

FIGURA 3-4

O impacto das dimensões NTCR no gerenciamento de projetos

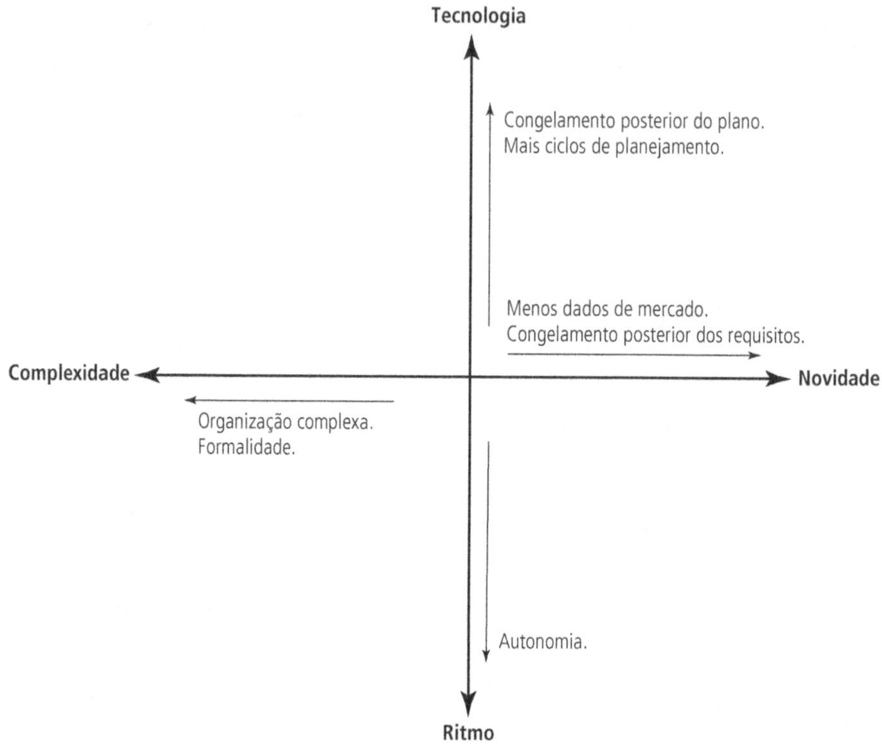

Entretanto, lembre-se de que nenhum modelo pode ser aplicado a todas as situações. As organizações talvez tenham de desenvolver seu próprio método de classificação de projetos.[12] Por exemplo, as organizações podem enfrentar outros tipos de incerteza, não apenas de mercado ou de tecnologia. Talvez elas tenham de prestar atenção especial às incertezas associadas à política, economia, geografia e financiamento. Cada uma dessas incertezas poderá ter seu próprio impacto no gerenciamento de projetos.

Do mesmo modo, alguns projetos podem enfrentar outros tipos de complexidade, da complexidade dos grupos de fornecedores e clientes às redes globais e locais. Projetos também podem ser distinguidos pelas restrições de custo; por exemplo, o custo de um projeto depende dos requisitos e do plano, ou o projeto poderá ter uma restrição de custo de "não exceder" certa quantia.

Resumindo, existem várias maneiras de distinguir projetos, e está além do escopo deste livro delinear todas as possibilidades. Entretanto, quando os gerentes de projetos aceitam e internalizam o conceito de que projetos diferentes requerem estilos gerenciais diferentes, as empresas encontram o jeito específico que precisam para adaptar projetos especiais às suas circunstâncias singulares.

Concluímos este capítulo com a história do World Trade Center (WTC). O World Trade Center será, para sempre, lembrado pelo trágico ataque terrorista de 11 de setembro de 2001. No entanto, queremos aqui nos lembrar de como ele foi construído: por meio de um projeto singular que realizou o sonho e a visão de seus líderes. O projeto, cuja construção começou nos anos de 1960 e foi completada em 1973, representava o gerenciamento de projetos em sua melhor fase. Se aplicarmos o modelo deste livro a esse projeto, veremos que seus construtores identificaram corretamente os riscos e as oportunidades dessa tarefa e souberam como selecionar a abordagem correta para esse projeto incomum. Oferecemos esta história como um tributo ao notável gerenciamento de projetos.

O Projeto do World Trade Center

O World Trade Center foi concebido nos anos de 1960 para revitalizar a parte baixa de Manhattan. Ele era um dos primeiros anúncios visíveis de que a economia de Nova York estava se transformando de manufatura para serviços. A Autoridade Portuária de Nova York e de Nova Jersey (AP) incumbiram-se do projeto – a única organização que tinha a autonomia política e os recursos financeiros para levá-lo adiante.

Austin Tobin, o diretor-executivo da AP, nomeou Guy Tozzoli responsável pelo projeto do WTC. Tozzoli, um jovem veterano da Marinha especializado em engenharia de radares, tinha experiência anterior em projetos portuários menores em Nova Jersey e Nova York, mas nenhuma experiência em construção. Ainda assim, para mérito próprio, Tobin viu em Tozzoli qualidades que o levaram à decisão de colocar o jovem engenheiro no comando, apesar de todas as probabilidades.[13]

No início de 1964, após considerar algumas propostas arquiteturais menos ambiciosas, a Autoridade Portuária anunciou que criaria o prédio mais alto do mundo. Minoru Yamasaki, o arquiteto escolhido, recebeu ordens para um projeto ainda mais alto do que o Empire State Building. A AP esperava que a adição de mais 20 andares inclinasse favoravelmente a economia desta especulação imobiliária. Mas a AP também queria atribuir ao projeto uma idéia única e poderosa: encorajar a paz mundial ao promover negócios internacionais.[14] A construção levou 8 anos e envolveu mais de 10 mil trabalhadores em vários estágios, com uma média de 4 mil diariamente. O Departamento de Comércio Mundial da AP coordenou e administrou mais de 7 mil empreiteiros.

Para caracterizar os componentes do modelo diamante do projeto, começaremos com novidade. A combinação de um *shopping center* com espaços amplos para escritórios e o sistema de transporte não era uma idéia inovadora, mas certamente não era derivativa de um complexo comercial existente. Isso fez com que o projeto fosse um projeto de plataforma. A respeito da complexidade, o World Trade Center compreendia sete prédios em 16 acres de terreno nobre, totalizando mais de 12 milhões de pés quadrados de espaço para escritórios de alta qualidade. O centro abrangia uma coleção de sistemas incluindo elevadores; sistemas de calefação, ventilação e ar-condicionado (HVAC) e sistemas de transporte, concessionárias de serviços públicos, comunicação, saneamento e outros elementos. O maior *shopping center* da Baixa Manhattan estava localizado no subsolo do WTC, juntamente com um estacionamento de sete níveis. Sua interface com os sistemas de transporte público, e outras instalações na vizinhança, claramente colocou o projeto no topo da classificação de complexidade, na categoria de matriz (veja a Figura 3-5).

Em contraste com a maioria dos projetos padrão de construção, o WTC era mais desafiador tecnologicamente do que qualquer outra construção fcita anteriormente. A primeira grande inovação em tecnologia

FIGURA 3-5

O projeto World Trade Center

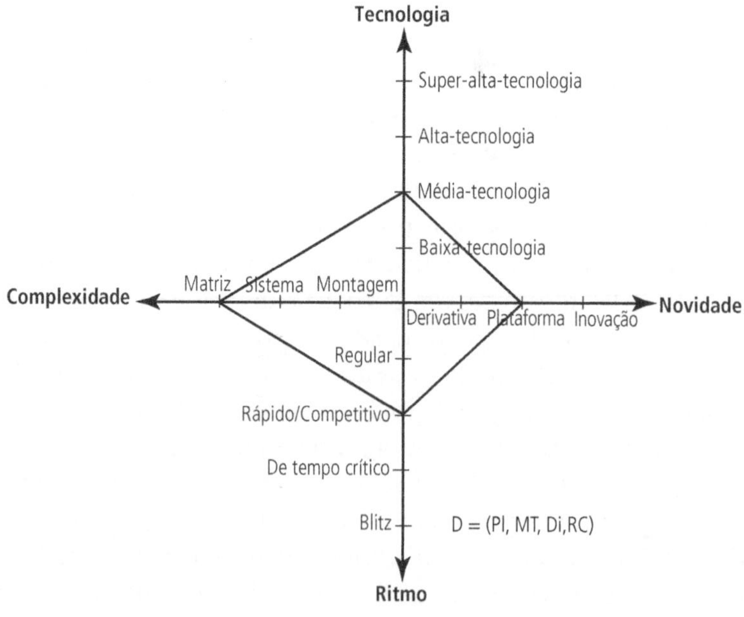

foi o sistema de "piscina invertida", que resolvia o problema de alcançar o alicerce através do lençol d'água do Rio Hudson. Embora esta técnica usasse uma tecnologia existente desenvolvida por uma empresa italiana, ela nunca havia sido testada em larga escala.

Segundo, transportar as 50 mil pessoas que trabalhariam nas torres, o projeto incluía mais de 100 elevadores do tipo de alta velocidade e alta capacidade; suas portas se abriam para ambos os lados para permitir que os primeiros passageiros que entrassem fossem os primeiros a saírem. Em terceiro, o projeto da coluna estrutural exterior também foi revolucionário, aproveitando o recém-desenvolvido aço de alta potência. Uma preocupação adicional era o balanço de 10 a 15 pés que as torres altas sofreriam e até que ponto os ocupantes tolerariam isso. Esses e outros desafios tecnológicos categorizam este esforço como um projeto de média-tecnologia.

Inicialmente, muitas mudanças feitas por motivos econômicos ou políticos estenderam o planejamento para mais de 15 anos. No entanto, uma vez que a construção foi iniciada, o ritmo atingiu a categoria de rápido/competitivo, na qual o tempo para conclusão tem conseqüências comerciais e econômicas. O cronograma do projeto do WTC tinha de ser checado diariamente para evitar o custo potencial de 1 milhão de dólares por dia dos atrasos na obra. Desde o início da construção, o progresso permaneceu no ritmo, tendo apenas alguns contratempos.

Os gerentes do projeto entenderam bem a extensão da incerteza e da complexidade que este projeto apresentava e haviam preparado os meios e processos corretos para lidar com elas. Embora seja comum nos projetos de construção congelar o plano antes do início da construção, a gerência estava pronta para tratar as mudanças, as quais eram vistas como cruciais para o sucesso a longo prazo do WTC. Por exemplo, a gerência decidiu modificar o projeto das janelas do restaurante no telhado do WTC para proporcionar aos visitantes uma vista da cidade de tirar o fôlego.

Como um projeto de matriz grande, o WTC precisava de um sistema central bem-administrado de coordenação dos funcionários. A obra foi dividida entre as centenas de subempreiteiros pelo escritório de engenharia e arquitetura. Para resolver os problemas de integração do sistema, a AP empregou uma empresa grande de construção, juntamente com um comitê consultivo de arquitetos e agentes imobiliários. O grupo, composto de 20 engenheiros e arquitetos, tinha canais diretos de comunicação, o que permitia a complexa integração de todas as subunidades. As reuniões com a Diretoria da Autoridade Portuária eram conduzidas mensalmente, e as reuniões de revisão com o nível mais baixo aconteciam semanalmente e mesmo diariamente.

Em retrospecto, durante todo o projeto, seus líderes gerenciaram o projeto com uma perspectiva estratégica e de longo prazo em mente. Eles não focaram apenas na conclusão do projeto no tempo programado e dentro do orçamento, mas constantemente se preocupavam com os efeitos comerciais e de longo termo do resultado final. Eles também estavam prontos para enfrentar os aspectos econômicos, ambientais, sociais e políticos do WTC. Embora não existisse uma classificação teórica naquela época, a gerência claramente tomou as medidas corretas para lidar com os riscos do projeto ao entender implicitamente as extensões de novidade, tecnologia, complexidade e ritmo (como mostrado anteriormente na Figura 3-5).

A construção do World Trade Center teve um efeito dramático a longo prazo no bem-estar da cidade. Descrito como o maior projeto de construção do mundo, o WTC tornou-se um símbolo do comércio e da paz mundial. Após sua conclusão, as construções na Baixa Manhattan foram valorizadas, criando imóveis extremamente valiosos. O setor de serviços também foi valorizado, tendo as empresas financeiras e de seguro como líderes.

Os primeiros três capítulos deste livro nos mostraram porque as organizações precisam de um novo modelo para lidar com o desafio de projetos. Esses capítulos formam a base conceitual para o restante do livro. Nos próximos quatro capítulos, Parte 2, discutiremos em detalhes as quatro dimensões de distinção de projetos e proporcionaremos as regras sobre como adaptar o gerenciamento de projetos ao seu tipo de projeto.

Um tema comum em todos esses capítulos é a idéia de ver um projeto como uma organização temporária e um processo. Entretanto, na realidade, podemos distinguir o esforço de um projeto por três processos diferentes, embora não desarticulados, no ciclo de vida do projeto. O primeiro é o processo de definição das especificações, o qual envolve a definição das necessidades dos clientes e as traduz em especificações do produto. Em segundo está o processo técnico, o qual envolve traduzir as especificações em especificações técnicas e em seguida desenhar, construir e testar o produto. O terceiro é o processo gerencial, o qual envolve o controle dos dois primeiros processos, a coleta de informações sobre seu progresso e a tomada de decisões sobre eles.

Em nossa busca por contingências de projetos usamos essa visão de um projeto em cada um dos quatro capítulos seguintes para fazer uma pergunta chave: Como os vários tipos de projetos afetam a organização do projeto assim como esses processos? No Capítulo 4, começamos com a dimensão novidade.

Pontos Principais e Itens de Ação

- A teoria de contingência sugere uma distinção livre de contextos, baseada em incerteza, complexidade e ritmo do projeto. Expandimos essa perspectiva teórica ao usar dois tipos de incerteza: de mercado e de tecnologia. Isso leva ao modelo diamante de adaptação do projeto (o modelo NTCR), que inclui quatro dimensões: novidade, tecnologia, complexidade e ritmo.
- A novidade de um projeto se refere a quão novo é o produto no mercado e a quão certa é a meta; tecnologia se refere à quantidade de nova tecnologia que será usada no projeto; complexidade se refere a quão complexo é o produto numa hierarquia de sistemas e subsistemas; e ritmo se refere a quão urgente o período de tempo deve ser. Cada dimensão é dividida em três a quatro tipos específicos de projetos. Um projeto único é representado por seu próprio diamante.
- O modelo diamante do NTCR permite que os gerentes identifiquem os riscos e as oportunidades dos projetos, assim como as lacunas entre o estilo gerencial exigido e o estilo gerencial real empregado em um projeto em andamento. O modelo é também útil para selecionar a abordagem correta para o projeto durante o planejamento e a iniciação.
- Embora o modelo do NTCR proporcione uma estrutura livre de contextos para a maioria dos projetos, em alguns casos você precisa de um modelo específico para seu projeto ou organização. Isso pode ser baseado em outros tipos de incerteza ou complexidade, ou outras variáveis ambientais.

Parte 2

AS QUATRO BASES DE PROJETOS DE SUCESSO

CAPÍTULO

4

NOVIDADE

NOVIDADE, A PRIMEIRA DIMENSÃO do nosso modelo adaptativo de gerenciamento de projetos (e a primeira base a ser visitada pelos gerentes), é determinada pela natureza do produto do projeto - quão novo é o produto para o mercado, os consumidores e os usuários potenciais. Novidade representa até que ponto os compradores e usuários estão familiarizados com este tipo de produto – seus benefícios e o modo como eles podem usá-lo. Ela indica o nível de incerteza no mercado, ou incerteza externa, e também reflete a incerteza da meta do projeto - quão bem o resultado final ou a meta do projeto pode ser definido.

A classificação que usamos não é nova. Por exemplo, Wheelwright e Clark, em seus extensos estudos sobre o desenvolvimento de novos produtos, usaram três categorias de produtos para descrever o *portfolio* de projetos da empresa e criar um plano agregado de projetos: *derivativos, plataformas e inovações.*[1] Adotamos essas categorias para a dimensão de novidade. Como mostraremos mais adiante, elas afetam o comportamento gerencial, as atividades de marketing e outras tarefas de gerenciamento de projetos. A Tabela 4-1 define os três níveis de novidade e lista os exemplos típicos.

Como a Novidade Afeta os Projetos

O nível de novidade de um produto afeta o processo de definição dos requisitos do produto e as atividades relacionadas ao mercado. Mais especificamente, a novidade do produto afeta a facilidade em saber o que fazer ou o que construir e como comercializar seu produto para os consumidores. Essas tarefas envolvem pelo menos quatro aspectos do gerenciamento de projetos:

- Quanto se pode depender de dados da pesquisa de mercado?
- Quão bem se consegue definir as especificações do produto e as metas do projeto?
- Quanto tempo deve-se esperar para congelar as especificações do produto?
- Quais técnicas de marketing e estratégia de penetração no mercado deve-se usar?

TABELA 4-1

Definições e exemplos de novidade do projeto

Nível de novidade do projeto	Definição	Exemplos
Projeto derivativo	Estender ou melhorar produtos ou serviços existentes.	Desenvolvimento de uma nova versão de um computador pessoal usando a mesma tecnologia; *upgrade* em uma linha de produto; aperfeiçoar os procedimentos organizacionais.
Projeto de plataforma	Desenvolver e produzir novas gerações de linhas de produtos existentes ou novos tipos de serviços para mercados novos ou existentes e clientes.	Construção de uma nova geração de automóveis; desenvolvimento de uma nova aeronave; criação de uma nova geração de um sistema celular.
Projeto de inovação	Introduzir um produto ou um conceito novo para o mundo, uma nova idéia ou um novo uso para um produto que os consumidores nunca viram anteriormente.	O primeiro pacote de Sistema Integrado de Gestão Empresarial (ERP); o primeiro forno de microondas; o primeiro *Walkman*; o sistema de transporte pessoal da Segway.

Observe que embora os produtos novos para o mundo possam envolver uma nova tecnologia, este nem sempre é o caso. A novidade do produto e a renovação da tecnologia que se adota são duas coisas diferentes. Normalmente, encontramos produtos totalmente novos que usam uma tecnologia existente e bem-estabelecida. Como discutimos no Capítulo 3, o *Walkman* era um novo conceito no mercado, mas o produto foi baseado em tecnologias bem-conhecidas, encontradas em rádios portáteis e gravadores. Embora a solução técnica fosse fácil, outras decisões eram difíceis: a pesquisa de mercado era inconclusiva, e a decisão de lançar o produto foi baseada na intuição administrativa. Do mesmo modo, o famoso Post-it da 3M não usou tecnologia avançada, mas o produto não foi bem-suportado pelas previsões de mercado. Foi apenas após o teste inicial de mercado que o produto começou sua jornada como um dos produtos mais bem-sucedidos na história de materiais para escritório.

Vamos examinar outra história famosa: o primeiro filme de longa-metragem animado por computador.

A História do *Toy Story*: Uma Nova Plataforma na Indústria Cinematográfica

Em 1991, a Walt Disney Company e o Estúdio de Animação Pixar se uniram em um esforço colaborador para criar *Toy Story*, o primeiro filme de longa-metragem animado por computador. O filme exigia os esforços combinados de duas empresas criativas e completamente diferentes.[2]

A Disney era conhecida pelos seus filmes animados. Desde seu primeiro filme de longa-metragem, *Branca de Neve e os Sete Anões* (1937), a divisão de Animação de Filmes da empresa havia estabelecido um padrão sem precedentes em filmes animados. Desde então, ela fez 38 filmes usando essencialmente o mesmo método de produção: animadores desenhavam cada cena em quadros de plástico, os quais eram rodados a 24 quadros por segundo.

A Pixar – fundada por George Lucas, comprada por Steve Jobs mais tarde e anos depois comprada pela Disney – havia, até aquele momento, produzido vários filmes curtos animados por computador, os quais eram a principal fonte de renda da empresa. Mas a Pixar enxergava além da produção de curtas.

Para a Disney e seus clientes, *Toy Story* era uma nova geração de uma linha de produto existente em um mercado bem-estabelecido. O filme proporcionou à Disney a oportunidade de usar a tecnologia de um novo *software* que mais adiante serviria como plataforma para uma série de filmes animados como *Shrek, Procurando Nemo* e *Os Incríveis.*

Para produzir *Toy Story*, cada empresa se concentrou no que ela melhor conhecia. Tendo a motivação e a capacidade para criar filmes animados por computador, a Pixar ficou responsável pela tecnologia de produção do filme, e a Disney pelo conteúdo artístico e comercialização. Ao usar a experiência da Disney na produção de filmes de longa-metragem, a Pixar aprendeu pela primeira vez a salvar personagens digitais, cenários, contra-regras e cenas para serem reusadas, economizando para a parceria um custo significativo nessas tarefas de mão-de-obra intensa na produção de filmes animados.

Durante os quatro anos do projeto, executivos da Disney e da Pixar se reuniam regularmente para avaliar o progresso do filme e revisar a produção e o enredo. O filme estreou nos cinemas dos EUA em 1995, um dia antes do Dia de Ação de Graças, o qual é um dos finais de semana em que as pessoas mais vão ao cinema. *Toy Story* foi um sucesso imediato, e não apenas em termos financeiros. Ele também estabeleceu um novo padrão e uma nova plataforma tecnológica para muitos filmes animados nos anos que se seguiram.

Ao construir projetos de plataforma, não se constrói apenas um novo produto, mas também a infra-estrutura para projetos futuros. A produção de *Toy Story* abriu um novo espectro de oportunidades de negócios para ambas as empresas. Entretanto, as lições do filme como um projeto se estenderam muito além da novidade do produto. Na realidade, o projeto é relevante para outras dimensões do nosso modelo. Ele também era um projeto de sistemas na dimensão de complexidade, e um projeto de alta-tecnologia na dimensão de tecnologia, como será discutido em detalhes nos próximos dois capítulos.

Por ora, vamos explorar mais detalhadamente os elementos de projetos de plataforma como *Toy Story*, juntamente com os outros dois tipos: derivativos e inovação.

Distinguindo Projetos com Base na Novidade

Os projetos nos vários níveis de novidade possuem seus próprios elementos singulares que decididamente os distingue. Os gerentes precisam entender essas diferenças e adaptar suas atividades gerenciais ao nível de novidade do projeto.

Projetos Derivativos: Modificações, Extensões e Melhorias

Projetos derivativos são extensões e melhorias de produtos existentes e podem incluir atividades de redução de custos, melhorias no produto, modificações e adições às linhas de produto existentes. Pense, por exemplo, em uma nova versão de Post-its baseada em cores e formatos diferentes. Os produtos anteriores estão bem-estabelecidos, e os dados de pesquisa de mercado encontram-se disponíveis. A pergunta "O que fazer?" é fácil de responder.

Para este tipo de produto derivativo, as previsões sobre custo do produto, assim como outras especificações do produto, podem ser bastante precisas, e não há necessidade de experimentação no mercado. As especificações do produto podem, portanto, ser congeladas logo no início, mais provavelmente no lançamento do projeto, e o mesmo deve garantir a execução rápida para conclusão no prazo programado. Além disso, o marketing de produtos derivativos foca na vantagem do produto em comparação aos modelos anteriores e almeja servir os consumidores existentes, assim como os potenciais novos consumidores, com a adição de características no produto e variedades.

Projetos de Plataforma: Novas Gerações

Os produtos de plataforma são novas gerações de linhas de produtos existentes para mercados e consumidores novos e existentes. Novos projetos de aviões ou automóveis são exemplos típicos de plataforma, assim como as ferramentas usadas para criar *Toy Story*. Os projetos para construir produtos de plataforma tipicamente criam novas famílias de produtos e formam a base para projetos derivativos.

Tais produtos substituem os produtos anteriores em um setor de mercado bem-estabelecido. Embora alguns produtos de plataforma possam incluir novas tecnologias, o uso do produto pelo consumidor é previsível. Ainda assim, o desenvolvimento de um novo produto de plataforma pode levar mais tempo do que o desenvolvimento de produtos derivativos.

Para os projetos de plataforma, as empresas devem realizar extensas pesquisas de mercado, estudar as informações de gerações anteriores e cuidadosamente planejar os preços dos produtos. O estágio final de requisitos do produto será, portanto, feito bem no período de execução do projeto. Entretanto, há uma troca: deve-se congelar as especificações logo no início para poder garantir a introdução do produto na hora programada e ter um lucro razoável. As atividades de marketing para os produtos de plataforma devem focar na criação da imagem do produto, enfatizando suas vantagens e diferenciando-o de seus concorrentes.

Projetos de Inovação: Criar Produtos Novos para o Mundo

A literatura sobre inovação tradicionalmente faz a distinção entre inovação incremental e radical.[3] Inovação radical representa uma diversidade de mercados conhecidos e soluções ou tecnologias conhecidas, ao passo que a inovação incremental busca construir sobre produtos existentes, assim como complementá-los e estendê-los. A inovação radical não constrói sobre um produto que já existe, e nem o estende, mas busca derrubá-lo. Isso é algumas vezes destrutivo para as habilidades, práticas, formas de produtos e relacionamentos sociais que existem em uma organização.[4]

Os produtos de inovação representam inovações radicais no mercado. Comumente chamados de produtos *novos para o mundo*, eles fazem com que quase tudo que se conhece sobre o mercado seja irrelevante. Os projetos que os criam transformam um novo conceito ou idéia em um produto que os consumidores nunca viram antes. Um exemplo foi o primeiro sistema de transporte pessoal em duas rodas da Segway; outros exemplos foram os computadores pessoais, o primeiro forno de microondas e o primeiro navegador de internet. Projetos de inovação também podem ser identificados em setores que não têm consumidores por assim dizer, como o espaço cósmico. Assim sendo, é apropriado classificar muitas missões espaciais como inovações, isso porque nenhum programa similar foi realizado anteriormente.

Embora os produtos de inovação possam usar tecnologias novas ou maduras seu mercado esperado não existe. Os consumidores não sabem nada sobre o novo produto, nem sabem como usá-lo até vê-lo ou experimentá-lo. Os estudos de pesquisas de mercado são, portanto, ineficazes, e a definição do produto deve ser baseada em adivinhações, intuição e testes de tentativa e erro no mercado.[5] Os requisitos precisam, assim, permanecer flexíveis até que seja feita a primeira introdução no mercado e até que o *feedback* do consumidor seja disponibilizado. Protótipos rápidos são necessários antes que os requisitos finais sejam estabelecidos e são muito mais críticos do que as extensas pesquisas de mercado. Empresas que gerenciam projetos de inovação devem trabalhar próximo aos consumidores, os quais testam os protótipos iniciais e ajudam-nas a moldar as especificações finais do produto. Quando se gerencia projetos de inovação, deve-se, portanto, estar ciente de que a definição do produto mais provavelmente mudará depois de experimentos iniciais no mercado e do *feedback* dos primeiros usuários.

A comercialização dos produtos de inovação é diferente da comercialização dos outros dois tipos. Ela foca em obter a atenção dos consumidores, os quais Jeff Moore chamou de "inovadores e primeiros adotadores".[6] Sua meta é educar os consumidores sobre o potencial do novo produto e freqüentemente articular suas necessidades ocultas. A comercialização de produtos novos para o mundo geralmente envolve a venda de produtos abaixo do custo de produção, ou mesmo sua distribuição sem custos. Outro método é embalar o novo produto com produtos existentes bem-conhecidos para que os consumidores conheçam e apreciem os benefícios da inovação.

Produtos de inovação geralmente criam novas direções na indústria ou mesmo criam novas indústrias. Os produtos novos para o mundo introduzem novos conceitos de projeto, e isso normalmente incita a entrada de seguidores. Freqüentemente, o projeto do novo produto torna-se o padrão na indústria. A habilidade de uma empresa em estabelecer sua tecnologia como um padrão da indústria é um elemento crítico na posição competitiva a longo prazo e no sucesso. (Voltaremos a esse problema mais adiante neste capítulo.)

Novidade do Produto e Sucesso do Projeto

Claramente, níveis diferentes de novidade têm objetivos comerciais e de mercado diferentes. Um produto derivativo normalmente almeja ganhar consumidores adicionais e estender a vida de uma "vaca leiteira" existente. Em contraste, é possível introduzir um produto de inovação para criar um novo mercado e um novo uso para os consumidores que nunca haviam usado um produto similar. Assim sendo, como descrito no Capítulo 2, o planejamento do projeto deve incluir o estabelecimento das expectativas de antemão. Isso significa decidir o que constitui sucesso ou fracasso do projeto. A Tabela 4-2 resume essas expectativas para níveis diferentes de novidade.

Fazendo Tudo Funcionar: Combinando Novidade do Produto e Gerenciamento de Projetos

Como se deve tratar os níveis diferentes de novidade em projetos na vida real? Pense em nosso exemplo do *Toy Story*, que ilustra um problema típico de um pro-

TABELA 4-2

Novidade do projeto e sucesso do projeto: O que esperar

Dimensões de Sucesso e Fracassos Possíveis	NÍVEL DE NOVIDADE DO PROJETO		
	Derivativo	Plataforma	Inovação
Eficiência	A alta eficiência é crítica; não há espaço para excessos.	O tempo de lançamento é importante para a vantagem competitiva.	É difícil alcançar a eficiência e ela pode não ser crítica (a menos que os concorrentes trabalhem na mesma idéia); excessos são prováveis.
Impacto no cliente	Ganhar clientes adicionais e segmentos de mercados.	Ter alto impacto estratégico nos clientes; reter as gerações anteriores de consumidores.	Melhorias notáveis na vida e no trabalho do cliente.
Impacto na equipe	Membros da equipe estendem suas experiências em modificações rápidas no produto.	Membros da equipe ganham experiência técnica e gerencial na introdução de novas gerações.	Membros da equipe exploram novos campos e ganham larga experiência em mercados desconhecidos.
Sucesso comercial e direto	Estende a vida de produtos existentes; produtos atuais trazem receitas adicionais e "vaca leiteira".	Alto impacto estratégico nos negócios; expectativa de anos de receitas e construção de derivativos adicionais.	Sucesso comercial a longo prazo e significativo; poderá vir mais tarde, após os produtos iniciais terem sido testados e refinados.
Preparação para o futuro	Quase nenhuma.	Manter uma posição estratégica no mercado.	Criar novos mercados e estabelecer posições significativas de liderança.
Fracasso e risco possíveis	Baixo risco; esse risco pode ser chegar atrasado e ganhar apenas o valor marginal.	Risco médio; esse risco envolve não progredir o suficiente em comparação à geração anterior, ou pular uma geração no mercado.	Risco mais alto; esse risco envolve não abordar a necessidade real dos clientes, não vender a idéia para os clientes e não avaliar o tamanho real do mercado.

jeto de plataforma: como construir a infra-estrutura para derivativos futuros. A tecnologia necessária para criar o filme era nova (alta-tecnologia), a novidade era em nível de plataforma e a complexidade era em nível de sistemas. Na Figura 4-1 usamos as anotações D = (Pl, AT, Si, -) para descrever parte do modelo diamante do *Toy Story* (exceto pela dimensão de ritmo, a qual será discutida no Capítulo7).

A Tabela 4-3 lista os principais impactos que os níveis de novidade têm no gerenciamento de projetos em termos de definição de produto, decisões gerenciais e atividades relacionadas ao mercado. O Anexo 4 (disponível em *www.mbooks.com.br*, no link referente a este livro) descreve como os níveis diferentes de novidade do produto podem afetar os processos tradicionais de gerenciamento de projetos, caracterizados pelas nove principais áreas de conhecimento do PMBOK.

Vamos agora examinar em mais detalhes o nível de novidade mais difícil e menos entendido: projetos de inovação.

FIGURA 4-1

O projeto *Toy Story*

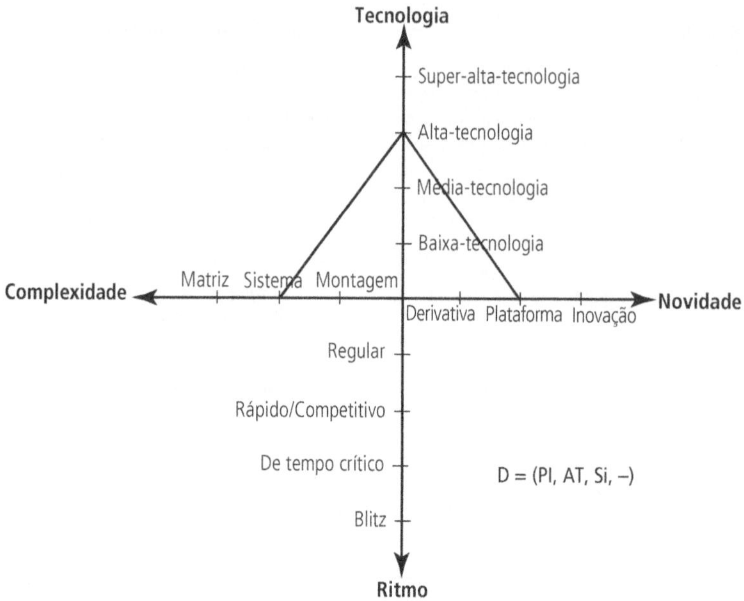

Os Riscos e as Oportunidades dos Projetos de Inovação

Os projetos de inovação envolvem os riscos mais altos no mercado, mas eles potencialmente acarretam as maiores oportunidades comerciais. Ao introduzir um novo conceito para os consumidores, as empresas criam novos mercados e os dominam por anos. Mas como nos mostra a história, os primeiros inovadores geralmente fracassam, deixando o campo de batalha para que os concorrentes e imitadores reclamem os benefícios. Como as empresas podem proteger suas invenções quando trazem um produto de inovação para o mercado?

A primeira barreira, e talvez a mais difícil, para promover projetos de inovação é interna. Infelizmente, as pesquisas nos mostram que geralmente é difícil conseguir apoio para projetos radicais nas grandes empresas, onde as culturas internas e pressões empurram os esforços para projetos de baixo risco, projetos incrementais e aqueles que prometem recompensa imediata.[7] Para promover e obter apoio para tais projetos, é preciso ter defensores internos fortes, que não tenham medo de falhar e apostar sua reputação pessoal naquilo que acreditam. Pelo fato de a pesquisa de mercado não ser confiável, é mais difícil fazer com que o projeto decole.

TABELA 4-3

Impacto dos níveis de novidade do projeto na gestão de projetos

Aspecto Administrativo	NÍVEL DE NOVIDADE DO PROJETO		
	Derivativo	Plataforma	Inovação
Dados de Mercado	Existem dados de mercado precisos de produtos anteriores e pesquisas de mercado.	Necessário extensa pesquisa de mercado e análise criteriosa de gerações anteriores, concorrentes e tendências de mercado.	Dados de mercado não são confiáveis; as necessidades do mercado não estão claras; não há experiência com produtos similares; a base de clientes não foi definida.
Definição do Produto	Entendimento claro dos custos necessários, das características, da funcionalidade etc.	Necessário investimento extenso na definição do produto, envolve os clientes potenciais no processo.	Definição do produto baseada na intuição e em tentativa e erro; precisa de protótipo rápido para obter *feedback* do mercado; muitas mudanças na definição do produto.
Tempo de congelamento dos requisitos do produto	Congelamento precoce dos requisitos do produto, geralmente antes ou imediatamente após o lançamento do projeto.	Congelamento dos requisitos mais adiante, geralmente na metade do projeto.	Congelamento dos requisitos do produto bem mais adiante, geralmente após o *feedback* do protótipo.
Marketing	Enfatizar a vantagem do produto em comparação aos modelos anteriores; focar nos clientes existentes assim como nos novos, com base nas características e nas modificações do produto.	Criar a imagem do produto; enfatizar as vantagens do produto; diferenciá-lo dos concorrentes.	Chame a atenção do cliente por meio de técnicas novas e inovadoras de marketing; eduque os clientes sobre o potencial do produto; algumas vezes distribua amostras grátis ou produtos com preço reduzido; articule as necessidades ocultas dos clientes; geralmente é necessário muito esforço para criar o padrão da indústria.

Como Michael Tushman e Charles O'Reilly nos mostraram, para aumentar as chances de sucesso de projetos de inovação, as empresas precisam separar a atividade de inovação das atividades do resto da organização. O desenvolvimento de projetos inovadores lado a lado com projetos menos inovadores geralmente prejudica o projeto inovador porque as potentes atividades existentes geram vendas extensivas, não obstante em mercados maduros.[8]

O Risco Externo de Incerteza do Mercado

Dois livros influentes de Clayton Christensen (*The Innovator's Dilemma* e *The Innovator's Solution*) focam a natureza dilacerante de inovações e a falta de dados do mercado sobre as idéias radicais.[9] De acordo com Christensen, "Mercados que não existem não podem ser analisados". Além disso, os consumidores atuais nunca direcionam as empresas para criarem produtos de inovação e, na realidade, suas opiniões geralmente mantêm as empresas longe do próximo produto revolucionário.

A solução? Começar com pequenas tentativas, e tratar idéias que não ameacem a estrutura organizacional existente. Em vez de usar a pesquisa de mercado, o gerente de projetos deve usar julgamento e intuição para criar protótipos rápidos e testá-los rapidamente no mercado para obter o *feedback* dos consumidores o mais rápido possível. Somente então é possível finalizar as características do produto e congelar as especificações. Nenhuma pesquisa de mercado poderia ter previsto o enorme sucesso do *Walkman* e do Post-it. Apenas quando os primeiros usuários experimentaram esses produtos foi que as empresas conseguiram saber como os produtos deveriam ser, para aonde estavam indo e para o que mais poderiam ser usados.

A Batalha pelos Padrões da Indústria

O estabelecimento do desenho de um produto de inovação da empresa como padrão da indústria – geralmente chamado de *desenho dominante* – basicamente determina o sucesso competitivo a longo prazo do produto.[10] Como mostra a experiência, quando uma idéia inovadora é copiada por outros, geralmente o projeto do líder não se torna o padrão, mesmo se ele representar um produto melhor. Pense no padrão superior do cassete VCR Betamax da Sony, que perdeu a batalha para o padrão VHS da JVC, ou o projeto do Macintosh da Apple, que perdeu o monopólio para o padrão Windows PC apesar das vantagens iniciais em desempenho e facilidade de uso.

Durante as batalhas para padrões da indústria, as empresas precisam focar a atividade do projeto em capturar participação no mercado em vez de ganhar grandes margens de lucro. O foco da Apple em grandes margens, e sua recusa em permitir a clonagem de seu projeto do Mac, rapidamente fez com que o PC da IBM e seus compatíveis de custo baixo se tornassem os padrões da indústria por muitos anos. Assim sendo, deve-se fazer o produto de inovação o mais atrativo que se possa, oferecendo preços mais baixos e outros incentivos de entrada. Uma vez que o produto é estabelecido como o padrão, o foco poderá ser mudado para outras coisas como aumentos no preço e na margem.

Um produto de inovação pode tornar-se o padrão da indústria por outros meios, como licenciamento, entrada em alianças estratégicas, adoção de uma estratégia de posicionamento apropriada e diversificação para produtos complementares. Os principais fatores que afetam a escala desses resultados incluem a altura das barreiras para imitação, as capacidades dos concorrentes, seus próprios recursos e habilidades e a disponibilidade de produtos complementares.[11]

A história do sistema de transporte pessoal Segway é um exemplo clássico de um projeto de inovação.

A História do Segway

Anteriormente conhecido como "Ginger", o Segway foi desenvolvido pelo empresário Dean Kamen, cuja empresa, DEKA, também inventou a primeira bomba de insulina portátil, a máquina de diálise Baxter's Home Choice e o iBOT, uma cadeira de rodas capaz de subir e descer escadas.[12] Um dia, um funcionário da DEKA passou por Kamen em um protótipo de prova de conceito do iBOT que consistia de uma plataforma equilibrada em um único eixo e acionada por dois servomotores; um *joystick* era usado para manobra. Em um momento de inspiração, Kamen visualizou um produto novo para o mundo que poderia mudar a maneira de as pessoas se locomoverem.

A história do Segway é o conto de um projeto de desenvolvimento de um produto de inovação, que se sobressaía de quase todas as maneiras possíveis. Kamen empregou alguns dos engenheiros mais brilhantes e mais inovadores. Eles desenharam e aperfeiçoaram cada elemento do Segway; eles prestaram atenção até aos mínimos detalhes como os sons audíveis que o veículo poderia gerar, tornando-o o mais prazeroso possível. Quando o produto estava pronto, o marketing também foi incomum, resultando em uma percepção sem precedentes, quase sem orçamento para publicidade. Dean Kamen e o Segway apareceram em quase todos os programas matinais de TV, foram fotografados com todas as celebridades possíveis e foram até mesmo vistos com o presidente dos Estados Unidos. No entanto, embora o Segway fosse um produto elegante, ele não inundou o mercado, como esperado; seus criadores haviam avaliado erroneamente a necessidade do mercado.

Desde o começo, a equipe do Segway não tinha permissão para obter *feedback* dos consumidores reais, como é necessário em projetos de inovação (veja a Figura 4-2). Kamen temia que outras pessoas roubassem sua idéia, o que não permitiu à equipe testar os primeiros protótipos com os consumidores.[13] O projeto entrou, então, e um beco sem saída: sem acesso à reação do mercado real, ninguém conseguia determinar as especificações finais que melhor se adequariam às necessidades dos consumidores.

Se a DEKA tivesse instituído um processo sólido de estabelecimento dos requisitos no qual os consumidores estivessem envolvidos, o projeto não teria continuado para o projeto final até que o *feedback* dos consumidores fosse analisado e os requisitos do produto fossem fixados. Para crédito de Kamen, ele reconheceu que não podia depender dos consumidores para fornecerem uma direção específica para o projeto. Há muito tempo ele havia aprendido que os consumidores nem sempre sabem mais: "Eles não pensaram no problema o suficiente para considerarem soluções inovadoras".[14]

Entretanto, embora os consumidores nem sempre consigam encontrar soluções, eles podem, no mínimo, identificar seus problemas. Quando uma nova solução lhes é apresentada, eles normalmente dizem quão boa ela é e como é possível melhorá-la. No desenvolvimento do Segway, essa parte claramente não existiu.[15] Quando um teste de semi-mercado foi finalmente realizado, ele revelou pela primeira vez uma questão inesperada: "Algumas pessoas disseram que seus locais de trabalho eram muito longe para usarem o Ginger, ou que elas preferem andar quando precisam fazer compras em curtas distâncias".[16] Em vez de ver essa descoberta como um sinal de aviso e investigá-la mais a fundo, a empresa foi em frente com o projeto do Segway, como planejado.

Kamen não apenas queria desenhar o Segway, mas também manufaturá-lo. Embora uma fábrica tenha sido construída para fabricar 40 mil unidades por ano, a DEKA vendeu apenas 6 mil Segways nos primeiros dezoito meses depois do lançamento. Sem dúvida alguma, o produto não revolucionou o mundo, como sugeriu Kamen, e nem cumpriu com suas expectativas comerciais.

FIGURA 4-2

O projeto Segway

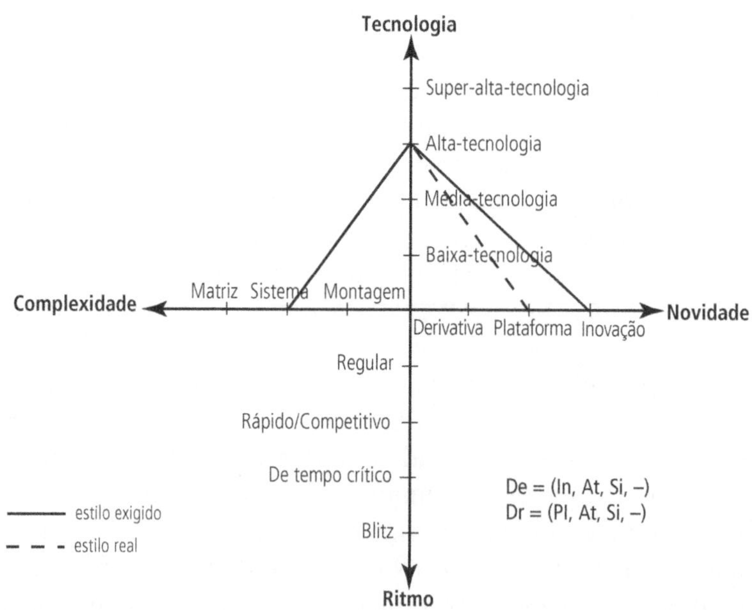

A história do Segway oferece lições valiosas para as empresas que lidam com projetos de inovação, especialmente lições sobre a inabilidade de se prever as expectativas reais de mercado e a necessidade de usar *feedback* real dos consumidores logo no início. No caso da DEKA, essas práticas teriam focado a empresa nos segmentos de mercado iniciais, como entrega de pacotes ou ajudado a se transferir rapidamente para fábricas de custo mais baixo no exterior. A DEKA poderia ter considerado o licenciamento do produto para outros fabricantes em troca de *royalties*, ou talvez produzir um modelo com assento para viagens mais longas. Ainda assim, quem sabe? Talvez um dia o Segway mude o modo como o mundo se locomove.

O Impacto da Classificação Errada da Novidade de um Produto

A novidade afeta o gerenciamento de projetos especialmente na definição do produto e nas atividades de mercado. Para gerenciar projetos eficazmente, é necessário identificar o nível de novidade do produto e rapidamente determinar seu impacto no planejamento e na organização do projeto. A novidade do produto também afeta as pessoas escolhidas para o projeto e o estilo gerencial que se adota. O estilo gerencial deve ser mais rigoroso nos níveis mais baixos, e mais flexível nos níveis mais altos, sendo necessário muita criatividade à medida que aumenta o nível de novidade.

O caso seguinte de desenvolvimento de uma plataforma de software ilustra a importância da avaliação correta da novidade – em especial, o que acontece quando um projeto de plataforma é tratado como um simples projeto derivativo.

O Projeto do Software Financeiro Middleware

O cliente para esse projeto de software era uma empresa de administração de investimentos que buscava baixar seus custos ao criar um formato direto para processar os pedidos de compra e venda de seus clientes. O processo tradicional envolvia tomar decisões sobre investimentos por parte de seus clientes, como fundos de pensão ou indivíduos milionários. As decisões para negociar eram feitas internamente e envolviam três sistemas: comércio, contabilidade e comunicações. O processo externo tratava o envio dos detalhes do mercado (nome das ações, quantidade, preço e taxa) para o respectivo banco dentro de certo período de tempo. Antes desse projeto, a maioria dessas atividades era feita à mão.

A empresa era uma organização pequena que não tinha experiência anterior no monitoramento de projetos de software complexos. Para o projeto foi contratado um fornecedor externo, que dizia ter desenvolvido sistemas similares anteriormente para a indústria da saúde. O fornecedor sugeriu que esse projeto seria uma modificação de seu middleware genérico já comercializado. Inicialmente, este parecia ser um casamento perfeito. A empresa de investimento precisava de uma plataforma computadorizada simples, e o fornecedor esperava expandir sua base de clientes para as instituições financeiras.

O novo sistema consistia de três componentes de software: o software middleware para transferir automaticamente as informações de mercado, um software de banco de dados e um software de enriquecimento, o qual recebe as informações do banco de dados e as envia para um banco externo.

Tudo correu bem nos primeiros quatro meses; entretanto, na metade do projeto, as coisas começaram a se deteriorar. Os sistemas modificados não funcionavam como esperado, e o fornecedor teve de alocar mais recursos para lidar com os problemas. Quando o primeiro protótipo foi finalmente entregue, o cliente não conseguiu testá-lo no tempo devido. No final, o fornecedor simplesmente entregou o código fonte para o cliente e se afastou. A empresa de investimento teve de se virar com a instalação do software e testá-lo por conta própria. O projeto estava sob revisão constante e mudanças; os entregáveis eram alterados ou cancelados. Finalmente, depois de longos atrasos e custo adicional, uma versão operacional do primeiro protótipo foi aprovada.

Em retrospecto, ambas as partes calcularam erroneamente o risco e a dificuldade associados a esse projeto. Como acabou sendo, em comparação com sistemas médicos, construir um sistema financeiro contendo lógicas de negócios complexas foi um grande salto. O cliente não tinha o conhecimento e a especialização necessários para gerenciar ou mesmo definir tal projeto complexo. De sua parte, o fornecedor não estimou a extensão da mudança no mercado que esse produto introduziria, presumindo que este era uma simples extensão de um produto anterior para um setor diferente.

Ao usar o modelo diamante, podemos concluir que o fornecedor encarava a novidade do produto como derivativo de um produto anterior, em vez de um produto de plataforma – uma suposição que acabou sendo errada (veja a Figura 4-3). A introdução de um produto em uma nova indústria deve ser tratada como um projeto de plataforma – uma nova geração para um novo cliente.

Similarmente, como será visto no Capítulo 5, embora o fornecedor tenha experiência nesse tipo de tecnologia, para o cliente o projeto representava um projeto de alta-tecnologia. Entretanto, ele foi tratado como um projeto de média-tecnologia e supunha-se que revisões técnicas não eram necessárias.

FIGURA 4-3

O projeto do software financeiro middleware

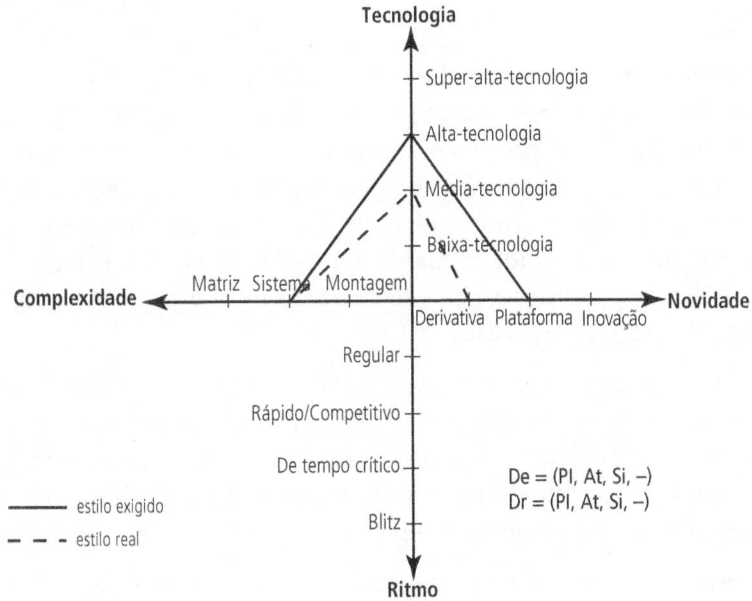

Se as partes tivessem avaliado corretamente o nível de novidade do projeto, muitas coisas poderiam ter sido feitas diferentemente. O fornecedor teria investido mais tempo para entender a singularidade da indústria financeira e o processo de tomada de decisão da empresa, a distribuição de dados e a interação entre clientes, fornecedores, bancos e outras instituições financeiras. O cliente e seu gerente de projeto teriam gasto mais tempo em especificar o sistema, em anotar os procedimentos de teste e realizar revisões do projeto para reduzir os riscos técnicos. Todas essas atividades teriam sido incluídas no plano do projeto e não teriam sido adicionadas como uma emergência quando o problema surgiu.

Agora que examinamos a novidade, voltamos para o Capítulo 5 para a segunda dimensão do modelo diamante NTCR: tecnologia, ou incerteza tecnológica.

Pontos Principais e Itens de Ação

- A novidade do produto é determinada por quão novo é o produto para o mercado, consumidores e usuários potenciais. Existem três níveis de novidade: produtos derivativos, produtos de plataforma e produtos de inovação. Produtos derivativos são extensões e melhorias de produtos existentes. Produtos de plataforma são novas gerações de linhas de produtos existentes para mercados ou clientes novos e existentes. Produtos de inovação são produtos novos para o mundo.

- O nível de novidade de um produto afeta a definição dos requisitos e a comercialização do produto – isto é: quão fácil é saber o que fazer ou o que construir, e como comercializar o produto para o comprador e usuário esperado. Essas tarefas envolvem quatro aspectos do gerenciamento de projetos: quanto é possível depender de dados da pesquisa de mercado; quão bem os requisitos do produto podem ser definidos; quanto tempo se deve esperar até congelar as especificações do produto; e quais técnicas de marketing e estratégia de penetração no mercado deve-se usar.
- Para os projetos derivativos, a questão "O que fazer?" é relativamente fácil de responder, e as especificações do produto devem ser fixadas o mais cedo possível. Para os projetos de plataforma, leva-se mais tempo para definir as especificações do produto, baseando-se na extensa pesquisa de mercado e em dados cumulativos de gerações anteriores.
- Para os projetos de inovação, a pesquisa de mercado geralmente é ineficaz, e a definição do produto deve ser baseada em adivinhações, intuição e testes de tentativa e erro no mercado. As especificações precisam permanecer flexíveis até que seja possível a introdução no mercado e o *feedback* dos consumidores esteja disponível.
- A habilidade de uma empresa em estabelecer seu produto de inovação como um padrão da indústria é um determinante crítico de sua posição competitiva a longo prazo e de seu sucesso.
- Cada projeto deve avaliar a novidade do produto logo no início e deve determinar as implicações gerenciais durante a fase de planejamento: como é possível usar a pesquisa de mercado, quando congelar os requisitos e qual estratégia de marketing será melhor para o produto.

CAPÍTULO

5

TECNOLOGIA

NESTE CAPÍTULO exploraremos uma das dimensões mais importantes para fazer a distinção entre projetos: tecnologia – ou, mais precisamente, incerteza tecnológica – e seus quatro níveis: baixa-tecnologia, média-tecnologia, alta-tecnologia e super-alta-tecnologia. Como será visto, avaliar o nível de tecnologia de um projeto pode ser complicado, mesmo em setores de baixo risco como o de construção. Para ilustrar essa situação, voltamos à história do Aeroporto Internacional de Denver, que deixou passar por muito a data para conclusão e o orçamento alvo.[1]

Julgar Erroneamente um Projeto de Construção: O Caso do Aeroporto Internacional de Denver

No início dos anos de 1980, o Aeroporto Stapleton de Denver havia ultrapassado seus níveis máximos de capacidade por causa da economia em rápida expansão da cidade. Em 1989, os eleitores de Denver aprovaram a construção de um novo e moderno aeroporto. A construção começou em novembro daquele ano, com a data de conclusão programada para o outono de 1993 (outubro).

Apesar do tamanho do projeto, o período de quatro anos parecia adequado. A missão era clara, os fundos encontravam-se disponíveis, os estudos indicavam enormes benefícios econômicos e o projeto tinha o apoio político necessário. O que se esperava que fosse um projeto de construção padrão, embora enorme, sem problemas aparentes, tornou-se, no entanto, um pesadelo para seus *stakeholders* e resultou em atrasos enormes e custos excessivos.

Um dos maiores arrendatários do novo aeroporto, a United Airlines, planejava ver o aeroporto como seu segundo maior *hub*. Para que os aviões estivessem prontos para seguir viagem em menos de 30 minutos, a United exigia um sistema automatizado de bagagens. O sistema de última geração planejado e integrado aprimoraria a eficiência em terra e diminuiria o trabalho manual de seleção e manuseio de bagagens, o qual consome muito tempo. Em dezembro de 1991, ela contratou a BAE Automatic System Inc. para desenhar e implementar um sistema automatizado de bagagens com um cronograma estimado em dois anos e meio. Esse projeto era o único desse tipo e muito maior do que qualquer outra coisa que havia sido feita anteriormente.

Desde seu início, o projeto de manuseio de bagagens enfrentou uma batalha penosa. Várias questões problemáticas – como a falta de comunicação, período de tempo irreal, planejamento insuficiente e uso errôneo de recursos humanos – atormentaram o projeto desde o começo. Em agosto de 1994, o projeto já estava 11 meses atrasado e havia estorvado as operações do aeroporto. Para evitar outras conseqüências, a administração decidiu assinar um contrato alternativo de $50 milhões para a construção de um sistema mais tradicional de bagagem como *contingência*. O plano era que a United usaria o sistema BAE apenas em sua ala de terminais. Testes abrangentes e intensos do sistema culminaram em uma operação prática bem-sucedida de três horas em escala total em janeiro de 1995. O aeroporto finalmente começou suas operações em fevereiro de 1995, um atraso de dezesseis meses e $1,5 bilhão acima do orçamento.

A inauguração atrasada e os custos excessivos do aeroporto resultaram da atenção insuficiente à incerteza do projeto. Embora o aeroporto como um todo fosse um projeto de baixa-tecnologia, o sistema de manuseio de bagagem precisava ser tratado diferentemente. Por ser o primeiro deste tipo, ele tinha todos os elementos de um projeto de alta-tecnologia, o que exigia vários ciclos de projeto e testes extensivos (veja a Figura 5-1). Os gerentes do projeto não entenderam completamente os riscos e a necessidade de desacoplar o projeto de manuseio de bagagens das outras partes de construção do aeroporto. A BAE tinha experiência com a construção de sistemas automatizados de bagagens, mas normalmente em uma escala muito menor. A novidade da tecnologia, o grande número de entidades a serem servidas pelo sistema, o alto grau de incerteza técnica e do projeto, e o curto período de tempo para o término da construção foram fatores críticos que fizeram a diferença.

Em retrospecto, o entendimento da incerteza tecnológica envolvida logo no início teria permitido que os gerentes considerassem um sistema de *contingência* desde o começo, permitindo que o aeroporto fosse inaugurado quando programado, mesmo que um componente, relativamente pequeno, não estivesse pronto.

FIGURA 5-1

O projeto do Aeroporto Internacional de Denver

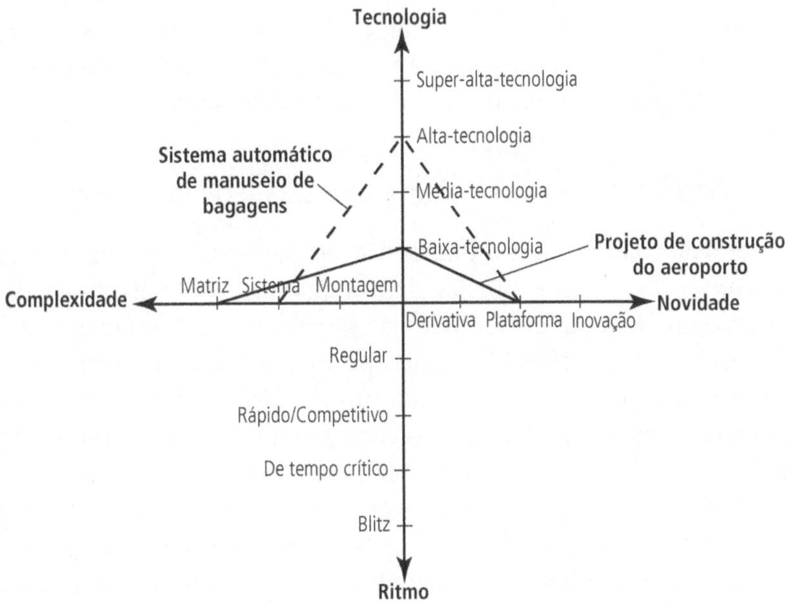

Define-se *tecnologia* como o conhecimento, a capacidade e os meios necessários para criar, construir, fabricar e possibilitar o uso de um produto, processo ou serviço.[2] A tecnologia pode estar embutida em produtos tangíveis e intangíveis, e poderá envolver software ou hardware, e seu *know-how* está enraizado em várias disciplinas, como mecânica, eletrônica, biotecnologia, ergonomia e assim por diante. A maioria dos projetos modernos emprega a tecnologia (ou várias tecnologias) como parte do produto final ou no processo de construção do produto. Um PDA portátil inclui tecnologia de software, eletrônicos, display e embalagem, ao passo que produtos grandes, como aviões, envolvem centenas de tecnologias. E a tecnologia pode ser jovem ou madura, bem-estabelecida ou recém-desenvolvida.

O Que É Incerteza Tecnológica?

Em nosso modelo, a dimensão de tecnologia indica o nível de incerteza tecnológica de um projeto. Este nível depende da extensão na qual o projeto usa nova tecnologia ou tecnologia madura.[3] O nível de incerteza tecnológica do projeto não é universal, e sim subjetivo, isso porque ele depende do *know-how* tecnológico que existe ou que seja acessível para a empresa. Ele é, portanto, uma medida da quantidade de tecnologia nova existente, em comparação com a tecnologia madura, para uso no projeto.[4] Pelo fato de muitos projetos empregarem uma mistura de tecnologias, baseamos nossa classificação na parte de tecnologia, do produto ou processo, nova para a empresa. Embora a medida da incerteza tecnológica possa ser vista como um *continuum*, descobrimos que os quatro níveis cobrem todo o espectro de projetos (veja a Tabela 5-1 para um resumo das distinções entre os quatro tipos de incerteza tecnológica). Os quatro tipos são assim definidos:

Projetos de Baixa-Tecnologia: Incerteza Tecnológica Baixa

Esse tipo de projeto envolve a implementação de tecnologias existentes – isto é, tecnologias maduras e bem-estabelecidas da qual todos os participantes na indústria têm acesso igual. Algumas tecnologias são, às vezes, chamadas de *tecnologias de base* e normalmente oferecem pouco potencial para vantagem competitiva.[5] Embora a atividade possa ser em escala muito larga, a tecnologia é facilmente obtida e não apresenta dificuldade ou incerteza na execução. Projetos típicos nessa categoria são os projetos de construção civil, como a construção de estradas, pontes e instalações de concessionárias de serviços públicos. Outro exemplo são os projetos *construídos de acordo com a planta*, nos quais um empreiteiro precisa refazer um projeto desenhado e desenvolvido anteriormente por outra pessoa.

Projetos de Média-Tecnologia: Incerteza Tecnológica Média

Esses são os projetos industriais mais comuns. Tais projetos baseiam-se em tecnologias existentes e maduras; no entanto, eles podem envolver uma quantidade limitada de nova tecnologia (geralmente um ou dois tipos, mas nunca uma tecnologia crítica para o sucesso do projeto). Alguns projetos incorporam

TABELA 5-1

Tipos de projetos baseados nos níveis de incerteza tecnológica

	NÍVEL DE INCERTEZA TECNOLÓGICA			
	Baixa-tecnologia	**Média-tecnologia**	**Alta-tecnologia**	**Super-alta-tecnologia**
Definições	Usa apenas tecnologias bem-estabelecidas, existentes e maduras.	Principalmente tecnologias existentes; limitada nova tecnologia ou uma nova característica.	Usa muitas tecnologias novas, existentes, recém-desenvolvidas.	As tecnologias-chave do projeto não existem na época de iniciação do projeto.
Exemplos	Construção civil, construção de estradas, concessionárias de serviços públicos, de acordo com a planta.	Derivativos ou melhorias de produtos; novos modelos em indústrias bem-estabelecidas (por exemplo, eletrodomésticos).	Novos sistemas em uma indústria que se movimenta rapidamente (por exemplo, computadores, sistemas militares).	Conceitos novos, não provados além dos conceitos tecnológicos de última geração (por exemplo, o programa *Apollo* de aterrissagem na Lua).

uma nova característica que não havia sido experimentada e que proporciona vantagens competitivas para o produto, servindo como o que geralmente é chamado de tecnologia-*chave*.[6] Os projetos típicos incluem o desenvolvimento de um novo modelo em um setor bem-estabelecido (por exemplo, indústria automobilística ou de eletrônicos para consumo) ou melhorias, modificações e *upgrades* de produtos existentes.

Projetos de Alta-Tecnologia: Incerteza Tecnológica Alta

Esses projetos constituem o primeiro uso de tecnologias novas, porém existentes. Mais especificamente, nesses produtos, muitas das tecnologias centrais envolvidas são novas. Tais tecnologias são normalmente chamadas de tecnologias *pacing*, isso porque elas têm o potencial de mudar a base da concorrência.[7] Embora ainda não estejam embutidas em um produto ou processo, essas tecnologias foram desenvolvidas antes da atividade efetiva do projeto. A incorporação de tecnologia existente, porém nova, pela primeira vez, geralmente leva a produtos que não existiam no passado, ou que são novos para a indústria. Muitos projetos de desenvolvimento de defesa podem ser incluídos nessa categoria, assim como os projetos em setores de alta-tecnologia e de alta-velocidade.[8]

Projetos de Super-Alta-Tecnologia: Incerteza Tecnológica Bastante Alta

Embora muitas organizações não façam a distinção entre projetos de alta-tecnologia e super-alta-tecnologia, há uma grande diferença. Os projetos de super-alta-tecnologia requerem o desenvolvimento de novas tecnologias que não existem no momento de iniciação do projeto, e esse desenvolvimento faz parte da atividade do projeto. Algumas vezes, essas tecnologias são chamadas de tecnologias *emergentes*, o que significa que elas parecem ter o potencial de tornarem-se tecnologias *pacing*.[9] Mais tipicamente, as tecnologias a serem usadas ainda são desconhecidas.

Os projetos de super-alta-tecnologia têm uma missão clara e os clientes são bem-conhecidos. Ainda assim, a necessidade de desenvolver tecnologias não existentes resulta em projetos bastante arriscados e relativamente raros. Em muitos casos, tais projetos são realizados por grandes organizações ou agências governamentais. Os exemplos famosos são o programa *Apollo* de aterrissagem na Lua, a Iniciativa de Defesa Estratégica (geralmente chamada de "Star Wars") e o telescópio espacial Hubble da NASA.[10] Tais projetos também podem ser encontrados em empresas "*start-up*" que exploram a não-existência tecnológica para uso comercial.

Entretanto, precisamos enfatizar que os projetos de super-alta-tecnologia não são necessariamente projetos de desenvolvimento tecnológico ou puro P&D. Eles podem ter um cliente real e uma missão clara, mas a tecnologia para realizar a missão ainda é desconhecida no momento de lançamento do projeto.

Incerteza Tecnológica e Sucesso do Projeto

Como mencionamos, o nível de incerteza tecnológica depende da base tecnológica específica da empresa e do setor. Por exemplo, uma empresa de baixa-tecnologia que esteja desenvolvendo um novo tipo de produto poderá encontrar dificuldades se usar novas tecnologias que ela não havia experimentado anteriormente. Tal projeto é considerado de alta-tecnologia para essa empresa, mas é visto como média-tecnologia por uma empresa mais voltada para a tecnologia. Do mesmo modo, níveis diferentes de incerteza tecnológica produzem resultados diferentes de projetos e efeitos diferentes no desempenho de uma empresa. Por exemplo, um projeto de baixa-tecnologia em um setor tradicional, como o de construção, tipicamente resulta em um nível padrão de lucro, em um ambiente que se movimenta lentamente. Por outro lado, um projeto de alta-tecnologia e super-alta-tecnologia representa a oportunidade de se alcançar resultados comerciais excepcionais e se criar uma posição de liderança para a empresa.

Mas a incerteza tecnológica também envolve riscos. O risco de fracasso aumenta com cada nível de incerteza, começando com riscos baixos e moderados e aumentando para os níveis mais altos em projetos de alta-tecnologia e super-alta-tecnologia. Nesses níveis, a tecnologia pode não atender às expectativas, poderá causar excessos orçamentários no projeto ou mesmo causar perigos de segurança desconhecidos. Como mencionado, o planejamento do projeto deve estabelecer a expectativa de antemão ao definir o que significa sucesso do projeto, baseado em várias dimensões de sucesso. Além disso, ele deve considerar os fatores de risco e fracasso antecipadamente. A tabela 5-2 traz um resumo dos resultados esperados em várias dimensões de sucesso para níveis diferentes de tecnologia, assim como os riscos possíveis.

Nas próximas seções descreveremos os efeitos da incerteza tecnológica no projeto de novos produtos ou serviços. Também examinaremos as implicações gerenciais da incerteza tecnológica para vários tipos de projetos.

Como a Incerteza Tecnológica Afeta o Gerenciamento de Projetos

As diferenças entre projetos de baixa-tecnologia e alta-tecnologia podem ter um impacto substancial nas atividades do gerenciamento de projetos, especialmente nas atividades técnicas que moldam as configurações e as especificações do produto.[11] Mas a incerteza tecnológica também influencia os níveis de comunicação e de interação, a atitude gerencial, os processos de revisão, e mesmo as capacidades e habilidades exigidas da equipe e de seu gerente.

As atividades técnicas de um projeto incluem engenharia, construção, montagem, teste, revisão e aprovação do projeto, e as especificações do produto. À

TABELA 5-2

Incerteza tecnológica e sucesso do projeto: O que esperar

Dimensões de sucesso e riscos possíveis	NÍVEL DE INCERTEZA TECNOLÓGICA			
	Baixa-tecnologia	Média-tecnologia	Alta-tecnologia	Super-alta tecnologia
Eficiência	Alta eficiência é crítica.	Eficiência é importante.	Excessos poderão ocorrer; não espere por eles, mas os aceite quando ocorrerem.	Alta probabilidade de excessos.
Impacto no cliente	Produto padrão.	Produto funcional; adiciona valor para o cliente.	Melhora significativamente a capacidade do cliente.	Salto quântico na eficácia do cliente.
Impacto na equipe	Expande a experiência da equipe no setor.	Expande a experiência da equipe em projetos rápidos e modificações de produtos.	Expande o aprendizado da equipe na aplicação de novas tecnologias.	Edifica líderes técnicos no desenvolvimento de tecnologia desconhecida.
Sucesso comercial e direto	Lucro razoável.	Lucro moderado; retorno médio sobre os investimentos.	Lucro alto; alta participação no mercado.	Resultados comerciais excepcionais a longo termo; posição de liderança no mercado.
Preparação para o futuro	Quase nenhuma.	Ganha capacidades organizacionais adicionais.	Nova linha de produto; novo mercado.	Posição de liderança; novas tecnologias essenciais.
Fracasso e risco possíveis	Baixo; nenhum risco específico da tecnologia usada.	Risco moderado da tecnologia.	Alto risco de atrasos, excessos orçamentários e desempenho indesejado com o uso de novas tecnologias pela primeira vez.	Risco extenso de tecnologias desconhecidas; atrasos excessivos e excessos de custo com o possível fracasso do produto ou fracasso em alcançar seu desempenho esperado.

medida que a incerteza tecnológica aumenta, as atividades de projeto, desenvolvimento e teste tornam-se mais intensas. Em projetos de baixa-tecnologia não há necessidade de desenvolvimento ou teste, isso porque o produto é construído a partir de desenhos já projetados. Com alta-tecnologia é necessário mais atividade de desenvolvimento, mais testes precisam ser conduzidos e mais protótipos precisam ser feitos até que o produto final seja moldado. E como descobrimos, no nível mais alto de tecnologia, todos os projetos bem-sucedidos de super-alta-tecnologia constroem protótipos em menor escala para testar as tecnologias recém-desenvolvidas antes de fazer a seleção final das tecnologias.[12]

Ciclos de Planejamento e Congelamento do plano

A conclusão de um produto normalmente requer várias iterações de projeto, construção e teste. Essas iterações, parte das atividades de desenvolvimento, são chamadas de *ciclos de planejamento*.[13] Um projeto técnico pode, portanto, ser visto como um processo de vários estágios dos ciclos de planejamento que são realizados para reduzir a incerteza.[14] Um projeto de baixa-tecnologia precisa de apenas um ciclo, ao passo que os projetos no nível de média-tecnologia têm dois ciclos; um projeto de alta-tecnologia requer, no mínimo, dois ou três ciclos de planejamento; e um projeto de super-alta-tecnologia requer aproximadamente três ciclos, depois que as tecnologias finais tenham sido escolhidas. A Figura 5-2 mostra o número de ciclos de planejamento para cada tipo de projeto, sendo que *n* representa o número de ciclos necessários para selecionar as tecnologias finais.

A conclusão da seqüência de ciclos de planejamento é marcada por um evento importante chamado *congelamento do plano*. Esse evento não significa que mudanças adicionais não poderão ser feitas; ele indica, no entanto, que o produto atingiu sua forma final esperada e que as mudanças adicionais poderão ser feitas apenas se forem essenciais. O mais importante: quanto mais alto for o nível de incerteza tecnológica, mais tarde a decisão para congelar o produto deverá ser tomada. Para os projetos de baixa-tecnologia, essa decisão normalmente é tomada mesmo antes de se iniciar a execução do projeto; para projetos de média-tecnologia, ela é feita durante a primeira parte de execução do projeto; para projetos de alta-tecnologia, aproximadamente na metade do projeto e para os projetos de super-alta-tecnologia, durante a terceira ou quarta parte da execução (veja a Figura 5-2).

FIGURA 5-2

Margens de tempo possíveis para o congelamento do plano, número de ciclos de planejamento e áreas de risco para os resultados do projeto

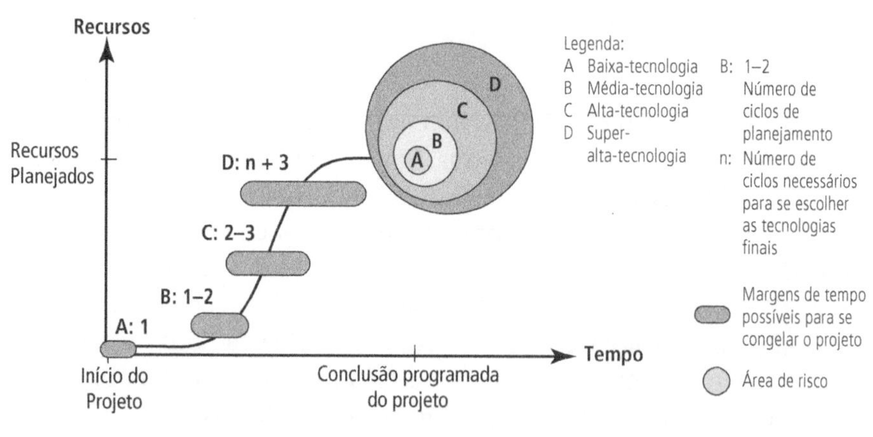

A definição do nível de incerteza tecnológica no início do projeto permite que os gerentes incluam essas decisões como parte do plano do projeto e aloquem o orçamento e outros recursos para realizá-lo com sucesso. (Para mais detalhes e dados empíricos sobre os ciclos de planejamento e congelamento do plano, veja os anexos 5A e 5B, disponíveis em *www.mbooks.com.br*, no link referente a este livro.)

Por último, à medida que a incerteza tecnológica aumenta, é necessário dedicar mais tempo às revisões do projeto para verificar as questões técnicas. Nos níveis mais baixos, as revisões gerenciais formais de progresso e os marcos podem ser suficientes. Entretanto, nos projetos de alta e super-alta-tecnologia, somente as revisões gerenciais não são suficientes. Os projetos devem conduzir revisões técnicas com equipes de especialistas objetivos em assuntos relevantes que não estejam envolvidos com o projeto diariamente. Essas *revisões em pares*, as quais garantem que a equipe receba *feedback* durante o período de desenvolvimento, são críticas, e a falta delas é geralmente o principal motivo de fracasso de um projeto.[15]

Estilo Gerencial, Comunicação, Atitudes e Contingências

Pelo fato de uma maior incerteza tecnológica aumentar a necessidade de se atrasar o congelamento do plano e conduzir mais ciclos de planejamento, construção e testes, é necessário um estilo gerencial mais flexível e mais tolerante às questões ambíguas e incertas. Além disso, o período de transição após o congelamento do plano é caracterizado por uma alteração repentina na atitude do gerente de projeto para com a mudança. Um nível alto de flexibilidade e tolerância para com a mudança caracteriza o projeto durante o estágio inicial, seguido por pouca flexibilidade, ou nenhuma, uma vez que o planejamento é congelado.[16]

Em projetos de baixa-tecnologia, os gerentes precisam ser firmes e persistir com o plano inicial. Em projetos de média-tecnologia, eles devem estar prontos para aceitar algumas mudanças logo no início, mas após o congelamento do plano eles devem se esforçar para fazer com que o produto saia o mais rápido possível. Estilos bastante flexíveis são necessários em níveis mais altos de incerteza tecnológica. Os gerentes de projetos de alta-tecnologia precisam estar prontos para aceitarem as muitas mudanças e precisam esperar mais tempo pelo desenho final do produto e os gerentes de projetos de super-alta-tecnologia devem ser extremamente pacientes, devem conviver com mudanças contínuas e devem certificar-se de que todas as tecnologias alternativas foram experimentadas. Também precisam desenvolver uma atitude de "procurar pelos problemas", uma vez que quanto mais cedo identificarem um problema, mais cedo poderão consertá-lo.

A incerteza tecnológica também afeta a comunicação e a interação do projeto. Nos níveis mais baixos, um processo formal de comunicação e reuniões pré-agendadas geralmente é suficiente. À medida que a incerteza tecnológica aumenta, o processo formal deve ser complementado com interações informais e reunião não-agendadas. Nos níveis mais altos, os gerentes precisam instalar e proporcionar amplas oportunidades para interação informal – estações para reuniões, sessões conjuntas e atividades após o trabalho – para que as pessoas possam compartilhar as experiências recentes de trabalho e os problemas.

Por último, embora ninguém espere atrasos, quando esses acontecem os gerentes precisam estar preparados para lidar com eles, especialmente em projetos de alta-tecnologia e super-alta-tecnologia, em que a incerteza e os riscos associados são maiores e os atrasos ocorrem com freqüência. Muitos projetos, portanto, alocam recursos contingentes para responder às dificuldades e atrasos inesperados. Nossa medida de incerteza tecnológica permite que se faça essas alocações de maneira rigorosa. No nível de baixa-tecnologia, 5% é um número típico, para média-tecnologia, de 5 a 10%, alta-tecnologia, de 10 a 25% e para super-alta-tecnologia, de 25 a 50% poderão ser necessários. Por exemplo, o programa bem-sucedido *Apollo* da NASA tinha uma reserva de contingência de aproximadamente 50% no seu orçamento inicial.

Habilidades dos Gerentes de Projetos e de Equipes

Os gerentes de projeto devem ser bons administradores, planejadores e líderes. Embora essas habilidades sejam exigidas para todos os projetos, projetos com alta incerteza tecnológica requerem que os gerentes tenham habilidades técnicas sólidas, entre outras coisas. Os gerentes precisam saber avaliar o trabalho técnico dos outros e tomar decisões técnicas sobre o projeto, assim como julgar as interfaces entre as disciplinas e as equipes de projetos. Eles precisam ter intuição para entender o que seu pessoal técnico está dizendo e ser capazes de entender o projeto como um todo. Similarmente, à medida que a incerteza tecnológica aumenta, os membros das equipes de projetos precisam ser altamente instruídos e tecnicamente sensatos, tendo os principais especialistas no nível mais alto de incerteza.

Resumindo o Impacto Tecnológico

A Tabela 5-3 resume as principais diferenças entre os níveis de tecnologia do projeto. Ela também inclui os setores em que esses tipos de projetos são normalmente encontrados e lista os produtos típicos para os vários níveis. (Veja os Anexos 5A e 5B para descrições dos resultados empíricos de pesquisa que relacionam a incerteza tecnológica e para o impacto da incerteza tecnológica no gerenciamento de projetos tradicional, de acordo com as áreas de conhecimento do PMBOK, do PMI.)

TABELA 5-3

Características do projeto e níveis de incerteza tecnológica

Variável	NÍVEL DE INCERTEZA TECNOLÓGICA			
	Baixa-tecnologia	**Média-tecnologia**	**Alta-tecnologia**	**Super-alta-tecnologia**
Tecnologia	Nenhuma nova tecnologia.	Alguma nova tecnologia.	A maioria das tecnologias é nova.	Tecnologias-chave não existem no início do projeto.
Setores típicos	Construção, produção, concessionárias de serviços públicos, obras públicas.	Mecânica, elétrica, química, algumas indústrias de eletrônicos.	Indústrias de alta-tecnologia e baseadas em tecnologia; computadores, aeroespacial, eletrônicos.	Indústrias avançadas e líderes de alta-tecnologia; eletrônicos, aeroespacial, biotecnologia.
Tipos de produtos	Prédios, pontes, instalação de telefonia, construções de acordo com a planta.	Modelos não revolucionários, derivativos ou melhorias.	Família de produtos novos e os primeiros do tipo, novos sistemas militares (produtos de última geração).	Conceito novo, não-experimentado; além do conceito de última geração existente.
Desenvolvimento, teste e protótipos	Nenhum desenvolvimento; nenhum teste.	Desenvolvimento limitado; alguns testes.	Desenvolvimento e testes consideráveis; protótipos geralmente são usados durante o desenvolvimento.	Necessidade de desenvolver tecnologias-chave durante a atividade do projeto; imprescindível ter protótipo intermediário em menor escala para testar conceitos e selecionar novas tecnologias.
Ciclos de planejamento e congelamento do plano	Apenas um ciclo; congelamento do plano antes do início da execução do projeto.	Apenas dois ciclos; congelamento do plano no início, logo no primeiro quarto de execução do projeto.	Pelo menos dois ou três ciclos; congelamento do plano geralmente na metade, durante o segundo ou terceiro quarto.	Tipicamente três ciclos após as tecnologias finais terem sido selecionadas; congelamento do plano mais tarde, geralmente durante o terceiro ou mesmo último quarto.
Revisões do projeto	Revisões do progresso formal e *status*.	Revisões do progresso formal e *status*; algumas revisões técnicas do projeto final.	Revisões técnicas com especialistas além das revisões do progresso formal.	Extensas revisões por pares com especialistas técnicos são críticas para o sucesso.
Estilo gerencial e atitude	Estilo rigoroso; persiste com o plano inicial.	Estilo menos rigoroso; prontidão para aceitar algumas mudanças.	Estilo mais flexível; muitas mudanças são esperadas.	Estilo altamente flexível; convive com mudanças continuamente; "procura pelos problemas".
Comunicação e interação	Comunicação formal na maioria das vezes durante as reuniões agendadas.	Comunicação mais freqüente; um pouco de interação informal.	Comunicação freqüente por meio de vários canais; interação informal.	Muitos canais de comunicação; interação informal instituída e encorajada pela gerência.
Gerente de projeto e equipe do projeto	Gerente com boas habilidades administrativas; a maioria é composta por trabalhadores semi-habilidosos.	Gerente com algumas habilidades técnicas; proporção considerável de acadêmicos.	Gerente com boas habilidades técnicas; muitos profissionais e acadêmicos na equipe do projeto.	Gerente do projeto com habilidades técnicas excepcionais; profissionais altamente qualificados e muitos acadêmicos.
Recursos contingentes do projeto	5%	5-10%	10-25%	25-50%

O Caso Especial de Projetos de Super-Alta-Tecnologia

Talvez você questione a opção de se acrescentar um quarto tipo de projeto – super-alta-tecnologia – do que simplesmente nomear tais projetos ao longo do espectro comum de baixa, média e alta-tecnologia. O nível de super-alta-tecnologia é necessário para distinguir entre os projetos de alta-tecnologia "rotineiros", os quais usam muitas tecnologias novas para a empresa, dos projetos de super-alta-tecnologia, que precisam desenvolver tecnologias não existentes para cumprir com as metas do projeto. A necessidade de desenvolver novas tecnologias, como parte integral de um projeto, representa um nível distinto de incerteza e risco, e requer uma abordagem gerencial singular.

Primeiro, os projetos de super-alta-tecnologia envolvem uma atmosfera altamente flexível que permite a introdução, avaliação e teste de idéias novas, algumas vezes radicais. Segundo, tais projetos precisam de um período extenso para desenvolvimento. Durante esse período, tecnologias anteriormente desconhecidas são desenvolvidas e testadas, até que a tecnologia e a configuração final sejam selecionadas. Terceiro, nesses projetos é necessário construir protótipos em menor escala, nos quais a nova tecnologia é testada e aprovada antes da seleção final ser feita e a tecnologia escolhida ser incluída em um produto em larga escala.

Para ilustrar a exclusividade de um ambiente de super-alta-tecnologia, nos voltamos para um dos mais famosos projetos aeroespaciais – a construção do avião de reconhecimento SR-71 Blackbird pela Lockheed (agora parte da Lockheed Martin) no final dos anos de 1950. Até hoje esse programa se sobressai como um ícone da excelência do gerenciamento de projetos em face dos enormes desafios técnicos e administrativos.

O SR-71 Blackbird: Uma Revolução de Super-Alta-Tecnologia na História da Aviação

O SR-71 Blackbird, um dos aviões mais bem-sucedidos já construídos, foi o único avião operacional a voar na velocidade Mach 3.2 a uma altitude de 80 mil pés.[17] Iniciado nos anos de 1950, o SR-71 tinha como meta substituir o avião de reconhecimento U-2 empregado pela Força Aérea dos EUA e pela CIA (Agência Central de Inteligência).

A divisão de desenvolvimento da Lockheed (chefiada por Clarence L. "Kelly" Johnson) desenhou o Blackbird (na época, chamado de A-12). Para cumprir com os requisitos desafiadores do avião, os engenheiros da Lockheed enfrentaram desafios técnicos aterrorizantes, muitos dos quais eram os primeiros deste tipo. Por exemplo, as propostas iniciais envolviam motores acionados por hidrogênio líquido, algo que mais tarde provou não ser prático por causa do alto consumo de combustível. O projeto foi, portanto, alterado para dois motores convencionais, ainda assim singulares, com turbinas de queimadores pós-combustão, que usam combustível especial de aeronave. Os motores tinham de operar em uma faixa de alta velocidade, desde a decolagem a 207 mph (milha por hora, 1 mph = 0,44704 m/s) a mais de 2.200 mph em altitudes mais altas.

A estrutura do avião foi construída quase que totalmente de ligas de titânio para suportar o aquecimento gerado pelo vôo Mach 3 contínuo. O projeto da estrutura foi otimizado para exibir o perfil de um radar baixo e revestido com uma tinta preta especial que absorve radares, o que também ajudou a dissipar o calor friccional intenso que resulta de vôos em velocidades extremas. Foi dada ao avião a aparência distinta de um "pássaro negro".

Do ponto de vista de novidade, o SR-71 estava apenas no nível médio de projetos de plataforma, isto porque ele substituiu a geração anterior, o U-2. Entretanto, dada a extensão da missão e as tecnologias que foram necessárias para alcançá-la, categorizamos o projeto, em retrospecto, como um projeto de super-alta-tecnologia (veja a Figura 5-3). Ele exigia o desenvolvimento de novas tecnologias que não existiam no início do projeto. Sem usar formalmente qualquer estrutura de classificação, Johnson administrou uma equipe dedicada de apenas 135 engenheiros, adotando basicamente o estilo gerencial de projetos de super-alta-tecnologia.

FIGURA 5-3

O projeto do SR-71 Blackbird

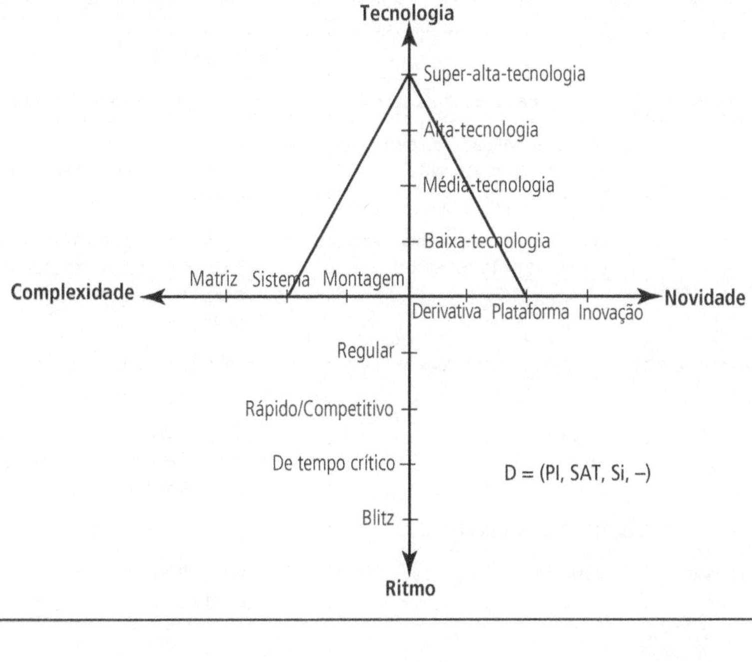

Essa estrutura ficou conhecida como "skunk works".[18] Trabalhando como uma operação auto-sustentável, com o mínimo de burocracia e alto nível de comunicação, a equipe iniciou e testou muitas idéias inovadoras e usou abordagens avançadas de engenharia para envolver os problemas típicos do ambiente severo de vôos em alta altitude e em alta velocidade. O grupo trabalhou arduamente nas revisões de custo, fez mudanças freqüentes e operou em cooperação contínua e próximo ao cliente. Mas, acima de tudo, o sucesso do projeto pode ser atribuído à maneira de Johnson gerenciar o projeto: sendo bastante flexível, convivendo com enormes ambigüidades por períodos extensos, congelando o plano bem mais tarde, após ter testado as tecnologias inexploradas, usando muitos protótipos e demonstrando uma sólida perícia e liderança técnica.

As Extremidades Inferior e Superior da Tecnologia

A incerteza tecnológica é talvez a dimensão que mais importa no planejamento, no desenho técnico, nos recursos e no risco. Nesta seção, discutiremos as diferenças entre as extremidades inferior e superior do espectro de tecnologia ao comparar os projetos de baixa e média-tecnologia aos projetos de alta e super-alta-tecnologia. (A Tabela 5-4 resume essas diferenças.)

TABELA 5-4

Projetos de baixa e média-tecnologia *versus* projetos de alta e super-alta-tecnologia

	TIPO DE PROJETO	
Questões gerenciais	**Baixa e média-tecnologia**	**Alta e super-alta-tecnologia**
Estilo gerencial	Abordagem rígida, sem disparates, "que faça o plano funcionar".	Flexível, pronto para aceitar muitas mudanças e tolerar longos períodos de incerteza.
Revisões do projeto	Formal, aprovação da alta gerência da conclusão da fase principal.	Revisões executivas formais mais revisões técnicas em pares com especialistas para avaliar o plano e proporcionar retorno profissional.
Economizar tempo sobrepondo as fases	Possíveis sobreposições de fases.	Sobreposição de fases não é recomendada.
Melhor tipo de contrato	Preço fixo.	Custos reembolsáveis; preço fixo é possível em um estágio mais avançado de desenvolvimento.
Abordagem no desenvolvimento	Desenvolvimento linear.	Desenvolvimento espiral.
Preocupações adicionais	Custo mais baixo, pontualidade.	Gerenciamento de riscos, elaboração de sistemas, gerenciamento da qualidade.

A grande diferença entre as extremidades inferior e superior do espectro da incerteza tecnológica é a abordagem gerencial que melhor se adéqua à situação. Na extremidade inferior (projetos de baixa e média-tecnologia) os gerentes terão mais sucesso se usarem uma abordagem rígida e que "persista no plano e faça-o funcionar".

As especificações são bem-conhecidas e são congeladas logo no início, e os gerentes não devem permitir mudanças que desviem o projeto da entrega em tempo oportuno. Em vez disso, eles devem focar nos esforços da equipe em completar o projeto o mais cedo possível e com o menor custo possível.

Na extremidade superior (projetos de alta e super-alta-tecnologia), a melhor abordagem é diferente. Nesses níveis de incerteza, os gerentes devem adotar uma atitude flexível, permitindo mudanças nas especificações e no plano do produto mais adiante no projeto. E eles devem estar prontos para conviver com um alto grau de incerteza por muito tempo.

As revisões de projetos na extremidade inferior são, em sua maioria, formais, quando os membros da equipe executiva (freqüentemente chamada de *comitê executivo de revisão*) revêem o progresso e desempenho do projeto e proporcionam decisões para seguir em frente para os próximos estágios. Na extremidade superior, revisões formais da alta gerência geralmente não são suficientes para detectar problemas de antemão e garantir a conclusão bem-sucedida do projeto. No primeiro nível, a maioria dos projetos está em situação melhor ao mobilizar a ajuda de especialistas profissionais que servem como um comitê de revisões em pares para examinar o progresso técnico do projeto, revisar o plano e proporcionar retorno profissional sobre problemas técnicos em aberto e riscos possíveis.

O gerenciamento, às vezes, tenta encurtar um projeto ao sobrepor suas fases – isto é: começar a próxima fase antes de concluir a fase atual. Essa prática (às vezes chamada de "compressão") talvez seja possível na extremidade inferior da incerteza tecnológica, mas normalmente não tem muito sucesso (ou é até mesmo impossível) na extremidade superior. O nível de incerteza e risco em projetos de alta e super-alta-tecnologia é tão alto que o risco associado à sobreposição não é aceitável. Normalmente, a fase seguinte depende muito dos resultados da fase atual, e a sobreposição pode resultar em muitas mudanças, fazendo com que essa prática não economize tempo nem dinheiro.

Outra questão principal é: qual tipo de contrato usar. Normalmente, o dilema está entre um compromisso contratual com preço fixo e alguma forma de contrato com custos reembolsáveis. Nos contratos com preço fixo, o contratado assume todos os riscos, mas também tem chances de obter lucros consideráveis. Descobrimos que um contrato com preço fixo funciona bem no nível mais baixo de incerteza tecnológica, mas é deficiente nos níveis mais altos, em que ele cria um risco inaceitável para ambos os lados. O contratado pode perder dinheiro por causa de dificuldades inesperadas no projeto, e o cliente poderá receber um produto inadequado quando este tenta ficar dentro da faixa de preço e construir uma solução que seja menos do que ótima. Nesse caso, ambos os lados encontram-se numa situação melhor com um contrato de custo reembolsável de incentivo, no qual o risco e as oportunidades são compartilhados por ambas as partes. O cliente assume o custo de desenvolvimento, evitando atalhos e soluções menos do que ótimas, e o contratado tem o incentivo de produzir os melhores resultados e ainda manter seus lucros.

Em alguns projetos, no entanto, a combinação dos dois métodos funciona. Nas fases iniciais de desenvolvimento é usado um contrato de custo reembolsável. Mais adiante, quando o nível de incerteza é reduzido, o contrato é substituído por um contrato de preço fixo.

Do ponto de vista de planejamento, a incerteza tecnológica é normalmente reduzida com o uso de fases nos planos, protótipos e testes. O projeto em fases assume duas formas típicas: uma é linear, no formato de fase após fase, e a outra é um modelo espiral ou de desenvolvimento ágil, que se tornou popular nos últimos anos. No modelo espiral, apenas os requisitos centrais são satisfeitos pelo primeiro protótipo do produto. Para permitir a melhoria rápida do produto, o projeto básico é modular, que suporta adições futuras e melhorias com cada ciclo.[19] O modelo do desenvolvimento espiral é composto de ciclos de projeto seqüenciais (definição, plano, construção, teste, definição, projeto e assim por diante) que constituem um formato parecido a um espiral de círculos que estão sempre se expandindo.

O modelo linear funciona melhor para os projetos de baixa e média-tecnologia, e o modelo espiral para projetos de alta e super-alta-tecnologia. O aumento da incerteza tecnológica requer períodos mais longos de plano, construção e teste antes que o projeto final possa ser congelado. Além disso, o alto risco envolvido em projetos de alta e super-alta-tecnologia requer o uso de vários métodos para reduzir seu impacto, tal como desenvolvimento em evolução, elaboração de sistemas ou gerenciamento de riscos.

Concluímos este capítulo com as histórias de dois dos mais importantes projetos tecnológicos de nossa era: a missão de aterrissagem do Apollo na Lua e o programa do ônibus espacial. Ambos representaram enormes desafios científicos e de engenharia, e ambos exigiam as capacidades mais avançadas de gerenciamento de projetos. Embora esses eventos tenham sido bem-documentados anteriormente, é intrigante examiná-los no contexto de nossa estrutura, uma vez que seus estilos gerenciais e resultados foram tão diferentes.

A Aterrissagem do Apollo na Lua: Um Triunfo da Ciência, Exploração e Gerenciamento

Ao iniciar o programa Apollo no início dos anos de 1960, o Presidente John F. Kennedy estabeleceu a meta de aterrissar o primeiro americano na Lua antes do final daquela década. Estava claro que este programa envolvia situações novas, desconhecidas e incomuns. Os engenheiros da NASA tiveram de enfrentar os perigos de radiação, assim como meteoritos, entre outras coisas. O ambiente da superfície lunar era, em grande parte, inexplorado, apresentando inúmeras ameaças potenciais, como a poeira lunar e as diferenças extremas de temperatura entre as áreas com sombra e com luz do sol. Naquela época, não havia tecnologia disponível para controlar tais diferenças ou para proteger os astronautas contra elas. Além disso, não havia um conceito claro sobre como lançar um módulo lunar no espaço; este poderia ser um orbitador da Terra, um orbitador da Lua ou uma combinação dos dois.[20]

O programa Apollo adotou uma abordagem singular de desenvolvimento e teste. No ambiente adverso ao risco da NASA, tudo foi testado e retestado, com vários mecanismos de segurança para ter certeza de que nada sairia errado. Por exemplo, a NASA lançou 10 vôos do Apollo antes da primeira tentativa de aterrissagem na Lua.

Em retrospecto, podemos categorizar o programa Apollo como um projeto de inovação, super-alta-tecnologia, matriz, rápido/competitivo (veja a Figura 5-4). A configuração final e o congelamento do plano foram consideravelmente atrasados até que todos os fatores desconhecidos

FIGURA 5-4

Programa Apollo

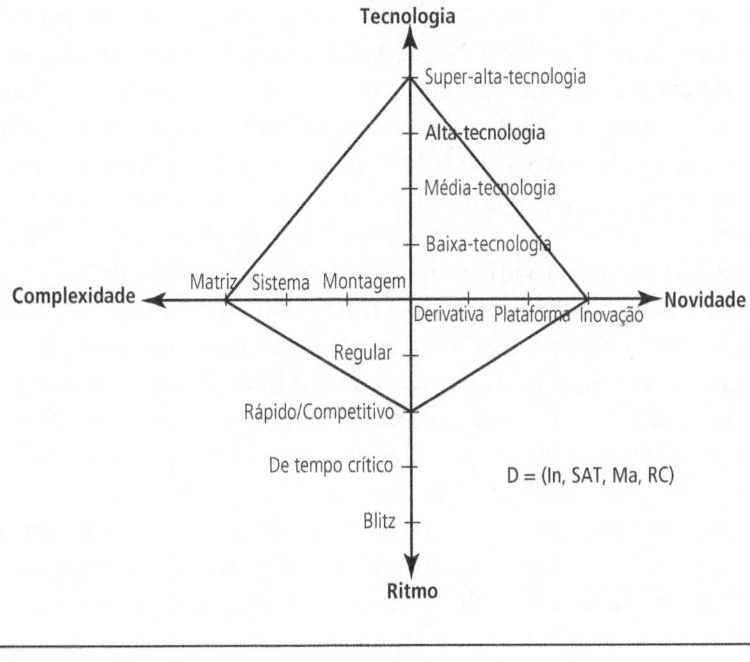

fossem resolvidos. A NASA havia usado o Gemini, que enviou dois astronautas em órbita, como um programa intermediário e um protótipo em menor escala. Este programa menos ambicioso ajudou a resolver muitos dos fatores desconhecidos e ajudou a organização a desenvolver e selecionar as novas tecnologias que seriam, mais tarde, integradas ao Apollo. A aterrissagem bem-sucedida do Apollo 11 na Lua em julho de 1969 simboliza uma vitória, não apenas na exploração de territórios espaciais desconhecidos, mas também do pioneirismo de tecnologias novas e de longo alcance.

Agora, compare o projeto do Apollo 11 com o programa do ônibus espacial:

O Programa do Ônibus Espacial: Uma História de Otimismo Extremo

A idéia do ônibus espacial era permitir que os seres humanos funcionassem em um ambiente extraterrestre usando o mesmo veículo em vôos repetidos. O programa foi inicialmente proposto em 1969, quando a nação ainda estava entusiasmada com o sucesso do Apollo, como uma extensão natural para a aterrissagem na Lua. A NASA propôs o ônibus espacial como um elemento em um sistema de transporte interplanetário que permitiria que os Estados Unidos aterrissassem uma tripulação em Marte nos anos de 1980. Nessa época, no entanto, o entusiasmo e a concorrência espacial que caracterizaram a era Apollo haviam evaporado, e as propostas iniciais de alto custo do Apollo receberam pouco suporte.

Os oficiais da NASA descobriram que sua maior esperança em ganhar apoio do congresso para o ônibus espacial na atmosfera de indiferença e ceticismo, era enfatizar seu custo-benefício – a saber, sua reutilização e seu custo baixo para desenvolvimento. A idéia era que essa inovação poderia ser quase inteiramente construída com produtos de última geração, em grande parte com peças facilmente encontradas ou que pudessem ser prontamente fabricadas. A projeção da NASA sobre o ônibus espacial era simplesmente a de um "avião adaptado para o espaço".[21] Por fim, o projeto para construir um ônibus espacial moderado, de baixo custo e reutilizável foi aprovado, e sua configuração final foi selecionada em1972.

Agora estava claro que a atitude inicial da NASA para com o projeto do ônibus espacial constituía do que poderíamos classificar como um projeto de plataforma, alta-tecnologia, sistema, rápido/competitivo.

Entretanto, a crença de que esse veículo espacial poderia ser construído rapidamente e quase que inteiramente com produtos de última geração, baseado em tecnologias existentes, acabou provando ser irreal. O problema em construir um veículo tão grande, que funcionasse eficazmente no espaço e na atmosfera, era muito difícil sob a atitude de otimismo, "voltada para o sucesso", adotada pela NASA.[22] Eventualmente o programa sofreu extremos excessos de custo, totalizando quase 3 anos de atrasos e 60% em custos inesperados, todos acumulados mesmo antes do trágico acidente do *Challenger* em 1986.

O desenvolvimento do ônibus espacial acabou sendo um dos desafios de engenharia mais difíceis (se não o mais difícil) e exasperante da era espacial. Os problemas de engenharia e projeto durante a fase de desenvolvimento foram enormes. Por exemplo, os motores principais, recém-desenvolvidos, falharam 14 vezes em menos de dois anos.[23] O famoso sistema de proteção térmica, que consistia de 30 mil azulejos colados à mão, provou ser uma adição instável na estrutura orbitadora, causando muitas quebras e inúmeros atrasos.[24] Se a agência tivesse construído um protótipo em menor escala e feito testes de tecnologia e de vôo logo no início, talvez ela tivesse escolhido soluções diferentes do que as que foram inicialmente selecionadas.

O acidente do *Challenger* em janeiro de 1986, no qual sete astronautas perderam a vida, chocou o mundo. Repentinamente, a agência que antes havia sido descrita como capaz de realizar o impossível teve de congelar os vôos espaciais por mais de dois anos e fazer uma auto-análise. A comissão presidencial que investigou o acidente (a comissão Rogers) concluiu que a falha foi o resultado do desenho defeituoso de uma junta indutora posterior, a qual era extremamente sensível a fatores como temperatura, dimensões físicas, propriedades dos materiais e os efeitos da reutilização.

O acidente do *Columbia* em 2003, em que outros sete astronautas perderam a vida, fez com que o público se lembrasse do risco e da incerteza de vôos espaciais. O Comitê de Investigação do Acidente com o Columbia (CAIB) identificou a causa técnica como fragmentos de espuma que acertaram a proteção térmica da asa esquerda. No entanto, o comitê também relatou as causas gerenciais e organizacionais em seu relatório sobre o acidente:

> *Freqüentemente, as investigações de acidentes culpam uma falha apenas na última etapa em um processo complexo, quando um entendimento mais abrangente do processo poderia revelar que etapas anteriores podem ser igualmente culpadas ou mesmo mais culpadas. Na opinião deste Comitê, a menos que as recomendações técnicas, organizacionais e culturais feitas neste relatório sejam implementadas, pouco terá sido feito para diminuir as chances de que outro acidente aconteça.*[25]

O CAIB proporcionou uma análise detalhada do histórico do programa e da tomada de decisões, freqüentemente citando os riscos e os compromissos que a NASA havia assumido no início para fazer com que o programa fosse aprovado. Ele também apontou para os anos de restrições de recursos, prioridades flutuantes, pressões no cronograma, caracterização errônea do ônibus espacial como operacional em vez de evolucional e falta de um consenso da visão nacional para vôos espaciais de humanos.[26]

Em retrospecto, baseado no risco inicial e na incerteza do programa, parece que desde a sua abertura o programa precisava de uma filosofia gerencial diferente. Neste contexto, um estilo de gerenciamento de projetos de inovação e super-alta-tecnologia provavelmente era mais apropriado do que o estilo de plataforma e alta-tecnologia que foi usado (veja a figura 5-5). Além disso, o aumento nas pressões para lançar o ônibus espacial estabeleceu o ritmo do projeto como rápido/competitivo, ao passo que um ritmo regular talvez tivesse tido uma melhor adequação ao alto nível de risco e incerteza.

É sempre melhor prevenir do que remediar. Precisamos lembrar o seguinte: quando o programa do ônibus espacial foi aprovado e seu orçamento estabelecido, a NASA estava sob pressão extrema

FIGURA 5-5

O programa do ônibus espacial

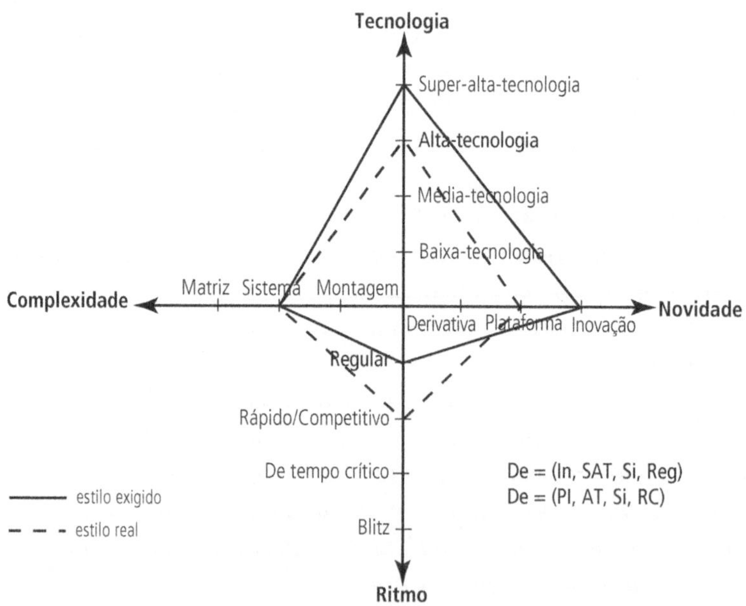

da administração para provar o custo-benefício do sistema e cortar consideravelmente os custos de desenvolvimento. Sob essas circunstâncias, ela abandonou seu bem-intencionado plano de construir um veículo de teste em menor escala para certificar-se de ter testado completamente toda a tecnologia antes de embarcar em um veículo em larga escala.[27] Talvez se a NASA tivesse apresentado à administração uma estrutura formal para a classificação das características de risco do programa ao longo de dimensões diferentes, ela teria conseguido mais bagagem para um aumento no orçamento e menos pressão de tempo.[28] Essa estrutura também teria sido útil para direcionar o debate interno entre engenheiros e gerenciamento para avaliar o risco do programa de antemão e garantir os mecanismos apropriados de segurança para gerenciar as incertezas do programa de maneira diferente.

Os dois programas espaciais rapidamente se tornarão história, mas suas lições ainda são frescas e relevantes. Abordar a incerteza tecnológica com a mentalidade correta e entender seus riscos de antemão são críticos para o sucesso em muitos programas atuais. Presumir que todos os projetos precisam do mesmo nível de atenção em relação à tecnologia, ou subestimar o verdadeiro risco, pode levar ao fracasso do projeto e, assim como com o ônibus espacial, mesmo a perda de vidas.

O próximo capítulo aborda outra dimensão crítica para distinção do projeto – complexidade. Quando os projetos tornam-se muito complexos – por exemplo, quando eles envolvem a construção de sistemas grandes – eles também envolvem um número grande de tecnologias. Para essa situação, algumas empresas, como a NASA e outras agências governamentais, recentemente adotaram uma estrutura chamada de nível de prontidão da tecnologia (NPT). De acordo com esta estrutura, cada tecnologia é avaliada com base em nove níveis de maturidade.[29] A combinação de nova tecnologia e alta complexidade faz com que o gerenciamento desses projetos seja um desafio singular, como veremos no próximo capítulo.

Pontos Principais e Itens de Ação

- Incerteza tecnológica é a extensão de nova tecnologia *versus* tecnologia madura usada em um projeto. Com base na incerteza tecnológica, existem quatro tipos de projetos: baixa-tecnologia, média-tecnologia, alta-tecnologia e super-alta-tecnologia. O nível de incerteza tecnológica é subjetivo e depende da experiência da empresa com tecnologia.

- A incerteza tecnológica afeta o sucesso esperado de um projeto. O uso de tecnologia mais alta poderá criar maior valor para o cliente e a empresa, mas também aumenta o risco de excessos em tempo e orçamento.
- A incerteza tecnológica afeta o gerenciamento de projetos em atividades técnicas como desenho, protótipo e teste. Quanto mais alto o nível de tecnologia, mais tarde se deve congelar o plano e mais ciclos de planejamento ele precisará. O nível de tecnologia mais alto também requer aumento na comunicação e interação, maior flexibilidade e a habilidade de conviver com períodos mais longos de incerteza.
- O uso de um nível mais alto de tecnologia exige que os gerentes de projeto e a equipe do projeto tenham habilidades técnicas, além de suas habilidades administrativas e gerenciais.
- Os projetos de super-alta-tecnologia são casos especiais que acarretam a construção de tecnologias inexistentes durante a atividade do projeto. Essa tarefa requer uma notável liderança técnica, períodos extensos de desenvolvimento e teste de novas tecnologias, o uso de protótipos em menor escala e muita flexibilidade.
- Os gerentes devem avaliar o nível de incerteza tecnológica nos principais projetos e devem alocar recursos e pessoas de acordo com os níveis de risco e de oportunidade dos projetos. Eles também precisam ser tolerantes e estar prontos para aceitar atrasos em projetos de alta e super-alta-tecnologia por causa dos níveis mais altos de risco.
- Os gerentes devem considerar o nível de incerteza tecnológica de um projeto durante as fases de planejamento e organização. Eles devem programar o congelamento do plano e o número de ciclos de planejamento baseados na incerteza tecnológica, assim como os recursos contingentes, as revisões técnicas em pares e a competência técnica da equipe.

CAPÍTULO

6

COMPLEXIDADE

IMAGINE-SE GERENCIANDO um projeto de reengenharia organizacional. O projeto envolve aprimorar os processos operacionais da organização e instalar novos softwares de tecnologia da informação (TI) para controlar esses processos, administrar o banco de dados e oferecer informações *on-line* para os gerentes e aqueles que tomam as decisões.

Embora essas tarefas pareçam fáceis, elas diferem muito dependendo da organização. Por exemplo, em um tipo de organização talvez você esteja lidando com o fluxo de trabalho de apenas um departamento, um grupo funcional ou um único processo dentro de uma unidade local (como o escritório da filial de um banco). Nesses casos, a atividade seria relativamente modesta; as pessoas se conhecem muito bem, os processos são simples e a TI envolvida é limitada.

Agora, suponhamos que seu projeto de reengenharia envolva toda uma empresa, com várias funções integradas como projeto, manufatura, marketing, vendas e distribuição. Este projeto seria maior, ou talvez mais complexo, do que o anterior. Neste caso, a coordenação seria muito mais crítica, e você precisaria empregar ferramentas formais, documentações extensas e softwares mais sofisticados.

Agora, suponhamos que sua tarefa seja gerenciar o projeto de reengenharia para uma grande corporação multinacional, espalhada pelo mundo. Esse seria um projeto enormemente complexo. A maioria das pessoas envolvidas não se conhece, e seus trabalhos teriam de ser coordenados de maneira coerente. Tal projeto teria de ser realizado de maneira altamente formal e burocrática, com muitos subprojetos dedicados às várias partes da empresa.

A diferença entre esses três projetos é o seu grau de complexidade. Neste capítulo discutiremos essas diferenças e exploraremos a dimensão *C* – complexidade – de nosso modelo NTCR. Como foi visto, assim como um tamanho não serve para todos, níveis diferentes de complexidade do projeto requerem estilos diferentes de gerenciamento de projetos – e a aplicação do estilo errado poderá levar ao fracasso do projeto. Essa situação foi ilustrada no Capítulo 3 com o projeto do FCS, que tratou um sistema complexo usando um estilo gerencial que melhor se adequava a um subsistema. Este capítulo também conceitualiza a noção de complexidade e descreve em detalhes seu impacto no gerenciamento de projetos.

Embora a complexidade do projeto dependa, em grande parte, da complexidade do produto (ou resultado) do projeto, observe que este capítulo concentra-se na complexidade do *projeto*, não do produto. Observe, também, que embora as pessoas tenham a tendência de confundir complexidade com incerteza, esses conceitos não são os mesmos. É possível encontrar projetos altamente complexos com níveis baixos de incerteza, e vice-versa.

Qual, então, é a melhor maneira de definir e distinguir entre os níveis de complexidade do projeto? Uma opção pode ser o tamanho do projeto (medido, por exemplo, em termos de orçamento, pessoas etc.). Mas tamanho apenas não é o suficiente. Um projeto muito grande e caro em um setor – por exemplo, construção – pode ser menos complexo do que um projeto em outro setor, tal como biotecnologia. A complexidade também depende, entre outras coisas, dos vários elementos que compõem um projeto – seus números, suas variedades e as interconexões entre eles.

A idéia é encontrar uma maneira simples e universal de conceitualizar complexidade em uma estrutura livre de contextos, independentemente do setor ou da tecnologia envolvida. Para tratar desse problema, escolhemos diferenciar entre o resultado do projeto (o produto) como um todo e o produto em suas partes; usamos uma hierarquia de sistemas e subsistemas como um meio natural de distinguir entre as várias complexidades do projeto.[1]

Como a Complexidade do Produto Afeta a Complexidade do Projeto

Cada projeto tem um produto, o qual pode ser formado por componentes, sistemas e subsistemas.[2] Por exemplo, os principais subsistemas de um sistema de computador são: o teclado, o processador, a memória interna, a fonte de energia e o monitor. Os componentes do teclado são: a caixa, as teclas, os conectores e outras peças eletrônicas.[3] Entretanto, precisamos enfatizar que os produtos dos projetos nem sempre são artefatos, ou pedaços de hardware. Os produtos do projeto de reengenharia mencionado anteriormente são novos processos e novos softwares para suportar esses processos. Os resultados do projeto, portanto, podem ser tangíveis ou intangíveis, podem consistir de hardware ou software e podem incluir serviços, campanhas de marketing, campanhas políticas ou novas organizações. A Tabela 6-1 apresenta a hierarquia dos seis níveis de complexidade do *produto*. No entanto, como será visto em breve, os tipos de complexidade do *projeto* consistem de apenas três níveis.

TABELA 6-1

Níveis de complexidade do produto

Nível de complexidade do produto	Definição	Exemplos (hardware, software, organizações)
Material	Substância física, matéria.	Silicone, plástico, tecido.
Componente	Um elemento fundamental de um subsistema que nunca funciona sozinho.	Lâmpadas, maletas, mancais, componentes eletrônicos, linhas de códigos de software.
Subsistema e montagem	Uma coleção de componentes e módulos combinados em uma unidade e desempenhando uma única função de uma escala limitada.	Fornecimento de energia, transmissão de carros, televisores, aplicação do editor de texto, um departamento organizacional.
Sistema	Uma coleção completa de unidades, subsistemas e montagens desempenhando várias funções.	Radares, link para comunicações, sistemas de HVAC, pacote de software para escritório, linha de manufatura.
Plataforma de sistemas	Uma única estrutura usada como base para outros sistemas instalados que estão servindo à missão da plataforma.	Aeronaves, prédios, barcos, sistema ERP, sistema operacional de computadores, plantas de manufatura, uma divisão em uma corporação.
Matriz ou sistema de sistemas	Uma coleção ampla e espalhada ou rede de sistemas funcionando juntos para alcançar uma missão comum.	Controle nacional de tráfego aéreo, rodovias interestaduais, uma cidade, a internet, uma grande corporação multinacional.

Produtos de níveis diferentes de complexidade têm implicações técnicas e gerenciais diferentes para os projetos que os criam. Como tem mostrado a teoria organizacional, a complexidade dos produtos poderá levar às descrições de tipologias diferentes em termos de variáveis organizacionais e estruturais.[4]

Como mencionado, usamos o nível de complexidade do produto para definir a hierarquia de complexidade do projeto. No entanto, como descobrimos, vários níveis de complexidade do produto são gerenciados de maneiras similares, e, assim sendo, a complexidade do projeto mostra menos variabilidade do que a complexidade do produto. Essa descoberta nos levou a concluir que os seis níveis de complexidade do produto podem ser abordados por três níveis típicos de complexidade do projeto.[5] Intitulamos assim estes três níveis de complexidade: (1) projetos de montagem, (2) projetos de sistemas e (3) projetos de matriz. Para sermos mais específicos, descobrimos que os projetos que lidam com materiais ou componentes são bastante similares, por natureza, aos projetos que lidam com montagens, e os de sistemas são construídos de maneira similar para plataformas de sistemas (veja a Tabela 6-2).

TABELA 6-2

Os três níveis de complexidade do projeto

Complexidade do projeto	Complexidade do produto	Exemplos de projetos
Montagem	Materiais, componentes, subsistemas, conjuntos.	Desenvolvimento de um PDA, de Post-its, de um projeto com um único serviço.
Sistema	Sistema, plataforma de sistemas.	Desenvolvimento de mísseis, desenvolvimento de novos computadores, novo modelo de automóvel, construção de um único prédio, reestruturação de uma instalação de produção.
Matriz	Matriz, sistema de sistemas.	Eurotunel, sistema nacional de mísseis de defesa, construção de um novo bairro, rede nacional de celulares.

Os Três Tipos de Complexidade do Projeto

A principal distinção entre os três tipos de projetos tem a ver com o modo como eles são organizados. O aumento na complexidade do projeto implica em uma organização mais complexa, aumento na interação entre suas partes e aumento na formalidade em gerenciar o projeto.

Projetos de Montagem

Projetos de montagem lidam com um único componente ou dispositivo ou com um conjunto completo. Um produto de montagem desempenha uma função bem-definida dentro de um sistema maior (como a transmissão de um carro) ou é um produto independente e auto-suficiente que desempenha uma única função por conta própria (como um projetor LCD). Assim sendo, o desenvolvimento de um receptor de radar, um novo modelo de VCR ou o disco rígido de um computador são exemplos de projetos de montagem. Similarmente, o plano e o teste de um novo serviço, como o processamento de um empréstimo hipotecário, é também um projeto de montagem.

Um projeto de montagem geralmente é realizado dentro de uma unidade funcional por uma equipe pequena que trabalha em um local, com intensa comunicação entre os membros. Os membros da equipe geralmente se conhecem bem e se comunicam diariamente, com pouca formalidade e documentação.

Projetos de Sistemas

Projetos de sistemas lidam com sistemas como computadores, mísseis ou equipamentos para comunicação. Entretanto, eles também lidam com o próximo nível de complexidade do produto: plataformas inteiras, como aeronaves, barcos, automóveis, prédios ou a criação ou melhoria de uma unidade comercial completa. Tais projetos também criam produtos grandes e intangíveis, como os complexos aplicativos de software ou a reorganização de uma unidade comercial que inclui muitos grupos funcionais.

Pelo fato de os projetos de sistemas serem mais complexos do que os projetos de montagem, eles acarretam a criação não apenas do produto em si, mas também do suprimento colateral de meios e instalações de treinamento, equipamentos de teste, ferramentas de manutenção, suporte logístico, peças sobressalentes e muita documentação. No capítulo anterior mencionamos exemplos de projetos de sistemas, como a criação do *Toy Story* nos anos de 1990 e o desenvolvimento do avião de reconhecimento SR-71 Blackbird nos anos de 1960.[6]

Os projetos de sistemas são raramente realizados dentro de uma única organização. Eles requerem um escritório central para projetos (ou programas) que coordena as atividades de vários subgrupos e subcontratados, com um alto nível de formalidade e burocracia. O escritório central é responsável, no mínimo, por definir os requisitos dos clientes, do produto, o projeto do sistema, a engenharia dos sistemas e a integração do sistema e teste.

Projetos de Matriz

Um *projeto de matriz* lida com uma coleção dispersa de sistemas que funcionam juntos para alcançar um propósito comum, às vezes chamado de "sistema de sistemas". Os projetos de matriz nunca são realizados em um único local (isto é, em um prédio); em vez disso, eles são espalhados por uma ampla área geográfica e tipicamente consistem de uma variedade de subprojetos de sistema. Os projetos de matriz são grandes em escala, e na maioria dos casos eles são construídos de forma evolucionária, na qual os sistemas adicionais são gradualmente anexados.

Os projetos neste nível geralmente lidam com a modificação, melhoria ou adição de componentes a um projeto de matriz existente, em vez de construir um projeto de matriz desde o começo. Um exemplo bem-conhecido de um projeto de matriz é o programa da Autoridade de Transporte da Cidade de Nova York de modernizar a infra-estrutura do sistema de metrô da cidade no início dos anos de 1990. Esse programa consistia de mais de 350 atividades separadas, incluindo a construção e a reforma de trilhos, estações e pontes.[7] Similarmente, o projeto do túnel do Canal da Mancha foi um projeto de matriz conectando dois países, com inúmeros sistemas, como estações, trilhos, três túneis e assim por diante.[8]

Projetos de matriz (geralmente chamados de "programas") são tipicamente estruturados sob uma organização superior que lida principalmente com as questões financeiras, logísticas e legais e é responsável pela contratação e pelo controle dos escritórios de projetos de sistemas que compõem um projeto de matriz.

O caso seguinte ilustra um projeto em seu nível mais alto de complexidade. É a história da Ford Motor Company, que começou, em meados dos anos de 1990, seu programa de reestruturação e reengenharia – Ford 2000. O projeto transpôs dois continentes, vários projetos, desenvolvimento e centros de engenharia, e instalações de distribuição e marketing ao redor do mundo, sendo, assim, qualificado como um projeto de matriz.[9]

O Projeto Ford 2000

Em 1994, embora as vendas tenham chegado a $128 bilhões e os lucros estavam acima de 110% em comparação a 1993, os executivos da Ford estavam preocupados com os futuros problemas com o desenvolvimento do produto e a produtividade. A empresa simplesmente não conseguia desenhar e construir novos carros e caminhões tão rapidamente quanto a concorrência.

Preocupados com sua habilidade em competir no século 21, a Ford lançou um esforço audaz de reestruturação elaborado para mudar o processo comercial da empresa e a estrutura organizacional. A visão da Ford 2000 era transformar a empresa de sua mentalidade de operação regional para uma mentalidade de corporação global com processos e sistemas ao redor do mundo de desenvolvimento do produto, manufatura, suprimento e vendas. Os executivos também acreditavam que essas atividades seriam baseadas no uso de alta-tecnologia e gestão avançada de dados e sistemas de comunicação.[10]

A atividade de reestruturação da Ford 2000 foi iniciada sem a ameaça de recessão ou especulação corporativa, e sem demissões em massa, desapossamentos ou disrupções forçadas.[11] Aqui estão algumas das atividades e mudanças que a Ford implementou:

- Três operações separadas em dois continentes foram combinadas em uma única unidade de operação.
- A empresa estabeleceu cinco Centros de Programas de Veículos, cada um deles com responsabilidade mundial pelo projeto, desenvolvimento e engenharia dos veículos atribuídos a eles.
- O quadro de executivos (colarinho branco) da Ford, que totalizava aproximadamente 80 mil, foi reagrupado pela metade, tendo metade de caixas em seu organograma.
- A empresa envolveu centenas de funcionários no processo. O princípio era simples: "Envolver as pessoas que terão de conviver com a mudança, para fazer com que ela aconteça".

- A Ford publicou semanalmente um boletim, enviado via fax, operou um quadro de avisos eletrônico, transmitiu um show de TV local semanalmente e convocou reuniões com a presença de milhares de funcionários para mantê-los atualizados sobre os desenvolvimentos.

Esse esforço, que ilustra muito bem o aspecto de complexidade de nosso modelo (veja a Figura 6-1), teve suas recompensas, pelo menos em termos de produtividade. A produtividade da empresa em 1998 foi a melhor entre as três grandes corporações automobilísticas nos EUA. A Ford exigia uma média de 22,85 horas de mão-de-obra por veículo, o que era virtualmente um empate com as 21,3 horas da Toyota, mas muito melhor do que as 30,32 horas da GM e 32,15 horas da Chrysler, e a Ford deu um salto sobre seus rivais americanos em lucratividade por carro.

O Impacto da Complexidade no Gerenciamento de Projetos

O processo gerencial típico na execução do projeto envolve as atividades de planejamento, programação, orçamento, contratação, organização, contratação de pessoal e controle, assim como o agrupamento e o compartilhamento de infor-

FIGURA 6-1

O projeto Ford 2000

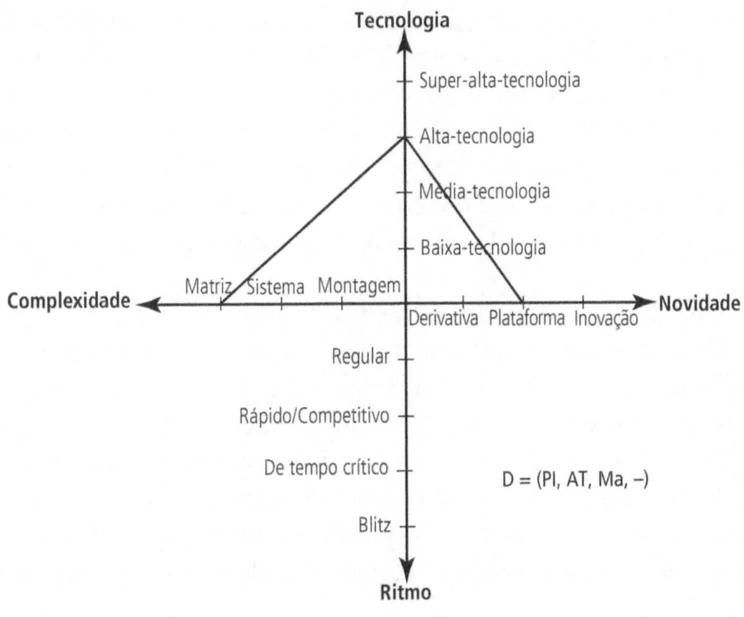

mações, tomada de decisões, negociações e outras atividades de coordenação.[13] Como vocês devem se lembrar no gerenciamento de projetos clássico, o planejamento do projeto geralmente começa com a decomposição de suas tarefas em uma estrutura analítica do projeto (WBS) em formato de árvore.[14] A WBS serve como a ferramenta básica para integrar as partes separadas do projeto em um sistema operacional, estabelecendo o cronograma e controlando seu progresso durante todo o seu ciclo de vida.

O nível de complexidade do projeto afeta as atividades associadas ao planejamento do projeto: contratação do projeto, execução e controle, e documentação. À medida que a complexidade aumenta, de montagem para sistema e depois para matriz, muitas coisas mudam em um projeto. Além dos tipos diferentes de organizações, projetos de complexidades diferentes envolvem tipos diferentes de clientes, contratos, técnicas de planejamento e controle, documentação e foco administrativo. Discutiremos essas mudanças nas seções seguintes.

Estruturas Organizacionais Típicas

A maior diferença entre projetos ao longo da dimensão de complexidade está relacionada à estrutura organizacional, à formalidade dos processos e à maneira pela qual as atividades do projeto são coordenadas e integradas. Na extremidade inferior, projetos de montagem são realizados dentro de uma organização e muitas vezes em um grupo funcional, tendo, contudo, ajuda de outras funções técnicas.

No nível de projetos de sistemas, eles normalmente têm um contratado principal que é responsável pela entrega do produto final. A principal atividade é dividida entre vários subcontratados, tanto internos quanto externos. O principal contratado é encarregado da integração final do produto e por cumprir com as metas de desempenho, qualidade, tempo e orçamento. O trabalho geralmente é liderado por um escritório de gerenciamento do programa, interagindo com vários departamentos funcionais em várias áreas profissionais e lidando com as organizações de fora, por meio de contratos separados. Além disso, um representante do cliente está geralmente no local do projeto, em tempo integral ou meio período.

Os projetos de matriz são organizados diferentemente dos projetos em outros níveis. Gerenciar um projeto de matriz requer o gerenciamento de muitos projetos separados, cada um deles dedicado a um segmento ou sistema. Ele é, portanto, estruturado como uma organização central, a qual é geralmente estabelecida como uma entidade ou empresa e formalmente coordena as atividades de todos os outros subprojetos. Dado o desenvolvimento evolucionário de muitas matrizes, a organização do projeto de matriz normalmente é estabelecida como um programa contínuo, ao qual mais segmentos são continuamente adicionados.

Grau de Formalidade e Burocracia

A segunda maior diferença ao longo da dimensão de complexidade é o grau de formalidade do projeto e a ênfase gerencial. A formalidade tem a tendência de aumentar com a complexidade. Os projetos de montagem são normalmente categorizados por uma atmosfera informal, semelhante a uma família, e bastante técnica. As pessoas se conhecem muito bem e geralmente não se importam em lidar com documentações formais ou planejamentos detalhados. Algumas documentações formais são impostas à equipe do projeto pela alta gerência ou pelo cliente. Em muitos casos, o planejamento é feito manualmente, e há pouca burocracia. Os gerentes de projetos dos projetos de montagem focam nas questões de custo, qualidade e entrega de seu produto para o cliente ou para a manufatura.

No nível de sistemas, o estilo é mais rígido e formal. Porque os projetos de sistemas requerem a integração do produto final, o gerenciamento do projeto deve se preocupar com uma mistura de questões técnicas e administrativas. Os gerentes dos projetos de sistemas têm a tendência de "burocratizar" seus projetos e adaptar ferramentas para administrar, controlar e coordenar.

Geralmente, podemos encontrar pelo menos dez tipos de documentos formais relacionados aos vários aspectos técnicos e gerenciais do projeto. Um exemplo notável é o relatório de *valor agregado*. Esse documento expressa a situação do orçamento gasto e o trabalho real alcançado em termos de números financeiros. Também podemos encontrar o relatório de *preço de conclusão*, que continuamente avalia o custo caso o cliente decida terminar o projeto, e um documento sobre o *nível de esforço*, que classifica todas as atividades que diretamente afetam a probabilidade de sucesso e evitam a perda de tempo em atividades menos importantes. Além do foco no custo e na qualidade nos projetos de montagem, os projetos de sistemas enfrentam o desafio de definir, desenhar e integrar um sistema. Essa é uma tarefa especialmente difícil, e voltaremos a esta questão mais adiante no capítulo.

No nível mais alto de projetos de matriz, a formalidade é maximizada. A natureza dispersa do produto final e a extensão de subcontratações tornam necessário gerenciar esses programas de maneira formal e colocar muito empenho nos aspectos legais dos vários contratos. Tais projetos, contudo, envolvem muito menos do que um problema de integração. O gerenciamento de projetos é, portanto, ocupado principalmente com questões financeiras, de controle e legais, e as questões técnicas são deixadas para os gerentes de subprojetos. As ferramentas comuns para planejar e controlar projetos parecem menos relevantes, e o gerenciamento de cada projeto geralmente precisa desenvolver seu próprio sistema de coordenação do contrato e controle do programa.[15] As ferramentas habituais de gerenciamento de projetos (como WBS, PERT ou diagrama de Gantt) são úteis apenas até certo ponto. Conseqüentemente, o gerente do projeto e a equipe precisam desenvolver um sistema totalmente novo para planejamento, controle, relatório e gerenciamento da configuração.

Tais programas não podem usar os padrões típicos da indústria, como os padrões do Departamento de Defesa (DoD). Por causa de seu tamanho e complexidade, cada programa precisa desenvolver seus próprios padrões e políticas para direcionar seus contratantes de sistemas.

Os líderes dos projetos de matriz também precisam estar cientes do impacto social e ambiental de seus projetos e precisam considerar as opiniões daqueles que tomam as decisões políticas. Nenhum projeto de matriz consegue sobreviver se perder seu apoio político.

Vamos agora examinar o projeto do túnel do Canal da Mancha ou Eurotunel (ou como é geralmente conhecido, "Chunnel"), que mostra a importância de se avaliar corretamente o nível de complexidade de um projeto.

O Projeto Chunnel

O túnel do Canal, que liga a Grã-Bretanha ao continente europeu, era um sonho que datava desde a época de Napoleão.[16] Em 1985, o "Convite para os Promotores", emitido pelos governos inglês e francês, pedia uma ligação que durasse 120 anos, fosse resistente a ataques terroristas e fosse intransponível ou fatal para animais selvagens.

As primeiras idéias, desde a primeira proposta em 1802 até a iniciativa nos anos de 1970, haviam sido derrubadas pela fragilidade das lacunas políticas de oportunidades ou por períodos de baixa economia. Os promotores do novo Chunnel nos anos de 1980 estavam cientes dessas vulnerabilidades e por sete anos planejaram o projeto e a construção. Contudo, a maioria dos engenheiros achava que um projeto dessa magnitude precisaria de 14 anos para um projeto e construção apropriados. O projeto Chunnel consistia da construção de três túneis, cada um deles tendo 50 quilômetros de comprimento: um túnel ferroviário principal em cada direção, e um túnel de serviço pequeno entre eles.

O projeto exigia um tratado entre a Grã-Bretanha e a França, o qual foi assinado pelos líderes dos dois países em 1987 e autorizava que uma Comissão Intergovernamental e uma Autoridade em Segurança supervisionassem o projeto. A Eurotunnel Company foi estabelecida como a proprietária/operadora do empreendimento, e a Transmanche Link, um consórcio de dez empresas de construção francesas e britânicas, foi formado como contratado.

Além da complexidade da construção de um túnel dessa magnitude, a Eurotunnel tinha de lidar, logo de imediato, com a criação de uma organização funcional, construir uma empresa, negociar um contrato de muitos bilhões de libras e arrecadar dinheiro suficiente para pagar pelo enorme projeto. O projeto encontrou complexidades que teriam encerrado a maioria dos outros projetos. Essas envolviam diferenças culturais, complicações políticas e financeiras, conflito de interesses, falta de liderança no nível mais alto, um contrato pobremente redigido e questões de saúde e segurança conflitantes.

O governo britânico exigia que o projeto fosse financiado inteiramente pelo setor privado. O financiamento privado arrecadou cerca de £ 1 bilhão, e um consórcio mundial de bancos basicamente emprestou £ 5 bilhões para o projeto. Entretanto, aqueles que emprestaram o dinheiro eram também acionistas, e isso provou ser um obstáculo para os bancos internacionais encarregados da revisão do contrato.

As duas empresas novas tinham prioridades diferentes. A Eurotunnel achava que o túnel deveria refletir uma tecnologia de última geração. Com um contrato pobremente redigido, que permitia interpretações diferentes, a Eurotunnel introduziu várias mudanças no escopo e no projeto que afetaram muito os custos. O contratado, Transmanche Link, por outro lado, achava que seu papel era simplesmente fornecer um túnel que cumprisse as demandas do contrato. Os desacordos entre essas duas organizações sobre o escopo aumentaram durante a vida do projeto.

As empresas de construção perderam mais de $ 1 bilhão durante o projeto, e uma perda adicional de $ 3,2 bilhões foi acumulada durante os três primeiros anos de operação. A Eurotunnel por pouco escapou da bancarrota em 1997, quando seus bancos credores finalmente concordaram em reestruturar $14,8 bilhões em dívidas e aceitaram 45% do patrimônio da Eurotunnel.

O Chunnel é um exemplo típico de um projeto de plataforma e matriz. No entanto, embora seus construtores estivessem cientes de seus aspectos políticos, eles subestimaram sua complexidade, tratando-o primariamente como um projeto de sistemas (veja a Figura 6-2). O túnel era uma proposta de tudo ou nada. Nenhuma parte do projeto podia operar até que todas as fases fossem completadas. A maioria dos problemas encontrados durante sua execução era resultado de seu escopo enorme e da distribuição geográfica, de dois governos com necessidades conflitantes, duas culturas diferentes e um consórcio complexo de empresas vindas de países diferentes. Em termos de tecnologia, podemos classificá-lo como um projeto de alta-tecnologia, isso porque a incerteza e os equipamentos envolvidos na escavação de tal túnel fizeram com que ele fosse mais arriscado do que um projeto de construção regular.

Em retrospecto, se a complexidade do projeto tivesse sido avaliada corretamente, as coisas poderiam ter sido mais fáceis. Uma política de licitação detalhada, redigida por um corpo central com maior autoridade, poderia ter evitado as dificuldades culturais e de coordenação.

Mesmo assim, apesar de todos os seus problemas de construção, o Chunnel é operacional e continuará transportando pessoas e produtos por muitos anos. No fim das contas, ele poderá até mesmo trazer valor econômico para aqueles que tiveram a visão e os meios para construir esse projeto fenomenal.

Como mostra o projeto do Chunnel, a necessidade de se avaliar adequadamente a complexidade de um projeto não pode ser subestimada. Os projetos de matriz são os mais complicados de todos. Tratar um projeto de matriz como um projeto de sistemas poderá resultar em atrasos desnecessários, coordenação medíocre e conflito entre os participantes.

Entretanto, julgamentos errados similares também poderão ser feitos nos níveis mais baixos de complexidade. Como mencionado no Capítulo 3, o projeto do FCS tinha todos os ingredientes de um projeto de sistemas, mas foi tratado como um projeto de montagem. Os gerentes do projeto subestimaram a com-

FIGURA 6-2

O projeto do Chunnel

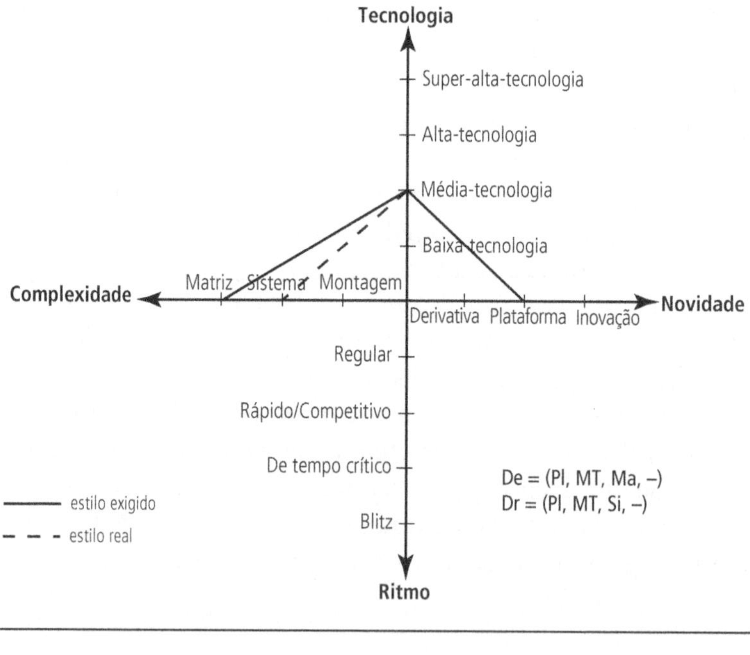

plexidade do projeto de sistemas, e isso exigiu um período extenso de integração do sistema e um processo de projeto de engenharia de sistemas apropriado. Em contraste, o projeto do *Toy Story*, descrito no Capítulo 4, demonstrou uma atenção cuidadosa à complexidade do projeto e uma integração de sucesso de duas empresas que tinham culturas e especialidades diferentes.

Resumindo o Impacto da Complexidade

A Tabela 6-3 resume as principais diferenças que são encontradas nos três níveis de complexidade do projeto, incluindo os riscos possíveis em cada nível. O Anexo 6A inclui uma coletânea de resultados de estudos empíricos relacionados à complexidade do projeto. O Anexo 6B resume o impacto da complexidade nas áreas do PMBOK no gerenciamento de projetos tradicional. (Os Anexos 6A e 6B estão disponíveis em *www.mbooks.com.br*, no link referente a este livro.)

O Elo Mais Fraco: Projetos de Sistemas

A maioria dos projetos empreendidos pelas organizações são projetos de montagens pequenos. Em contraste, os projetos de matriz são raros e onerosos, e eles exigem compromissos a longo prazo. Muitos são principiados pelos governos após longos períodos de iniciação, planejamento e conceitualização. Os exemplos famosos recentes incluem a Estação Espacial Internacional, a Iniciativa Estratégica de Defesa (SDI) e a reconstrução de Kuwait depois da Guerra do Golfo.[17]

Os projetos de sistemas, por outro lado, geralmente parecem ficar perdidos no meio. Eles são os menos entendidos e geralmente causam as maiores dificuldades. Esta seção dedica uma discussão especial sobre esses projetos.

Dificuldades Típicas dos Projetos de Sistemas

Os projetos de sistemas criam ou modificam sistemas e plataformas de sistemas. O resultado final é um sistema integrado, que tem várias funções e opera sob uma ampla variedade de condições e ambientes. Os projetos de sistemas tipicamente têm muita coisa em comum.[18]

Primeiro, os projetos de sistemas lidam com uma coletânea complexa de funções sob uma variedade de ambientes. Eles incluem uma coleção completa de subsistemas e montagens. Esses subsistemas trabalham em conjunto, com um alto grau de interação e influência entre eles. Além disso, muitos desses subsistemas são bastante diferentes uns dos outros; eles envolvem tecnologias diferentes e exigem habilidades diferentes, métodos diferentes de projeto e construção, e considerações diferentes de custo e de qualidade. E muitos desses subsistemas são construídos por outros, alguma vezes organizações remotas, por meio de contratações complexas e compromissos comerciais.

TABELA 6-3

Características do projeto de acordo com a complexidade do projeto

	NÍVEL DE COMPLEXIDADE DO PROJETO		
Características	**De Montagem**	**De Sistemas**	**De Matriz**
Clientes	Consumidores ou o principal contratado de um projeto maior.	Consumidores, indústria, público, governo ou agências militares.	Organizações públicas, governos e agências de defesa.
Forma de compra e entrega	Compra direta ou um simples contrato; contrato finaliza após a entrega do produto.	Contrato complexo; pagamentos feitos por marcos; a entrega inclui suporte logístico.	Vários contratos; entrega evolucionária à medida que vários segmentos são completados e pagos.
Organização do projeto	Realizado em uma organização, geralmente sob um único grupo funcional; quase nenhum funcionário da administração na organização do projeto.	Um contratado principal, geralmente organizado no formato de matriz ou projeto puro; muitos subcontratados internos e externos; vários funcionários técnicos e administrativos.	Uma organização central, geralmente um escritório para o programa para coordenar os subprojetos; muitos peritos: administrativos, financeiros, legais, RP etc.
Planejamento	Ferramentas simples, geralmente usadas manualmente; raramente mais do que 100 atividades na rede.	Planejamento complexo; ferramentas computadorizadas avançadas e pacotes de software para planejamento; centenas ou milhares de atividades.	Um plano mestre central com planos separados para os subprojetos; ferramentas computadorizadas avançadas; o programa total pode incluir até 10 mil atividades.

Controle e relatório	Simples, informal, controle interno; reportar à gerência ou ao contratado principal.	Controle rigoroso e formal das questões técnicas, financeiras e de cronograma; revisões com os clientes e a gerência.	Controle mestre ou central pelo escritório do programa; controle adicional separado para os subprojetos pelo contratado; muitos relatórios e reuniões com os contratados.
Documentação	Documentos simples e principalmente técnicos.	Muitos documentos gerenciais e técnicos formais.	Principalmente documentos gerenciais e legais no nível de escritório do programa; documentos técnicos e gerenciais no nível mais baixo.
Estilo gerencial, atitude e foco	Estilo principalmente informal; atmosfera familiar; foco típico no custo, qualidade, entrega e manufatura (quando relevante).	Estilo formal e burocrático; alguns relacionamentos informais com os subcontratados e clientes; às vezes, lida com questões políticas e inter-organizacionais; maior foco necessário nas especificações do sistema, projeto do sistema e integração do sistema.	Burocracia formal e rigorosa; alta percepção de questões políticas, ambientais, legais e sociais; forte foco necessário na coordenação da política do programa e naqueles que tomam as decisões políticas.
Políticas, padrões e diretrizes	Tipicamente não são usados políticas ou padrões específicos.	Os padrões do setor ou corporativos são seguidos.	O programa deve desenvolver seus próprios padrões e políticas; não existem padrões comuns da indústria para programas desta magnitude.
Possíveis riscos	Baixo risco de não se cumprir com as especificações.	Risco médio a alto; o risco envolve dificuldade na integração de todos os subsistemas como um sistema ótimo em funcionamento; dificuldade com configurações complexas e influências mútuas entre os subsistemas, ou risco para recuperar o investimento.	Risco mais alto; o risco envolve a fraca coordenação entre os sistemas que compõem o projeto de matriz e fracasso em cumprir sua missão; falta de sintonia com o clima político, ambiental ou econômico, ou gastos extensos de recursos em caso de excessos de custo.

Segundo, subsistemas geralmente interferem entre si e competem pelos recursos do sistema. Em sistemas físicos, a negociação está relacionada a espaço, energia elétrica, memória do computador ou freqüência de uso. Em sistemas de serviço, a negociação está relacionada à atenção gerencial, aos recursos de TI ou mesmo ao espaço no escritório. Uma mudança em um subsistema poderá ter um impacto significativo em outros subsistemas e no sistema como um todo, e poderá desequilibrar todo o sistema.

Terceiro, a operação de projetos de sistemas é uma atividade complexa. Ela requer pessoas especificamente treinadas, manutenção, consertos, atualizações, documentação e suporte do contratado. E raramente os clientes de sistemas compram apenas o sistema. Eles se preocupam com todo o ciclo de vida do sistema: a facilidade de fazê-lo funcionar, a necessidade de treinar operadores e pessoal de serviços, e o custo da operação; assim como a utilidade, a confiabilidade e a sustentabilidade do sistema.

Desse modo, muitos projetos de sistemas sofrem dificuldades similares (fatores de fracasso) que podem por em risco o sucesso do projeto.[19] Por exemplo, gerentes de iniciativas de sistemas geralmente têm muita dificuldade em identificar as necessidades dos verdadeiros usuários e traduzi-las em requisitos do sistema. Geralmente é difícil prever o sistema final, sua funcionalidade complexa e seu risco esperado. Como resultado, as capacidades do sistema final são geralmente menores que o prometido e esperado; manutenção e suporte são complexos e passíveis de erros; e os níveis de confiabilidade, sustentabilidade e utilidade do sistema final são mais baixos do que o esperado. E mesmo em sistemas bem-sucedidos, geralmente é difícil identificar medidas adequadas de desempenho ou determinar o verdadeiro custo do ciclo de vida do sistema e a eficácia operacional.

Assim, o gerenciamento de projetos de sistemas bem-sucedidos é um sério desafio. Os líderes do projeto não apenas enfrentam a falta de comunicação entre gerentes, desenhistas e clientes, mas também dependem muito de uma teia complexa de fornecedores externos, sistemas complicados de aquisição e contratos longos e detalhados com os subcontratados e outros colaboradores. Não é de se admirar que os projetos de sistemas encontrem muitos problemas na estrutura organizacional e do projeto. A próxima seção resume as principais questões que precisam de atenção quando uma organização empreende um projeto de sistemas.

Principais Questões no Gerenciamento de Projetos de Sistemas

Definir, planejar e gerenciar um projeto de sistemas é uma tarefa gerencial e organizacional complexa. Aqueles que estão acostumados a gerenciar projetos de montagem precisam perceber que um projeto de sistemas não é uma duplicação repetitiva de uma montagem. Mais exatamente, um projeto de sistemas requer um novo conjunto de habilidades e um nível diferente de atenção:

- É preciso elaborar uma abordagem para sistemas e habilidades do pensamento sistêmico. Isso significa ver o sistema como um todo e não apenas como uma coletânea de peças e subsistemas. Também significa ter uma visão de cima para baixo, que começa com a visão da meta de todo o sistema e como ele servirá o usuário e o cliente. O pensamento sistêmico pode ser desenvolvido apenas com o tempo e a maturidade.
- A construção de sistemas requer a combinação de habilidades e disciplinas de muitas pessoas e a destreza em integrar essas habilidades de maneira coerente. Muitas vezes, pessoas de disciplinas diferentes não pensam da mesma maneira ou não falam a mesma linguagem profissional. Elas têm visões diferentes do mundo, e cada uma quer um pedaço da pizza. É preciso aprender a tomar decisões na interface de disciplinas e subsistemas, e, muitas vezes, é necessário sacrificar a otimização local de uma ou mais peças para maximizar a otimização total do sistema.
- Para um projeto de sistemas, a percepção e o entendimento das necessidades do cliente são complexos, e levam muito tempo. Isso envolve o entendimento e a articulação de muitas perspectivas e os interesses dos *stakeholders*. A necessidade final poderá mudar e evoluir durante a execução do projeto.
- Também é complicado fazer um plano de negócios para um projeto de sistemas. Isso significa entender como a necessidade pode ser abordada por um sistema que seja tecnológico, econômico e organizacionalmente viável e pode ser realizado em um período de tempo razoável. Tudo precisa fazer sentido, tanto para o cliente quanto para a organização que o desempenha. Para aproveitar uma oportunidade comercial, deve sempre haver uma combinação entre as necessidades e as capacidades, a saber, a habilidade da organização em abordar essas necessidades.[20] Para os sistemas, essa tarefa é ainda mais complexa e requer estudos extensos, e análise econômica e técnica detalhada.
- Traduzir o plano de negócios em especificações do sistema é também muito complexo. As especificações dos sistemas são tipicamente esboçadas em um documento volumoso elaborado por um longo período de tempo com o envolvimento de *stakeholders*, gerentes, clientes, usuários potenciais e subcontratados.
- *Engenharia de sistemas* é uma disciplina técnica e gerencial, e um processo que traduz os requisitos do sistema em um conceito sistêmico e parâmetros de sistemas, os quais são documentados em um conjunto de especificações de referência. O processo de engenharia de sistemas progressivamente decompõe os requisitos e conceitos do sistema para o nível mais baixo possível. O conceito do sistema é dividido em componentes e subsistemas, e as especificações para cada entidade são determinadas. Os engenheiros de sistemas são responsáveis pela condução de estudos de *trade-off*, os quais levam às especificações finais.

Eles lidam com controles de interfaces, gerenciamento de riscos, gerenciamento de verificações e gerenciamento do desempenho e de testes. Eles também definem a abordagem para a integração do sistema e para a validação de cada estágio de integração.[21] Um aspecto crucial da engenharia de sistemas é a *arquitetura de sistemas*. Existem muito poucos arquitetos de sistemas bons, e essas habilidades são raramente ensinadas nas escolas.[22]

- Um dos principais problemas e dificuldades em projetos de sistemas é a *integração de sistemas*, um processo pelo qual os subsistemas são agrupados, montados e conectados para formar um sistema total. Mesmo quando todos os subsistemas funcionam perfeitamente e cada um deles cumpre totalmente as especificações, quando agrupados eles raramente funcionam como um sistema na primeira vez. Efeitos mútuos, limitações de espaço, interferência e outros fatores inesperados geralmente fazem com que o protótipo do sistema falhe na primeira vez. Ignorar essa realidade poderá acarretar atrasos e surpresas para os gerentes de projetos. A abordagem correta é alocar tempo suficiente ao plano para a integração do sistema. Em sistemas complexos, como aeronaves, talvez demore meses antes que o primeiro sistema mostre sinais de funcionalidade. O período de integração deve fazer parte do plano do projeto, e o tempo para integração deve ser alocado logo no início.
- Outro problema típico em projetos de sistemas é o controle da configuração e o gerenciamento da configuração. Os requisitos e especificações geralmente mudam durante a construção e o projeto do sistema. É necessário ter controle completo e sistemático de cada mudança feita e seu impacto em outras partes. Cada item no nível mais baixo é chamado de *item de configuração*, e cada um deles requer suas próprias especificações, projetos, revisões, testes, revisões de aceite e manuais de operação e manutenção. Um item de configuração às vezes também é um URL (*line replaceable unit* – unidade de reposição na linha) que pode ser substituído por uma unidade sobressalente quando necessário.
- Os projetos de sistemas são normalmente caracterizados por um alto grau de envolvimento do usuário. O envolvimento do usuário ajuda a moldar o sistema correto e articula como o usuário irá operá-lo. Às vezes, esse envolvimento é difícil, especialmente quando o usuário é também o cliente e tenta ditar as coisas para o desenhista de sistemas. Ainda assim, o valor do envolvimento do usuário supera a dificuldade, e quanto mais cedo o cliente estiver envolvido, melhores são as chances de que o sistema satisfará suas necessidades.
- A construção de um projeto de sistemas requer o esforço combinado de muitas organizações, grupos funcionais e subcontratados. Para organizar esse esforço, é preciso montar um escritório central para o projeto (ou programa), que atribui os papéis e é responsável pela subcontratação. Esse escritório tam-

bém é responsável por definir as especificações do sistema e pela engenharia de sistemas, arquitetura do sistema e gerenciamento da configuração. Ele também poderá ser responsável pela integração do sistema (embora essa função possa ser contratada para outro integrador de sistemas). O escritório central do projeto é então responsável pela validação e pela entrega do sistema para o cliente final.

Para ilustrar as complexidades dos projetos de sistemas, vamos examinar o projeto do software Harmony, que foi realizado por uma grande corporação de telecomunicações que pesquisamos. Apresentamo-no aqui como um exemplo de como lidar corretamente com um projeto de sistemas.

O Projeto Harmony: Um Exemplo de Projeto de Sistemas

Quando um grande provedor de uma rede de telecomunicações nos EUA se viu perdendo negócios toda vez que sua infra-estrutura sofria quedas, ele iniciou o projeto Harmony. A empresa atende milhares de clientes comerciais, os quais são cobrados pelas características solicitadas e pela velocidade da banda larga que usam. Normalmente, quando o serviço sofria quedas, a empresa o consertava após um processo extenso de busca manual e identificação do problema, o que algumas vezes levava horas, se não dias. O processo também sofria com as dificuldades de comunicação entre os membros da equipe de suporte, que são responsáveis pelo funcionamento e disponibilidade da rede.

A meta do projeto era otimizar as operações da rede e reduzir o tempo parado, resultando em melhor experiência para o cliente e utilização máxima da rede. O projeto exigia o desenho, o desenvolvimento e a distribuição de uma nova infra-estrutura baseada em regras e direcionada por software que permitisse aos usuários internos e externos identificar as falhas e os problemas da rede. Os usuários podiam dinamicamente programar o sistema de acordo com suas necessidades de recuperação por meio de um sistema de interface fácil de usar, baseado na *web*.

Tal sistema nunca havia sido construído; entretanto, porque ele substituiria um sistema manual existente, seu nível de novidade era de um projeto de plataforma. A empresa, portanto, iniciou corretamente um processo longo de preparação dos requisitos. Esse envolvia extensas pesquisas de mercado e dados de centenas de seus clientes, os quais forneceram opiniões e informações sobre suas necessidades específicas. O congelamento das especificações foi programado para o final do segundo quartil, mas porque os gerentes estavam também preocupados em criar familiaridade com o produto, decidiram compartilhar seus primeiros protótipos com os clientes assim que eles fossem disponibilizados.

A empresa já tinha algumas partes da tecnologia, mas a maioria era relativamente nova e nunca havia sido combinada em um produto. Isso fez com que o Harmony fosse um projeto de alta-tecnologia. Para lidar com esse nível de incerteza tecnológica, eles adotaram um estilo flexível, permitindo que mudanças fossem introduzidas mais adiante no projeto e o congelamento do plano durante o terceiro quarto do ciclo de vida do projeto. Protótipos foram usados durante o desenvolvimento, juntamente com o envolvimento do cliente, para corrigir os problemas de projeto e redigir as especificações técnicas durante a maior parte da vida do projeto.

Para alcançar interação e conhecimento nesse ambiente totalmente incerto, a gerência selecionou pessoas altamente técnicas e lhes deu o poder de tomar suas próprias decisões técnicas, ao mesmo tempo mantendo canais de comunicação freqüentes e intensos. Por último, a equipe deste projeto de alta-tecnologia mobilizou a ajuda de um grupo externo de revisão técnica em pares. Os membros desse grupo não faziam parte do comitê de revisão executiva formal ou da equipe do dia a dia. Eles eram

FIGURA 6-3

O projeto Harmony

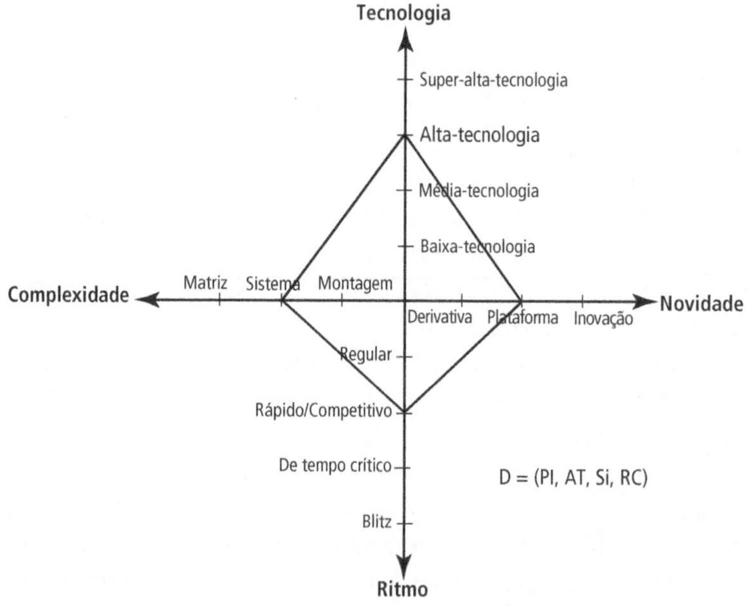

especialistas em arquitetura de empresas e outras áreas funcionais, e serviram como consultores periodicamente, oferecendo *feedback* valioso para as decisões de projeto e arquitetura feitas pela equipe principal.

O produto consistia de uma grande coleção de módulos (algumas vezes chamados de "motores" na terminologia de software para computadores). Entre muitos outros, eles incluíam um módulo para roteamento, um para normalização, um para subscrição de eventos, um assistente de regras, um módulo programador, um mecanismo de tarefas, uma ferramenta de notificação e um módulo de colaboração sob demanda. Para coordenar e integrar todos esses módulos, o projeto exigia a colaboração de muitos grupos funcionais, como arquitetura de empresas, engenharia de sistemas, desenvolvimento de software, teste de software, suporte à produção e suporte ao cliente.

Essa complexidade colocou o projeto no nível de sistemas, e para gerenciá-lo os gerentes estabeleceram um processo formal, um tanto burocrático, de planejamento, monitoramento e tomada de decisões que suportava o gerenciamento das especificações, construção da arquitetura, desenvolvimento, integração e teste. A equipe criou uma documentação elaborada e uma estrutura para comunicação, mas também foi encorajado certo nível de interação informal entre os membros da equipe, e mesmo entre os clientes. Além disso, a alta gerência, ao entender a importância do projeto, proporcionava apoio total quando lhe pediam ajuda. O diretor técnico defendeu o projeto e certificou-se de que todas as decisões gerenciais eram feitas em tempo oportuno para permitir que a equipe seguisse em frente assim que estivesse pronta para fazê-lo.

Por último, a importância do projeto para a empresa fez com que este fosse um projeto rápido/competitivo. Embora não fosse uma catástrofe não cumprir o prazo de entrega, isso prejudicaria o resultado final. Essa situação foi estressada pela alta gerência e criou um senso de urgência entre os membros da equipe. Assim sendo, eles tentaram seguir o processo estruturado e mantiveram controles rigorosos sobre os custos e o tempo.

Resumindo, o projeto Harmony adotou a abordagem correta ao seu modelo NTCR, um projeto de plataforma, de alta-tecnologia, de sistemas, rápido/competitivo. A Figura 6-3 demonstra que nesse caso o estilo real e o estilo exigido estavam, sem dúvida, em harmonia (como sugere o nome do projeto).

O Capítulo 7 explora os projetos rápido/competitivos, juntamente com outros níveis de ritmo de projetos, a última dimensão de nosso modelo diamante.

Pontos Principais e Itens de Ação

- A complexidade do projeto depende da complexidade do produto. Na maioria das situações há seis níveis de complexidade do produto e três níveis de complexidade do projeto: de montagem, de sistemas e de matriz. Cada projeto requer uma organização singular, burocracia e foco.
- Um projeto de montagem é geralmente realizado em uma única unidade funcional por uma equipe pequena trabalhando em um local, com extensa comunicação informal entre eles.
- Os projetos de sistemas requerem um escritório central para o projeto (ou programa) que coordena as atividades dos subgrupos e dos subcontratados, com um alto nível de formalidade e burocracia.
- Os projetos de matriz lidam com uma coletânea dispersa de sistemas que funcionam em conjunto para alcançar um propósito comum, às vezes chamado de sistema de sistemas. Tais projetos são distribuídos por uma área geográfica ampla e consistem tipicamente de uma variedade de subprojetos de sistemas. Os projetos de matriz são tipicamente estruturados sob uma organização superior que lida principalmente com questões financeiras, logísticas e legais.
- O deslocamento de projetos de montagem para projetos de sistemas é uma grande mudança. Esse requer extensas habilidades gerenciais e de integração. Os gerentes dos projetos de sistemas precisam ter uma visão do sistema e devem gerenciar as interfaces entre as disciplinas.
- Quando se deslocam para o nível de projeto de matriz, os gerentes precisam aprender a se afastar dos assuntos técnicos e, em vez disso, desenvolver uma visão mais ampla do setor e de seus participantes. Eles precisam aprender a lidar com questões legais, ambientais e políticas, as quais geralmente não são abordadas pelos gerentes nos níveis mais baixos de complexidade do projeto.
- As organizações precisam estabelecer as habilidades de seus gerentes de acordo com a hierarquia de sistemas e treinar as pessoas para construir uma visão do sistema com o passar do tempo.

CAPÍTULO

7

RITMO

NO MUNDO COMPETITIVO, as boas idéias precisam chegar ao mercado o mais rápido possível, e as empresas precisam continuar introduzindo novos produtos rapidamente e consertar os defeitos dos antigos tão logo eles sejam encontrados. O ritmo acelerado de desenvolvimento tecnológico, o ciclo de vida do produto encurtado e a diversificação dos mercados ao redor do mundo, continuamente aumentam a demanda sobre as equipes de projetos para que encontrem meios melhores para acelerar a execução do projeto.

Conseqüentemente, *ritmo*, a quarta dimensão de nosso modelo NTCR (e a base final do diamante), envolve a urgência e a criticidade de se cumprir as metas de tempo do projeto. Cada projeto é restrito pelo tempo, mas essa restrição difere de projeto para projeto. As restrições de tempo vêm das necessidades de mercado, pressões da concorrência e estratégias gerenciais, e de ameaças ambientais, naturais ou inimigas que incitam atenção imediata. O tempo disponível para completar um projeto tem um efeito substancial sobre como o projeto é gerenciado. A mesma meta, mas com períodos de tempo diferentes, requer diferentes estruturas, processos e atenção gerencial. Neste capítulo exploramos o impacto do ritmo do projeto no gerenciamento de projetos e discutimos o que os gerentes podem fazer para gerenciar com sucesso projetos que tenham níveis de ritmo diferentes.

Vários estudos importantes e recentes abordaram o aumento no ritmo de projetos e na introdução de produtos. Por exemplo, Kathleen Eisenhardt e Shona Brown introduziram o conceito de estratégias cadenciadas pelo tempo, em que as empresas precisam cadenciar seus projetos de acordo com o ritmo evolucionário esperado.[1] Marco Iansiti estudou o desenvolvimento de produtos na era da internet, quando a concorrência pelo tempo torna-se a força motriz das indústrias modernas.[2]

Como discutiremos mais adiante neste capítulo, o ritmo de um projeto normalmente se encaixa em um dos quatro tipos: regular, rápido/competitivo, de tempo crítico e blitz. A história do programa do Orbitador Climático de Marte ilustra um caso de tempo crítico e mostra como as restrições nessa categoria podem causar sacrifícios em outras dimensões, levando ao fracasso do projeto. Esse caso também demonstra, mais uma vez, a importância que os gerentes de projetos precisam dar a todas as quatro dimensões do diamante.

O Programa do Orbitador Climático de Marte

O Orbitador Climático de Marte (MCO) foi uma das duas missões iniciadas pela NASA, em 1993, para adicionar aos sucessos anteriores de exploração de Marte. (A segunda missão foi o Mars Polar Lander – Veículo explorador que aterrissa em Marte [MPL]) Esperava-se que o MCO coletasse dados climáticos do planeta vermelho, assim como auxiliasse na transmissão de dados para o MPL e no recebimento de dados deste. Com uma programação de 37 meses e um teto financeiro de cerca de $184 milhões, o escopo do projeto incluía o desenvolvimento da espaçonave e sua carga útil, e a construção e operação do sistema operacional terrestre. Mas, por causa da posição de Marte em relação à Terra, o elemento mais crítico das características desse projeto era o ritmo. Com base em sua janela de oportunidade estreita para o lançamento, o MCO era claramente um projeto de tempo crítico. Perder a janela de tempo significava o fracasso do programa.

O projeto de desenvolvimento foi completado a tempo de se cumprir a data exata de lançamento. Após viajar por nove meses no espaço, o orbitador atingiu a vizinhança de Marte em setembro de 1999; mas assim que ele começou sua manobra de inserção, o contato foi perdido e nunca foi recuperado. O fracasso foi mais tarde atribuído a um erro técnico feito pelos engenheiros que usaram medidas métricas no software terrestre do MCO.[3] Nossa análise, no entanto, sugere que o fracasso não foi técnico, mas sim gerencial. Ao focar no cumprimento do prazo de entrega crítico, a equipe sacrificou os riscos singulares do projeto em outras dimensões.

Por sua natureza, o MCO foi uma missão que nem a NASA e nem outros haviam feito. O MCO também era um projeto de sistema. Além de sua própria complexidade como um sistema, o MCO teve de trabalhar junto com o MPL quando ele chegou a Marte. Foi usada uma mistura de tecnologia nova e existente. Entretanto, algumas das tecnologias foram usadas pela primeira vez. Isso colocou o projeto no nível de alta-tecnologia.

Gerenciar um programa de inovação, alta-tecnologia, sistema e de tempo crítico exigiria um longo período de definição dos requisitos, envolvendo interação extensa com os clientes, juntamente com a integração cuidadosa e sistemática de todos os subsistemas e os interesses dos *stakeholders*. Ele também exigia vários ciclos de projeto, revisões extensas de teste e de técnicas, e o congelamento do plano mais tarde; e precisava de um foco contínuo nas metas de tempo, dando alta prioridade ao cumprimento de cada marco e sem tolerância com atrasos causados pela burocracia ou outros motivos.

Um exame cuidadoso no gerenciamento do projeto do MCO mostrou que as restrições de custo impostas pela atitude da NASA de ser "melhor, mais rápido e mais barato" (BFC), forçou os gerentes do MCO a empregar um estilo de gerenciamento de projeto menos do que ótimo. Os gerentes foram quase forçados a ver o programa como outra geração em uma família de produto existente (plataforma) e como um produto que envolvia tecnologias bem-conhecidas (média-tecnologia). Por exemplo, o software dos sistemas de navegação era a parte mais nova e incerta de todos os sistemas, tanto em seu uso quanto em sua maturidade técnica; ainda assim, ele não recebeu mais testes ou revisões do que qualquer outro subsistema. Além disso, a interação com os clientes era algumas vezes definida como "confusa". Ademais, não houve testes, revisões ou comunicação suficiente – todas as coisas que um projeto de alta-tecnologia demanda em abundância. Herdar subsistemas (como a navegação) de programas anteriores, eventualmente tornou-se um fator contribuidor para o fracasso do MCO. Ele foi tratado como o "MGS", um programa anterior de navegação no espaço. Assim, alguns testes, verificações e validações eram limitadas, e o projeto foi congelado relativamente cedo.

Em segundo lugar, as restrições de orçamento e de tempo fizeram com que os gerentes do projeto exercessem controle limitado da integração de subsistemas, e verificação e validação menos do que necessária por meio de revisões do programa. Em retrospecto, embora grande parte do projeto tenha sido tratada como um sistema, certos subsistemas, que tinham altos níveis de incerteza, foram gerenciados como projetos de montagem. Assim como uma corrente é tão forte quanto seu elo mais fraco, tratar qualquer parte de um sistema como um projeto de montagem significa tratar todo o sistema como uma montagem.

Ainda assim, o MCO foi, de fato, administrado como um projeto de tempo crítico. Ao perceber a criticidade do prazo de lançamento, os procedimentos do projeto foram encurtados e não eram burocráticos, e a alta gerência permaneceu totalmente envolvida e constantemente suportiva. Entretanto, os membros da equipe tinham de trabalhar 100 horas por semana apenas para se manterem no horário. Noel Hinners, vice-presidente para os sistemas de vôos, dizia, "Estamos tão ocupados fazendo o trabalho que precisava ser feito, que não podíamos nos dar o luxo de relaxar nos finais de semana ou quando chegávamos em casa à noite, e pensar sobre o que se passou".[5] Ironicamente, no entanto, com todas as suas restrições, a equipe do MCO manteve alto moral e uma vontade indescritível de ter sucesso.

A Figura 7-1 mostra o estilo de gerenciamento de projeto exigido *versus* o real. Em retrospecto, tratar o projeto como um programa mais seguro do que realmente era, levou a equipe a sacrificar algumas das atividades críticas de teste e integração. Isso permitiu que um componente, que não havia sido completamente testado, fosse usado. Tal fato pode ser atribuído às pressões e aos desafios da era do "maior, mais rápido e mais barato" da NASA, o que resultou em cortes que mais tarde tiveram um papel importante para o fracasso do MCO. Se o projeto tivesse sido feito para a capacidade, não para os custos, teria sido revelado que tal projeto não poderia ser feito sob o orçamento específico e a mentalidade sob pressão de ser "maior, mais rápido e mais barato".

FIGURA 7-1

Projeto do Orbitador Climático de Marte

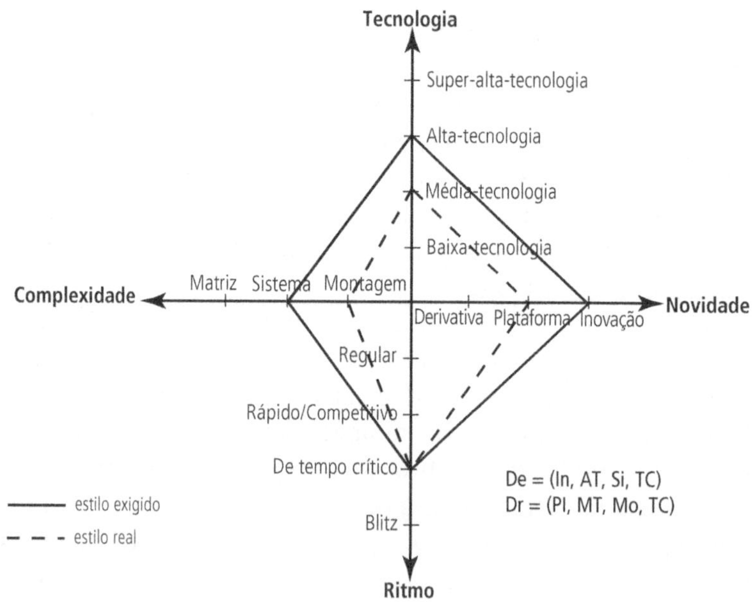

Os Quatro Níveis de Ritmo do Projeto

A classificação apresentada aqui é baseada nos graus de urgência no momento de iniciação do projeto.[6] Associamos tal urgência à criticidade de tempo de entrega ou simplesmente à disponibilidade de tempo. A Tabela 7-1 mostra os quatro níveis de urgência, ou ritmo.

Projetos Regulares

Os projetos que nos referimos como tendo um ritmo *regular* normalmente são realizados para alcançar metas de longo prazo ou de infra-estrutura, mas sem pressão real de tempo. Eles incluem construções de prédios públicos, construção de estradas, melhorias organizacionais, como reengenharia, e atividades de aumento na tecnologia. Embora os projetos de ritmo regular sejam planejados para ser concluídos em certa data, o fato de não cumprir com a data é tolerável, isso porque o tempo não é crítico para o sucesso organizacional imediato. A menos que o tempo de conclusão do projeto seja especificamente uma prioridade, esses projetos são gerenciados casualmente e geralmente são atrasados ou mesmo colocados de lado por outras tarefas que exigem mais pressão.

Um bom exemplo deste tipo de projeto é o Opera House de Sidney, descrito no Capítulo 2. Sem pressão real e sem mudanças dos políticos da cidade, o prédio foi completado após 16 anos de paradas e reinícios, em vez de os seis anos programados originalmente. A lição é clara: sem pressão externa, competitiva ou imposta, os projetos de ritmo regular demoram muito mais tempo do que o planejado.

TABELA 7-1

Quatro níveis de ritmo do projeto

	Regular	Rápido/Competitivo	Tempo crítico	Blitz
Definições	O tempo não é crítico para o sucesso organizacional.	A conclusão do projeto no tempo programado é importante para a vantagem competitiva da empresa e/ou o posicionamento de liderança da organização.	O cumprimento da meta de tempo é crítico para o sucesso do projeto; qualquer atraso significa fracasso do projeto.	Projetos de crises; maior urgência; o projeto deve ser completado o mais rápido possível.
Exemplos	Obras públicas, algumas iniciativas governamentais, alguns projetos internos.	Projetos relacionados aos negócios, introdução de um novo produto, construção de uma nova fábrica em resposta ao crescimento do mercado.	Projetos com prazo definido ou uma janela de oportunidade; lançamento espacial restrito por uma janela de tempo, Y2K (*bug* do milênio).	Guerras; resposta rápida aos desastres naturais; respostas rápidas às surpresas relacionadas aos negócios.

Projetos Rápidos/Competitivos

Esses são os projetos mais comuns realizados por organizações industriais e com fins lucrativos, mas também podem ser encontrados em organizações públicas e governamentais quando a prioridade é concluir o projeto em tempo oportuno. Os projetos rápidos/competitivos são normalmente iniciados para abordar uma oportunidade de mercado, criar um posicionamento estratégico ou formar uma nova linha de negócios. O tempo para conclusão do projeto está diretamente associado com competitividade, posições de liderança ou sustentabilidade organizacional. Embora não seja fatal não cumprir o prazo de entrega, isso poderá prejudicar os lucros, a vantagem competitiva ou a força organizacional. O que queremos dizer é que esses projetos são influenciados pela pressão de mercado ou interna para fazer com que eles sejam feitos o mais rápido possível.

Os projetos rápidos/competitivos devem ser gerenciados com uma mentalidade estratégica. Os gerentes de projeto devem focar em cumprir os horários programados, mas também em alcançar as metas de lucros e endereçar as necessidades dos clientes e do mercado. Gerenciar o tempo para o mercado deve ser uma das principais preocupações. Eli Goldratt declarou em seu livro, *Critical Chain*, que o tempo é um recurso crítico e que o caminho crítico é a restrição do projeto.[7] A teoria das restrições sugere subordinar o sistema à restrição de tempo ao criar uma proteção central de tempo para o projeto (em vez de proteções individuais para cada atividade), adicionando proteções a cada atividade que alimenta o caminho crítico. A alta gerência deve apoiar e monitorar esses projetos em cada marco principal, mas ao mesmo tempo ficar alerta se algo der errado nesse meio tempo.

Projetos de Tempo Crítico

Esses projetos são focados em uma data específica de conclusão que não pode ser alterada. O exemplo do Orbitador Climático de Marte (relatado no início deste capítulo) é um desses tipos de projetos. Para um projeto de tempo crítico, o não cumprimento das metas de tempo significa o fracasso do projeto. Tais projetos são iniciados para cumprir uma janela de oportunidade que não pode ser perdida.

Como vimos, alguns projetos espaciais são de tempo crítico porque eles requerem um alinhamento específico dos planetas. Outros projetos bem-conhecidos incluem o projeto Y2K (*bug* do milênio), em que, para ter sucesso, era importante cumprir a data do milênio, ou o término de uma vila olímpica antes do início dos jogos. Uma situação similar ocorre no contexto comercial, em que um produto pode ser considerado obsoleto se ele atingir o mercado depois de certa data – por exemplo, Ano Novo.

Nesses projetos, o tempo é a restrição mais crítica; todas as outras, como orçamento, instalações, e assim por diante, tornam-se secundárias para permitir a conclusão do projeto na hora. Planos de contingência devem ser preparados para lidar com as situações que possam atrasar a conclusão do projeto. Para superar as incertezas do projeto e os problemas inesperados, é necessário desenvolver soluções alternativas paralelamente, e a solução mais rápida geralmente ganha. As revisões dos projetos focam nas preparações do projeto em cumprir com a data de conclusão e o risco de perdê-la; os planos de tempo são atualizados e cuidadosamente monitorados para certificar-se de que não há perda de tempo.

Projetos Blitz

Os projetos blitz são os projetos mais urgentes. Eles normalmente são iniciados como uma resposta a uma crise ou como resultado de um evento inesperado. Os exemplos incluem os eventos em tempos de guerra, desastres naturais (como as ações de resgate em um terremoto) ou crises industriais, quando uma organização precisa superar um movimento surpreendente feito pela concorrência. Um exemplo famoso foi a ação para salvar os membros do *Apollo 13* depois que um tanque de combustível da espaçonave explodiu, quando havia apenas algumas horas antes que o oxigênio e a energia acabassem. O filme de Ron Howard, vencedor do Prêmio da Academia (Oscar), *Apollo 13,* com Tom Hanks, ilustra muito bem o ambiente de crise, a estrutura e os relacionamentos em um projeto blitz.

Para ter sucesso, esses projetos precisam ser gerenciados diferentemente dos outros tipos. Primeiro, pelo fato da maioria dos projetos blitz serem a resposta a uma crise, normalmente não há tempo para um planejamento detalhado. Embora os planos de contingência possam ser úteis, em muitos casos a situação é inesperada, e os gerentes precisam começar a agir antes de haver um plano detalhado e improvisar à medida que eles prosseguem. O trabalho é realizado quase que 24 horas, com interações sem parada e tomadas de decisão contínuas. Geralmente não há tempo para documentação detalhada ou para redigir um relatório, e toda a burocracia regular é eliminada.

Os gerentes de projetos do tipo blitz devem ter total autonomia. A organização do projeto deve envolver uma estrutura de projeto pura, quando todos os membros da equipe reportam diretamente ao líder. Por último, nos projetos blitz a alta gerência deve estar presente o tempo todo para dar apoio, monitorar e tomar as decisões necessárias. Sem um compromisso total de todas as partes, os projetos blitz não poderão ter sucesso.

A diferença entre os projetos de tempo crítico e blitz é que nos projetos de tempo crítico, a data alvo ou janela de oportunidade é conhecida com antecedência. Os gerentes têm tempo suficiente e preparam o projeto para cumprir com esse alvo. Os projetos blitz, por outro lado, emergem de uma crise, quando eventos inesperados impelem a necessidade de ação imediata. Algumas vezes, no entanto, um projeto de tempo crítico poderá tornar-se um projeto blitz quando o tempo estiver acabando. Essa situação aconteceu em um dos projetos do Y2K (*bug* do milênio) que estudamos.

Como um Projeto de Tempo Crítico Tornou-se um Projeto Blitz: O Caso do Y2K (bug do milênio)

Na primavera de 1998, uma pequena empresa de manufatura considerou a aquisição de um de seus arqui-rivais. Antes da possível fusão, os dois gerentes do projeto Y2K se reuniram para discutir seus projetos. Eles revisaram todas as possibilidades que as duas empresas poderiam enfrentar quando e se elas se fundissem. Cada empresa tinha seu próprio sistema integrado de gestão empresarial (ERP), e ambas estavam em processo de atualizar seus sistemas para serem compatíveis com o Y2K.

Em dezembro de 1998, a fusão foi completada, e as duas empresas tornaram-se uma. A nova empresa tinha apenas um ano para se preparar para o Y2K. Uma decisão tinha de ser tomada: ela deveria continuar atualizando os dois sistemas ERP, ou mudar para apenas um? Embasada nas recomendações dos gerentes do projeto, o presidente da empresa decidiu usar um sistema ERP produzido por um grande fornecedor sob a condição de que ele daria suporte ao ambiente de manufatura da empresa.

No entanto, após algumas semanas, novos problemas começaram a surgir. Após rever todas as alternativas, os gerentes decidiram que a empresa deveria abandonar o projeto ERP atual, implementar o sistema de gestão de recursos para produção (PRMS) nas divisões adquiridas e melhorar o sistema para torná-lo compatível ao Y2K.

As novas decisões representavam uma guinada para a empresa. Para lidar com o risco, pequenos grupos dirigidos foram formados para identificar quaisquer problemas que impedissem a empresa de alcançar essa abordagem. No entanto, a maioria dos programadores que haviam trabalhado com o provedor do sistema ERP havia deixado a empresa, e depois de alguns meses um dos dois gerentes do projeto também saiu da empresa.

Essa situação transformou o projeto do Y2K em um projeto blitz (veja a Figura 7-2). Um centro de comando foi montado para a equipe e turnos de 24 horas, sete dias por semana tornaram-se a norma. Esse esforço tornou-se a mais alta prioridade na empresa. O projeto trouxe pessoas de outros projetos, pondo mais pressão no resto dos funcionários, os quais tiveram de assumir as responsabilidades daqueles que foram recrutados pela equipe do Y2K.

FIGURA 7-2

O projeto Y2K

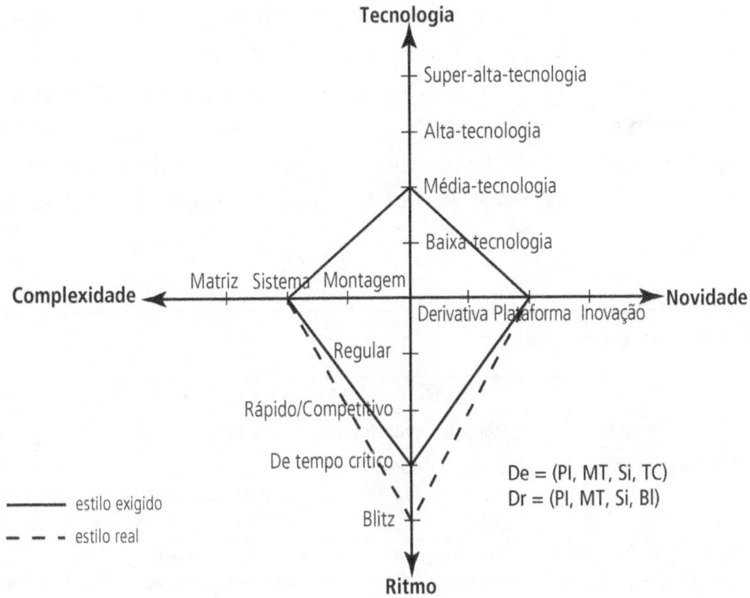

A empresa planejava entrar em operação pela primeira vez em 01 de outubro de 1999, para possibilitar o teste final e o treinamento antes da data crítica. Ainda assim, o mês de outubro passou e o sistema ainda não estava pronto. Faltava menos de dois meses para tudo acontecer. A equipe crescia a toda semana. Parecia que toda a empresa estava trabalhando neste projeto. Dava para sentir a tensão no ar quando se entrava no centro de comando.

Com o apoio da alta gerência, a equipe recomendou o teste de lançamento no último final de semana antes do Ano Novo. O sábado passou e o sistema ainda não havia entrado no ar. No domingo, a equipe trabalhou horas sem fim. Estavam todos exaustos. Finalmente, às 20h, o teste começou e continuou na segunda-feira enquanto o resto da empresa foi bloqueado do sistema. Alguns *bugs* foram encontrados e consertados nos próximos dias.

No dia 1º de janeiro de 2000, os membros da equipe principal vieram à empresa para se certificar de que o sistema estava operando corretamente. Parecia que todo o trabalho duro do último ano havia valido a pena. O sistema funcionou sem falhas. Para mostrar seu apreço, o presidente da empresa convidou toda a equipe para um jantar, no qual anunciou que ele iria dobrar seus bônus anuais.

O Impacto do Ritmo no Gerenciamento de Projeto

A Tabela 7-2 lista as características do gerenciamento de projetos em vários níveis de ritmo. Embora o foco de projetos rápidos/competitivos seja chegar ao mercado o mais rápido possível, o foco nos projetos de tempo crítico está especificamente centrado na janela de oportunidade. Em contraste, os projetos blitz devem focar na resolução da crise prontamente. O risco de subestimar o ritmo do projeto varia, começando sem risco no nível regular e aumentando para a perda de participação no mercado nos projetos rápidos/competitivos. Em um projeto

TABELA 7-2

Características dos níveis do projeto

	NÍVEL DE RITMO DO PROJETO			
Característica	**Regular**	**Rápido/Competitivo**	**Tempo Crítico**	**Blitz**
Foco	Sem foco específico.	Estrategicamente focado no tempo para o mercado.	Centrado em uma janela de oportunidade específica.	Solução imediata para a crise.
Risco possível	Sem risco específico em virtude do tempo para conclusão.	Risco de se atrasar para o mercado e deixar que os concorrentes tomem parte dos negócios.	Risco de fracasso do projeto se a data-alvo não for alcançada.	Risco de resposta lenta às crises, o que pode aumentar significativamente os danos.
Organização	Sem uma estrutura única.	Em grande parte equipes de matriz; forte coordenação dos subcontratados.	O projeto puro é desejável; geralmente co-*location* ou atividades paralelas.	Força-tarefa imediata e especial; a equipe tem muita autonomia.
Pessoal	As pessoas não são nomeadas para serviços mais urgentes.	Qualificado para o serviço.	Especificamente selecionado.	Imediatamente disponível; retirados e liberados de outras tarefas.
Procedimentos e processos	Nenhuma atenção específica.	Procedimentos estruturados; novos conceitos e métodos para encurtar o ciclo de desenvolvimento.[a]	Curtos, simples; controle apertado do cronograma; processos paralelos e redundantes para garantir o cumprimento da data-limite.	Nada de burocracia, nada de documentação; trabalha-se 24 horas por dia; pode se beneficiar de planos de contingência preparados, mas precisa estar pronto para improvisar.
Envolvimento da alta gerência	Gerenciamento por exceção.	Aprovação para seguir adiante nas principais fases do projeto ou pontos cruciais.[b]	Altamente envolvida; engajada em monitoramento rígido do tempo.	Disponível o tempo todo; constantemente fornecendo suporte, recursos e decisões necessárias.

[a] Smith e Reinersten proporcionaram conceitos e métodos para comprimir a face frontal crítica e vaga do processo de desenvolvimento, encurtando assim o ciclo de desenvolvimento e fazendo com que os novos produtos cheguem ao mercado mais rapidamente. P.G.Smith e D.G. Reinersten, *Developing Products in Half the Time: New Rules, New Tools,* 2a. edição (Nova York: Willey, 1997).

[b] Stage-gates (pontos cruciais) foi um termo inicialmente usado por R.G.Cooper, *Winning at New Products,* 3ª.edição (Cambridge, MA: Perseus Publishing, 2001).

blitz, não responder imediatamente a uma crise pode resultar em um aumento significativo dos danos ou mesmo perda de vidas.

Como discutiremos a seguir, a principal diferença está na estrutura organizacional empregada, nas pessoas engajadas e nos procedimentos e processos aplicados. O Anexo 7 (disponível em *www.mbooks.com.br*, no link referente a este livro.) discute o impacto do ritmo no gerenciamento de projetos tradicional de acordo com as principais áreas de conhecimento do PMBOK.

O Impacto na Organização

Pelo fato de o ritmo rápido/competitivo ser o ritmo mais comum para os projetos industriais, esse tipo de projeto geralmente emprega uma organização de matriz típica, com controle apertado nas subequipes e subcontratados do projeto. As mudanças reais podem ser vistas nos projetos de tempo crítico, em que as matrizes regulares geralmente não são suficientes para garantir que os projetos cumprirão a data-alvo. Nesses projetos, será melhor empregar uma organização de projeto puro, em que todos os membros da equipe reportam diretamente ao gerente do projeto. Com freqüência, deve-se reunir os membros da equipe em um local (*co-location*) e usar uma estrutura de atividades paralelas, na qual os membros da equipe são especificamente escolhidos e isolados de outras atividades da organização. Similarmente, nos projetos blitz não há alternativa a não ser uma organização de projeto puro.

Autonomia da Equipe

As equipes dos projetos blitz são mais focadas no tempo do que em qualquer outro tipo de projeto. Por terem de lidar com as situações de crises, os membros da equipe são retirados de outras tarefas e liberados de outros compromissos. Eles formam uma força-tarefa imediata, com autonomia total para tomar decisões no ato. Tais projetos não seguem quaisquer procedimentos ou burocracia; eles não elaboram documentos ou relatórios extensos e tipicamente trabalham 24 horas para resolver a crise.

Embora os projetos blitz não possam seguir os procedimentos do projeto organizacional típico, eles se beneficiam de planos de contingência preparados que são redigidos em antecipação a uma possível crise. Tais planos dizem às equipes o que fazer e como mobilizar recursos, em vez de começar do início quando surgir uma crise. Embora essa abordagem seja comum no planejamento de operações militares, as organizações podem se beneficiar da mesma mentalidade. Quando se está preparado para uma crise, a solução é muito mais fácil.

Entretanto, muitas situações não podem ser previstas e planos de contingência podem não estar disponíveis para todos os cenários. A solução então é a improvisação. Deve-se estar pronto para agir mesmo sem um plano. E começar a trabalhar imediatamente, construindo o plano à medida que se está agindo. A eficiência será sacrificada, mas em situações de crise, uma solução imediata é mais importante do que salvar recursos organizacionais.

Envolvimento da Alta Gerência

O envolvimento da alta gerência varia das típicas decisões executivas para seguir adiante na conclusão das principais fases do projeto em projetos rápidos/competitivos, da garantia de conclusão em tempo oportuno dos projetos de tempo crítico ao envolvimento contínuo e suporte para as equipes nos projetos blitz.

Este capítulo completa a Parte 2, a descrição detalhada do modelo diamante. Mas, para fazer com que as coisas funcionem nas organizações reais, é preciso ver os projetos em seus contextos reais e aplicar a abordagem correta para cada situação. A Parte 3 lida com as implicações práticas de nosso modelo em vários contextos. O Capítulo 8 começa com o contexto comercial e inovação.

Pontos Principais e Itens de Ação

- O ritmo do projeto é determinado por quanto tempo se dispõe para completar o projeto. Existem quatro níveis de ritmo: regular, rápido/competitivo, de tempo crítico e blitz.
- Nos projetos regulares, o tempo não é crítico para o sucesso organizacional imediato.
- Os projetos rápidos/competitivos são os mais comuns realizados por organizações industriais e para fins lucrativos. Tais projetos estão sob pressão de tempo para fazer com que o produto chegue ao mercado ou para abordar uma necessidade organizacional crítica.
- Os projetos de tempo crítico são focados em uma data para conclusão pré-definida e específica que não pode ser alterada. Não conseguir cumprir com a meta de tempo significa o fracasso do projeto. Nos projetos de tempo crítico, tempo é a restrição mais crítica; as outras restrições são secundárias para permitir que o projeto seja completado a tempo.
- Os projetos blitz são os mais urgentes. Eles são uma resposta à crise ou a um evento inesperado. Os gerentes de projeto nos projetos blitz precisam ter autonomia total, e a organização do projeto deve ser uma estrutura de projeto puro, tendo todos os membros da equipe reportando-se diretamente ao líder.

A alta gerência deve estar presente o tempo todo para dar suporte, monitorar e tomar as decisões necessárias.

- A principal diferença entre os projetos em termos de ritmo está na estrutura organizacional, nos participantes e nos procedimentos e processos.
- O apoio da alta gerência é crítico em todos os projetos, com exceção nos projetos regulares. Os gerentes precisam ajustar os procedimentos organizacionais para a urgência de tempo do projeto. Nos projetos rápidos/competitivos, eles devem prover decisões em tempo oportuno para seguir em frente na conclusão das principais fases do projeto. E devem garantir a conclusão precisa e em tempo oportuno de projetos de tempo crítico, além de proporcionar envolvimento intenso e presença contínua nos locais do projeto em projetos blitz.

Parte Três

FAZENDO A ABORDAGEM DIAMANTE FUNCIONAR

CAPÍTULO

8

GERENCIANDO PROJETOS PARA INOVAÇÃO DO NEGÓCIO

No início do ano 2000, depois de 25 anos no ramo de computadores, a Apple Computer decidiu aproveitar uma nova tendência entre os jovens – fazer download de música da internet.[1] Usando sua experiência no projeto de produtos estimulantes e integrando-os a softwares fáceis de usar, a empresa tomou a decisão estratégica de lançar vários projetos inovadores, como o iPod – um tocador de música pessoal –, o software iTune e a Loja de Música iTunes. Juntos, esses produtos criaram um novo negócio de sucesso para a empresa.

Construir um negócio baseado em uma inovação, como a Apple fez com o iPod, pode ser uma das razões pelas quais as empresas iniciam projetos. Mas nem todos os projetos são sobre a criação de um novo negócio ou inovação. As empresas também iniciam projetos para expandir um negócio existente, estender a vida de um produto maduro, construir nova infra-estrutura ou corrigir um problema que esteja atrapalhando a habilidade de crescimento da organização. Em outras palavras, os projetos endereçam diversas metas comerciais, e essas metas têm efeitos diferentes nos projetos empreendidos para alcançá-las.

Este capítulo examina como um contexto de negócio e de inovação da organização afeta o gerenciamento de projetos. Nessa premissa, primeiramente lidamos com a seleção do projeto e a alocação de recursos; em seguida, passamos para a questão freqüentemente não resolvida do relacionamento entre gerenciamento do projeto e inovação bem-sucedida. Mais especificamente, discutimos como selecionar o projeto correto para o tipo correto de inovação, como lidar com o dilema do inovador e como endereçar o ciclo de adoção do consumidor do produto.

Como as Empresas Selecionam Projetos e Alocam Recursos

Pelo fato de a maioria das organizações gerenciarem mais de um projeto, elas não conseguem evitar lidar com os problemas de gerenciamento do *portfolio* de projetos. Infelizmente, o gerenciamento do *portfolio* é uma das atividades mais controversas e problemáticas em quase todas as organizações. Definimos *gerenciamento de portfolio* como sendo as ações e decisões que uma empresa toma para selecionar ou rejeitar projetos para incluir em sua coleção de projetos em andamento e para alocar recursos entre eles de maneira eficaz.[2]

A seleção do projeto é, assim, o primeiro problema que os gerentes precisam endereçar.[3] A situação ilustrada no exemplo seguinte – uma empresa com a qual trabalhamos – provavelmente soará familiar para muitos executivos e gerentes de projeto.

O Caso da Corporação de Mídia

Os executivos do grupo de TI de uma corporação de médio porte enfrentam um dilema similar todos os anos: como selecionar quais projetos começar e como alocar seus recursos limitados aos projetos que foram aprovados. O grupo serve várias empresas que lidam com clientes externos, mas também serve às necessidades internas da empresa. O grupo de TI consiste de peritos singulares em várias disciplinas; alguns são dedicados às unidades comerciais específicas e outros fazem parte de um grupo comum de especialistas que serve toda a organização.

Nem todos os projetos têm a mesma natureza. Alguns são projetos de infra-estrutura grande, alguns são melhorias em produtos existentes, outros são iniciativas para criar novos produtos e outros são projetos de manutenção para "pagar as contas". As propostas de projetos vêm de unidades e empresas diferentes, cada uma delas tentando justificar a importância de seu projeto.

Quando são apresentados todos os anos com várias propostas de projetos, os gerentes do grupo se reúnem para longas sessões de avaliação e debate. Eles usam critérios comuns, como o impacto na empresa, o retorno esperado e o risco. Os projetos são rapidamente divididos em quatro grupos: "deve ser financiado", "provavelmente será financiado", "provavelmente não será financiado" e "sem financiamento". Começa então o verdadeiro debate: financiar ou não os projetos nos dois grupos "prováveis".

Entretanto, todos os anos os gerentes ficam com o sentimento de que talvez nem todos os projetos merecedores fossem aprovados.

Quando os projetos são finalmente selecionados, surge a próxima questão: como alocar os recursos críticos (em grande parte, o tempo dos peritos) do grupo comum. Esse dilema continua surgindo durante todo o ano, sem uma solução clara.

Quais diretrizes fariam com que esses gerentes se sentissem mais confortáveis em suas decisões? Os executivos da corporação de mídia precisam de uma estrutura que os ajudasse a avaliar os benefícios e os riscos dos projetos e a estabelecer as prioridades para tomar as melhores decisões para as metas de negócio da empresa.

Etapa 1: Dividir os Projetos com Base nas Metas de Negócios e nos Grupos de Clientes

Ao atribuir as prioridades aos projetos, a primeira consideração são as metas de negócios. A maneira mais simples, e talvez a mais eficaz, é categorizar os projetos em duas dimensões: projetos estratégicos *versus* operacionais, e projetos internos *versus* externos.[4]

Projetos *estratégicos* são os principais esforços feitos para criar ou manter posições estratégicas nos mercados ou empresas. Esses projetos são iniciados para manter ou realçar a posição competitiva da empresa, alterar a base da concorrência, criar novos mercados ou criar novas linhas de produtos. Resumindo, esses projetos têm a intenção de criar novas forças para a organização e são tipicamente iniciados com uma perspectiva de longo prazo em mente. Os exemplos são os produtos novos e inovadores ou novos modelos principais nas linhas de produtos existentes. Os projetos estratégicos também incluem as atividades internas para construir uma nova infra-estrutura.

Projetos *operacionais* estão relacionados aos negócios existentes. Não se deixe enganar pelo nome; eles são parte dos *projetos* na organização, e não das *operações* mencionadas no Capítulo 1. Projetos operacionais são iniciados para ajudar a organização a continuar fazendo o que ela está fazendo. Tais projetos são iniciados para aperfeiçoar e estender as vidas de produtos existentes, obter mais de iniciativas anteriores, aperfeiçoar as linhas de produção existentes ou manter os projetos que simplesmente "pagam as contas".

Projetos *externos* são aqueles feitos para clientes externos. Eles são geralmente clientes com os quais a empresa tem um contrato, ou clientes que comprarão o produto no mercado livre.

Projetos *internos* são aqueles feitos para os clientes internos: pessoas e grupos dentro da organização que serão usuários ou beneficiários do resultado do projeto. Eles podem ser os departamentos internos, outras unidades, funções dos funcionários e assim por diante.

A combinação de duas dimensões cria uma matriz 2 X 2, como mostra a Tabela 8-1.

Etapa 2: Alocar Recursos Entre as Células

A próxima etapa é alocar os recursos da empresa (ou da unidade de negócio) para cada grupo de projetos com base nas metas estratégicas e na política da empresa. A política depende dos benefícios esperados e do valor de cada grupo, do momento da decisão, do ambiente, da tendência do setor e da posição competitiva e estágio do ciclo de vida da empresa. Ela também depende muito dos planos estratégicos da empresa. Por exemplo, se a empresa estiver crescendo, ela alocará uma parte maior para a célula estratégica externa; se ela estiver se consolidando e reduzindo os custos, talvez a parte interna operacional receba uma parte maior. Se os gerentes alocarem os recursos primeiramente para os grupos, cada projeto compete apenas com outros projetos no mesmo grupo. A seleção agora é muito mais fácil, isso porque laranjas e maçãs não competem.

Etapa 3: Identificar Seus Diamantes Operacionais e Estratégicos

O uso das dimensões NTCR demonstra a diferença entre projetos operacionais e estratégicos. Projetos operacionais são quase sempre derivativos, ao passo que projetos estratégicos são plataformas ou inovações. A incerteza tecnológica dos projetos operacionais normalmente não é mais alta do que média-tecnologia, ao passo que os projetos estratégicos podem passar por todo o espectro de incerteza tecnológica. Entretanto, os projetos operacionais podem ser urgentes, o que requer uma atitude de projeto blitz; em contraste, os projetos estratégicos, em virtude de seu grande nível de novidade, são raramente realizados durante uma crise, e, assim sendo, eles normalmente não alcançam o nível de blitz.

TABELA 8-1

A matriz meta cliente

Tipo de cliente	Projetos Operacionais	Projetos Estratégicos
Externo	Estender a vida de um produto existente; aperfeiçoamento do produto.	Introdução de novos produtos.
Interno	Aperfeiçoar um processo interno existente; manter um processo interno; resolver um problema específico; ganhar acesso a uma capacidade específica ou tecnologia.	O projeto de uma nova infra-estrutura interna como ERP; uma importante empresa de serviços públicos ou projeto capital; um projeto de pesquisa.

FIGURA 8-1

Diferenças típicas entre projetos operacionais e estratégicos

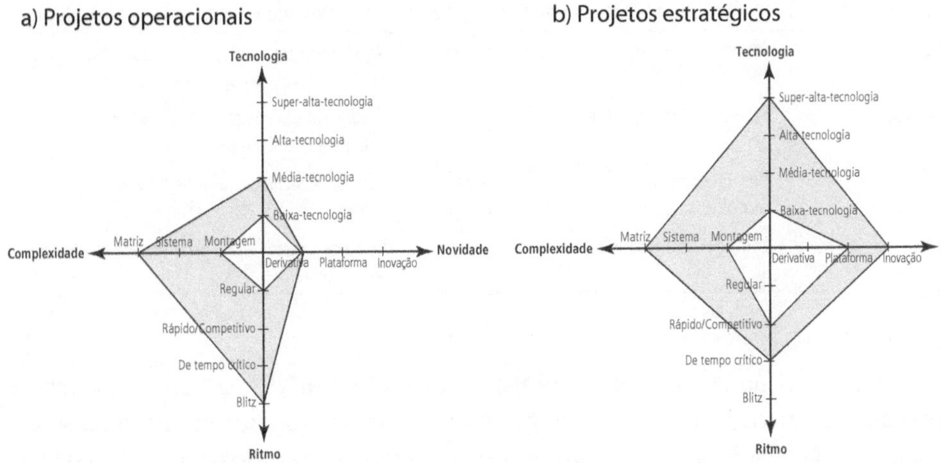

A Figura 8-1 mostra as distinções típicas entre projetos operacionais e estratégicos. O fato de um projeto ser externo ou interno não afeta essas distinções. O diamante maior dos projetos estratégicos representa uma oportunidade maior, assim como um risco maior, como discutiremos a seguir.

Etapa 4: Use o Modelo Diamante para Selecionar os Projetos Individuais

Como discutimos no Capítulo 3, o tamanho do diamante representa *risco* e *oportunidade*, e como vimos nos capítulos 4 a 7, cada uma de suas dimensões representa um tipo diferente de oportunidade. Ao fazer a seleção final de projetos individuais, pode-se usar as dimensões NTCR para avaliar os riscos específicos e os benefícios.

No entanto, a principal dimensão para essa avaliação é a novidade. Quanto maior for a novidade, mais altos serão os riscos e maiores serão os benefícios potenciais. A complexidade está associada ao nível de investimento e, conseqüentemente, a ganhos ou perdas potenciais. Mas o aumento na complexidade também está associado às dificuldades em coordenação e integração apropriada, como mostraram alguns casos nos capítulo anteriores. A tecnologia proporciona uma oportunidade para um desempenho melhor do que no passado, além de proporcionar a oportunidade de fazer coisas novas; mas ela também carrega o risco de fracasso técnico. E o ritmo proporciona a oportunidade de ganhar vantagens baseadas no tempo, assim como o risco de atrasos. A Tabela 8-2 resume os riscos específicos e os benefícios para cada dimensão do modelo NTCR.

TABELA 8-2

Riscos e oportunidades potenciais

Dimensão do diamante	Benefício e oportunidade potencial	Risco ou dificuldade potencial
Novidade	Idéias inovadoras; novos mercados; novos clientes.	Avaliar erroneamente as necessidades dos clientes; perder as oportunidades de mercado.
Complexidade	Escopo da empresa baseado no tamanho.	Perdas substanciais; dificuldades de coordenação e integração.
Tecnologia	Desempenho melhorado; novos usos da tecnologia.	Fracassos técnicos; falta de habilidades técnicas.
Ritmo	Vantagem do tempo.	Risco de atrasos; risco de erros em virtude da velocidade.

A etapa final na seleção do projeto é fazer uma análise do custo-benefício dos projetos dentro de cada grupo. Os riscos e os benefícios identificados em cada projeto são traduzidos em valores monetários esperados para ajudar a se tomar uma decisão racional dentro de cada célula. Uma matriz típica de avaliação é mostrada na Figura 8-2, em que os projetos no grupo de alto benefício/baixo risco são aprovados imediatamente, e aqueles na área de baixo benefício/alto risco são reprovados imediatamente. Assim, sobram poucos projetos para uma avaliação mais refinada com base nos recursos críticos, na política ou nas necessidades internas específicas.

FIGURA 8-2

Matriz de avaliação de riscos e benefícios

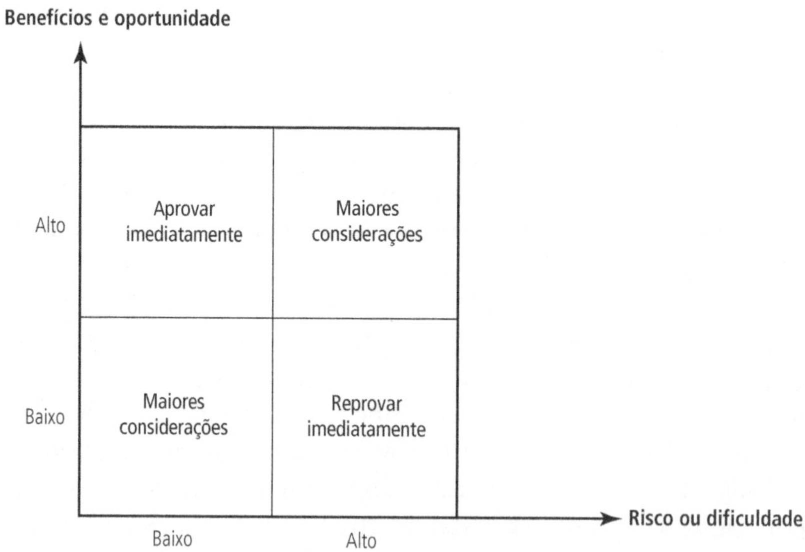

Uma vez que os projetos certos foram selecionados, é preciso escolher a abordagem correta para gerenciar cada projeto. Dentro desse contexto, nos voltamos a seguir para o gerenciamento da inovação.

Em Direção a Uma Abordagem Disciplinada do Gerenciamento de Projetos para a Inovação

Os mercados competitivos forçam as empresas a continuarem criando negócios com crescimento dirigidas pela inovação.[5] Ainda assim, ter a melhor e mais inovadora idéia não é o suficiente. As empresas modernas precisam aprender como dirigir projetos que transformarão essas idéias inovadoras em comercialização lucrativa. Nesta seção lidamos com uma das questões mais difíceis, talvez a menos entendida, sobre o gerenciamento da inovação. Embora a literatura sobre inovação seja rica e informativa, raramente algo foi escrito sobre o relacionamento entre inovação e gerenciamento de projetos. Ainda assim, qualquer inovação bem-sucedida depende de um projeto sólido. Nossa meta é mostrar como o gerenciamento pode aplicar uma abordagem disciplinada à inovação.

Existem vários tipos de inovações, e elas requerem vários estilos de gerenciamento de projetos. A adoção da abordagem correta poderá aumentar substancialmente as chances de sucesso de uma inovação. A história seguinte, baseada em um estudo de caso de nossa pesquisa, demonstra como uma empresa adotou a abordagem correta a um projeto inovador que apresentava riscos extensos e benefícios potencialmente altos.

O Projeto do "Market Watch"

Quando os gerentes na ISO Insurance Corporation queriam expandir seus negócios, eles identificaram um serviço antigo que foi baseado em técnicas ultrapassadas e limitadas em escopo e desempenho. Eles definiram um novo pacote de software, chamado de Market Watch, que produziria um novo índice para prever as mudanças nos níveis de prêmios futuros e serviria todo o setor de seguros. O índice ajudaria os consumidores a antecipar as tendências no mercado de seguros e a determinar precisamente os preços dos produtos. E também ajudaria os membros de empresas individuais a planejarem suas próprias estratégias comerciais e a antecipar os ciclos voláteis de preço dos seguros.

O projeto do Market Watch foi administrado de maneira efetiva e eficaz; ele foi completado em tempo e tem criado valor substancial para a empresa e seus clientes. Uma análise retrospectiva das atividades do projeto sugere que a gerência tinha uma visão clara do modelo comercial e claramente identificou a vantagem competitiva do produto. Ela também estava totalmente ciente da melhor hora para a introdução de produtos, assim como os riscos e os benefícios associados.

Embora a empresa tivesse um produto anterior, muito mais simples, ela chegou à conclusão de que o novo sistema seria tratado como um produto de inovação, isso porque os consumidores e fornecedores nunca haviam usado uma abordagem similar de monitoramento em larga escala. O sistema envolvia a integração de vários componentes: um banco de dados existente, um fluxo cumulativo de dados do setor, um módulo de análises que combinava dados passados e presentes, e um relatório de saída que era compartilhado entre as empresas participantes. No entanto, em termos de tecnologia, o projeto foi elaborado para ser menos arriscado; a maior parte das ferramentas de desenvolvimento já estava disponível, e apenas alguns módulos de software precisavam de alguns trabalhos de desenvolvimento (veja a Figura 8-3).

O maior risco, no entanto, envolvia a novidade do produto. Para lidar com essa novidade, a equipe usou uma nova abordagem ao desenvolvimento do produto, chamando-a de "a rodovia do

FIGURA 8-3

Projeto do "Market Watch"

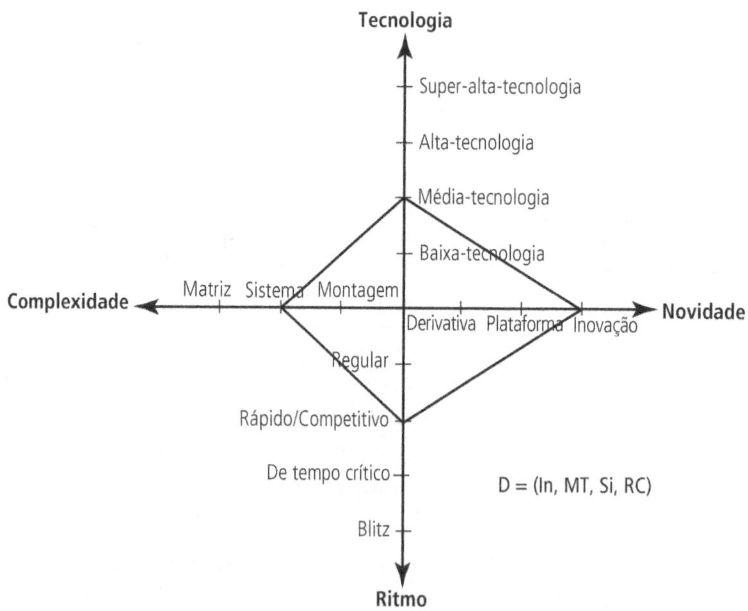

desenvolvimento". Ele foi definido como um novo processo comercial que forçou a criação de parcerias e responsabilidades por parte dos departamentos de TI, marketing, desenvolvimento do produto e das funções comerciais relevantes responsáveis pelo projeto. A equipe multidisciplinar central teve de proceder por meio de uma série de barreiras, que eram estruturadas como sessões de revisão do *status*. Essas sessões eram conduzidas com o comitê diretivo da alta gerência assim como com um grupo de especialistas técnicos e clientes potenciais.

Pelo fato de esse produto ser o primeiro do tipo, a empresa hesitou em estabelecer seus requisitos finais de antemão. Em vez disso, ela tratou seus clientes como consultores de pesquisa de mercado. Os gerentes presumiram que seria melhor entregar uma versão inicial e imatura do produto nas mãos do cliente e depois usar o *feedback* deles para direcionar o desenvolvimento subseqüente. Dessa maneira o produto evoluiu gradualmente para seu potencial pleno, ao mesmo tempo gerando receitas à medida que ele progredia.

Em retrospecto, a empresa usou a abordagem correta. O desenvolvimento inicial de protótipos, e o fato de testá-los com os clientes o mais cedo possível, foi uma das chaves para o sucesso. Similarmente, a abordagem de "manter tudo simples" e o monitoramento contínuo pelo gerenciamento e especialistas técnicos também foram críticos. O projeto não teria sido concluído em tempo se a empresa não tivesse empregado seu processo de "rodovia do desenvolvimento". Como o CEO da empresa resumiu a experiência: "Nunca teríamos nos organizado se não tivéssemos aderido a esta nova estrutura".

Os Tipos Diferentes de Inovação

A literatura sobre a pesquisa de inovações está talvez mais desenvolvida do que a literatura sobre gerenciamento de projetos. O primeiro estudo de referência, realizado por Burns e Stalker em 1961, sugeria o que se tornou uma distinção clássica entre inovação incremental (evolucionária) e radical (revolucionária), e entre as organizações orgânicas e mecanistícas.[6] Estudos posteriores mencionaram a idéia de inovação do sistema ou sugeriram distinções adicionais, como a inovação arquitetural *versus* a modular, e a inovação sustentável *versus* a disruptiva.[7]

Quase todos os escritores concordam que tipos diferentes de inovação requerem práticas e processos organizacionais diferentes.[8] Mas, paradoxalmente, a questão de como realmente adaptar o trabalho da organização aos tipos diferentes de inovação permanece sem solução. Talvez a resposta seja mais fácil agora que temos um modelo disciplinado para fazer a distinção entre os projetos. As regras estabelecidas nos capítulos 4 a 7 podem agora ser úteis quando examinamos os vários tipos de inovação. A idéia é que a maioria dos tipos de inovação pode ser simplesmente mapeada nas dimensões do modelo NTCR, tornando mais claro como administrá-las de maneira mais efetiva e eficaz.

Da Inovação aos Tipos de Projetos

A distinção mais comumente mencionada entre inovação incremental e radical não especifica onde está a mudança. Ela pode ser uma mudança radical ou incremental no mercado (ou uso do produto), na tecnologia (voltada para um uso similar), ou ambas.[9] Do mesmo modo, uma mudança modular em um produto sugere que a estrutura básica do produto (ou arquitetura) permanece inalterada, mas alguns módulos são substituídos por novos módulos, ao passo que uma mudança arquitetural requer um novo projeto de toda a estrutura do sistema.[10] Cada uma dessas mudanças requer seu próprio tipo de projeto com seus próprios níveis de novidade, tecnologia, complexidade e ritmo.

A extensão da mudança no mercado pode ser abordada por projetos de vários níveis de novidade. A inovação de mercado incremental ou é um projeto derivativo ou uma plataforma, e a inovação radical é um projeto de inovação. Similarmente, uma mudança incremental na tecnologia é abordada por um projeto de baixa ou média-tecnologia, e uma mudança radical por um projeto de alta ou super-alta-tecnologia (veja a Figura 8-4).

Menos direta é a distinção feita por Henderson e Clark entre inovações modulares e arquiteturais.[11] Ao estudar a indústria fotolitográfica, eles observaram que as empresas têm mais sucesso com a mudança modular quando elas usam os módulos de gerações anteriores para criar um novo produto em uma estrutura similar à antiga. Entretanto, eles têm dificuldade em lidar com a inovação arquitetural, quando é necessário uma nova ordem de módulos em uma nova arquitetura. Se aplicarmos o modelo diamante, podemos ver que as dificuldades da inovação arquitetural são aquelas de projetos cujos níveis de complexidade são do tipo de sistema e de matriz (veja a Figura 8-4). Uma mudança modular é uma mudança na abordagem de montagem, ao passo que uma mudança arquitetural requer a abordagem de sistema (como explicamos em detalhes no Capítulo 6).

A Perspectiva de Gerenciamento de Projetos no Dilema do Inovador

Clayton Christensen ofereceu uma teoria rigorosa das inovações *disruptiva e sustentável*, mostrando que as boas empresas podem, ainda assim, fracassar quando enfrentam o *dilema do inovador*.[12] De acordo com essa teoria, as tecnologias sustentáveis (que podem ser incrementais ou radicais) melhoram o desempenho do produto ao longo das dimensões que os consumidores aprenderam a esperar

FIGURA 8-4

Categorias de inovação e tipos de projetos

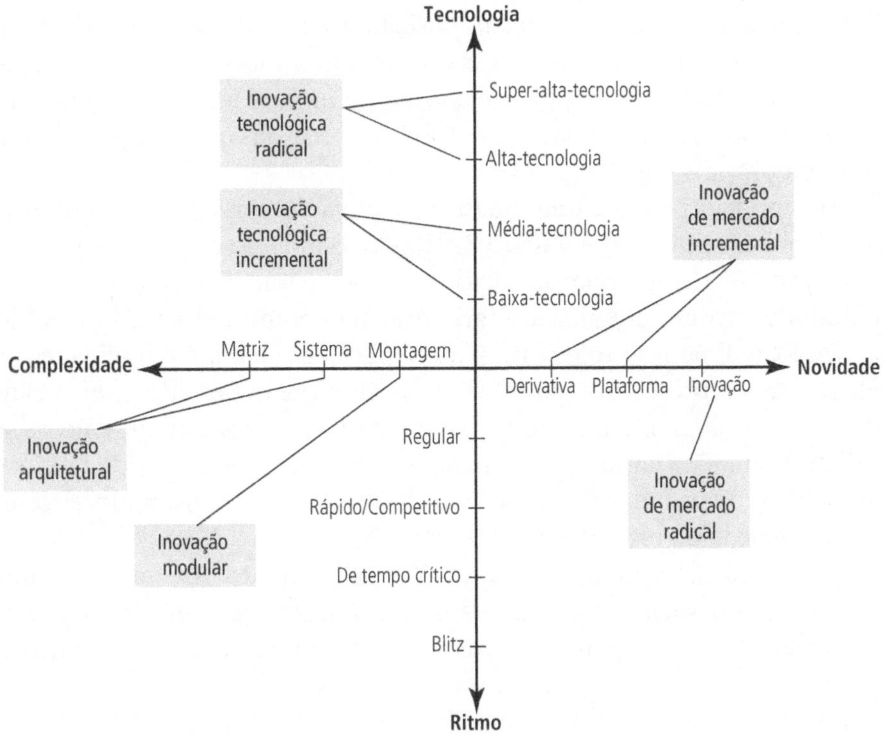

e exigir. As tecnologias disruptivas, por outro lado, podem inicialmente oferecer desempenhos mais baixos do que as tecnologias sustentáveis existentes, mas seu desempenho melhora numa taxa mais alta do que os consumidores esperam. Pelo fato de essas tecnologias estarem tendo um desempenho medíocre, elas são geralmente ignoradas pelas grandes corporações que não vêem uma combinação imediata com seus mercados de alto volume existentes. Com o tempo, contudo, essas tecnologias superam as tecnologias sustentáveis em desempenho e preço, fazendo com que as empresas pequenas e novatas tirem os negócios das grandes empresas.

Entre os casos de Christensen estão o fracasso da Digital Equipment Corporation em não reconhecer a ruptura dos computadores *desktop* em seus negócios de minicomputadores; a Sears, que falhou em não se ingressar na tendência de varejistas de desconto e *home center*; e a Western Union, que rejeitou a oferta de Alexander Graham Bell para adquirir as patentes da telefonia. De acordo com Christensen, a maioria das empresas com uma prática bem-estabelecida de "ouvir" seus clientes é raramente capaz de construir um caso para investir em tecnologias disruptivas até que seja muito tarde. Esse é o dilema do inovador.

Um dos fracassos mais clássicos para abordar o dilema do inovador foi a mudança lenta da Motorola de tecnologia analógica para digital nos telefones celulares. Como relatou o Gartner Group, a Motorola, líder mundial na tecnologia de telefones celulares, perdeu sua posição no final dos anos de 1990 quando a nova tecnologia ainda era jovem e estava tendo um desempenho abaixo do esperado. Sua escolha de investir pesadamente em telefones analógicos melhores abriu uma oportunidade para as empresas européias e asiáticas derrotarem a líder em seu próprio jogo.[13]

Nosso modelo proporciona uma perspectiva do gerenciamento de projetos para o dilema do inovador. A Figura 8-5 ilustra o modelo disruptivo de gerenciamento de projetos. Como relatou Christensen, a tecnologia disruptiva deveria ser enquadrada como um desafio de marketing, não como um desafio tecnológico. Assim sendo, a dimensão relevante para explicar o dilema é a novidade e não a tecnologia. As empresas que "ouvem" seus clientes, de acordo com o caminho sustentável, normalmente criarão novos produtos baseadas no modelo de projeto de plataforma. Por natureza, tais projetos são iniciados após extensos estudos de mercado, os quais determinam as expectativas que os consumidores têm para a próxima geração de produtos.

O progresso disruptivo deve ser, todavia, abordado por um tipo diferente de projeto. Como sugere a teoria, os consumidores existentes nunca dirão às empresas para que ofereçam produtos baseados em tecnologias disruptivas. Ou

FIGURA 8-5

O dilema do inovador e o gerenciamento de projetos

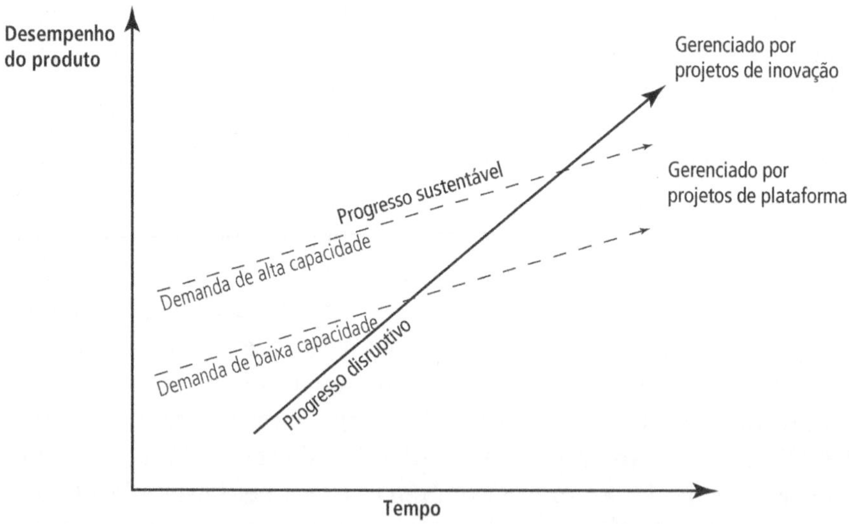

Fonte: Adaptado de Clayton M. Christensen, *The Innovator's Dilemma* (Boston: Harvard Business School Press, 1997).

eles não sabem que essas tecnologias existem ou eles as consideram inferiores. A abordagem correta é a inovação no modelo de novidade. Como descrito no Capítulo 4, projetos de inovação nunca dependem de estudos de mercado; eles são definidos pela intuição administrativa e refinados pelo *feedback* rápido do cliente com os primeiros protótipos. Além disso, os consumidores precisam ser educados sobre o valor e o uso de produtos disruptivos novos antes que eles possam apreciar totalmente seu benefício.

As grandes empresas precisam se esforçar para aprender a diferença entre projetos de plataforma e de inovação. Elas devem perceber que além de seu amplo investimento em tecnologias sustentáveis, elas precisam de algumas iniciativas de inovação, as quais devem ser mantidas separadas dos principais esforços sustentáveis. Essas iniciativas se especializam no gerenciamento de projetos de maneira diferente: menos certeza na definição de metas, dados de mercado que não estão disponíveis e não há planos de negócios detalhados como uma condição para a aprovação do projeto. Potencialmente, algumas dessas iniciativas darão frutos e ajudarão a corporação a dominar a tendência disruptiva em vez de deixar o campo para os novatos ágeis.

O caso seguinte demonstra, mais uma vez, que uma empresa líder pode fracassar na exploração de uma tecnologia disruptiva que pode estar crescendo, sem ser percebida pela administração, em seu próprio quintal.

A Invenção da Memória Flash

A memória flash foi uma das tecnologias de armazenamento digital de dados que cresceu mais rapidamente no início dos anos 2000.[14] Ela permitia a retenção de grandes quantidades de informação em um pequeno dispositivo de memória quando a energia era desligada. É um mito comum dizer que a memória flash foi inventada pela Intel em 1988, seguida pela Samsung e Toshiba em 1989. A verdade é que a memória flash foi inventada na Toshiba no início dos anos de 1980 por um jovem engenheiro chamado Fujio Masuoka. No entanto, os executivos da Toshiba não foram atrás dessa tecnologia, deixando de apreciar sua natureza disruptiva.

O que inspirou Masuoka foi um dos maiores desafios que a indústria enfrentou nos anos de 1970: descobrir um meio de reter memória para que os dados não desaparecessem toda vez que a energia fosse desligada. A idéia de Masuoka era que as informações precisavam ser armazenadas em grandes quantidades por um curto período de tempo, em vez de serem armazenadas em *bits* únicos por longos períodos. Esse era um pensamento inovador na indústria. Embora a solução fosse muito mais simples e mais compacta em projeto do que as técnicas de armazenamento anteriores, ela exigia um desenvolvimento adicional extenso para tornar a tecnologia comercialmente disponível.

Masuoka introduziu a primeira memória flash em 1984 na reunião anual da International Electronics Developers em San Jose, Califórnia. Seus gerentes ficaram surpresos quando várias empresas americanas, incluindo a Intel, pediram algumas amostras.

Valorizando o potencial, a Intel imediatamente colocou mais de trezentos engenheiros para trabalhar na memória flash. Nesse meio tempo, na Toshiba, Masuoka tinha cinco pessoas, trabalhando meio-período, para ajudá-lo a prosseguir com suas idéias, enquanto que o principal esforço da empresa estava concentrado em sua "vaca leiteira" – os produtos DRAM. O grupo de Masuoka foi o primeiro no mercado com um produto de memória flash (para ser usado em carros), mas não demorou muito para que a Intel dominasse o mercado. A memória flash tornou-se a linha de produto número 2 da Intel depois dos microprocessadores.

Mais uma vez, o entendimento da singularidade dos projetos de inovação e a necessidade de separá-los do principal esforço sustentável, foram a chave para o sucesso da Intel e o fracasso da Toshiba.

Inovação do Produto e Ciclo de Adoção do Cliente

Geoffrey Moore, em seu livro *Crossing the Chasm*, sugeriu uma abordagem prática à introdução de inovações no mercado.[15] Sua estrutura é baseada na segmentação de consumidores de Everett Rogers com base em seus modelos de adoção de produto.[16] O ciclo de adoção de Rogers é composto de cinco fases; em cada uma delas, os consumidores têm características diferentes e se comportam de maneiras diferentes:

- **Inovadores.** Os consumidores da primeira fase são geralmente chamados de *inovadores*, ou "technos". Eles buscam produtos novos agressivamente, às vezes buscando-os mesmo antes que um programa de marketing formal tenha sido lançado. Este é um grupo pequeno, porém importante, isso porque as empresas aprendem muito com esses poucos inovadores em qualquer segmento do mercado.
- **Adotadores iniciais.** Os consumidores da segunda fase são os *adotadores iniciais*, ou visionários. Assim como os inovadores, eles compram novos produtos logo no início de seus ciclos de vida. Todavia, diferentemente dos inovadores, os adotadores iniciais não são "technos", mas sim pessoas que apreciam os benefícios de um novo produto e o impacto potencial em suas vidas diárias. Os

adotadores iniciais não dependem de referências bem-estabelecidas e são, portanto, a chave para a abertura de novos segmentos de mercado.

- **Maioria inicial.** A terceira fase de consumidores é a *maioria inicial*, que representa o maior salto. Esses consumidores se relacionam à tecnologia, mas são basicamente direcionados por um forte senso de praticidade. Eles normalmente esperam para ver como as outras pessoas reagem antes de tomarem a decisão de compra. A participação no mercado da maioria inicial é estimada como sendo um terço de todo o segmento do mercado.
- **Maioria final.** A *maioria final* são os consumidores que vêm depois da maioria inicial e compartilham preocupações similares. Em contraste à maioria inicial, eles não se sentem confortáveis com sua habilidade em usar tecnologia. Como resultado eles esperam até que o novo produto tenha se tornado o padrão, produzido por empresas bem-conhecidas que proporcionam o serviço e suporte necessários. A participação no mercado da maioria final é comparável à participação da maioria inicial. Juntos, esses dois grupos compõem cerca de dois terços do segmento do mercado.
- **Retardatários.** O último tipo de consumidores é chamado de *retardatários*; eles não querem ter nada a ver com produtos novos e sofisticados. Eles compram apenas quando são forçados a fazê-lo ou quando o produto é parte de outro produto. Os retardatários são geralmente vistos como "sem importância" quando se busca um público alvo.

Moore discutiu as lacunas e barreiras que as empresas precisam transpor para se movimentar de um grupo de consumidores para o outro. A maior lacuna está entre os adotadores iniciais e a maioria inicial, a qual Moore chama de "o abismo". Quando as empresas têm sucesso ao transpor o abismo, elas estão na rota de um produto marginal para um produto convencional, e crescimento extenso e lucratividade do produto (veja a Figura 8-6).

Transpondo o Abismo e o Gerenciamento de Projetos

A obra de Moore usa o termo produtos de "alta-tecnologia". Em nosso contexto, contudo, eles deveriam ser vistos como produtos "novos para o mundo", ou de inovação. Embora os produtos novos para o mundo possam ser baseados em nova tecnologia, eles também envolvem uma nova idéia fundamentada em uma tecnologia bem-conhecida. O ciclo de adoção de Rogers e Moore é, portanto, baseado na novidade dos produtos para os consumidores e pode ser abordado ao longo da dimensão de novidade, em vez da dimensão de tecnologia. Outras dimensões, no entanto, também podem ser relevantes (veja a Figura 8-6).

FIGURA 8-6

A evolução dos tipos de projetos ao longo do ciclo de vida do produto

Novidade	Inovação	Plataforma	Derivativo, plataforma	Derivativo
Tecnologia	Média a super-alta-tecnologia	Média-tecnologia	Média-tecnologia	Média a baixa-tecnologia
Meta	Estratégia	Estratégia	Operacional	Operacional

Fonte: Adaptado de Geoffrey A. Moore, *Crossing the Chasm* (Nova York: HarperCollins, 1991).

Os produtos novos para o mundo são criados por projetos de inovação. Eles podem ser adotados apenas pelos inovadores e adotadores iniciais. Nesses esforços inovadores, as empresas precisam convencer o consumidor não-usuário de que há uma verdadeira oportunidade de significativamente aperfeiçoar o modo como eles fazem negócios ou administram suas vidas diárias.

Todavia, o maior desafio está em transpor o abismo e capturar o mercado da maioria inicial. Do ponto de vista do gerenciamento de projetos, isso requer uma mudança no nível de novidade, de inovação para plataforma. Os produtos voltados para a maioria inicial devem superar os problemas associados com a primeira geração e devem provar a sua praticidade, e economia viável para grandes grupos de consumidores. Para reduzir os custos de produção e suportar a adaptação do produto aos nichos específicos, as equipes devem projetar a plataforma básica para permitir melhorias e modificações futuras para o mercado de maioria final, assim como melhorias em projetos incrementais futuros.

Mas a transposição do abismo e o movimento de um grupo de consumidores para o próximo grupo não afetam apenas os níveis de novidade do projeto, também afetam as três outras dimensões do gerenciamento de projetos. Assim sendo, a gerência não apenas precisa entender o impacto nos consumidores e mercados, mas também precisa saber como adotar a abordagem do gerenciamento de projetos mais adequada para cada fase do ciclo de adoção. Essa situação é demonstrada no exemplo seguinte, o qual descreve a evolução do microondas.

O forno de microondas, o qual mudou significativamente nossos hábitos domésticos, não foi uma inovação planejada, mas sim uma feliz coincidência.[17] Sua história é descrita no artigo seguinte, o qual foi preparado por Brian Sauser.

A História do Forno de Microondas

Durante a Segunda Guerra Mundial, a Raytheon Company tornou-se o maior fornecedor de tubos de vácuo de magnétron, os quais eram usados pela Grã-Bretanha em seus radares de ondas curtas e microondas para a detecção antecipada de aeronaves inimigas. O especialista do tubo da Raytheon era o Dr. Percy Spencer.[18] Em 1946, ele se tornou, por acidente, o primeiro inventor do forno de microondas. Um dia ele estava de pé, perto de um tubo, quando descobriu que uma barra de chocolate que estava em seu bolso havia derretido por causa da propriedade, desconhecida, de aquecimento de alimentos pela energia de microondas. Ele imediatamente registrou uma patente, o que marcou o nascimento do forno de microondas (Figura 8-7).

A evolução dessa inovação pode ser vista como um modelo em andamento e mutável de estilos diferentes do gerenciamento de projetos descrita por diamantes diferentes (veja a Figura 8-8). Para cada etapa, as linhas sólidas descrevem o diamante atual e as linhas pontilhadas representam (para efeito de comparação) a etapa anterior.

FIGURA 8-7

Patente original do forno de microondas

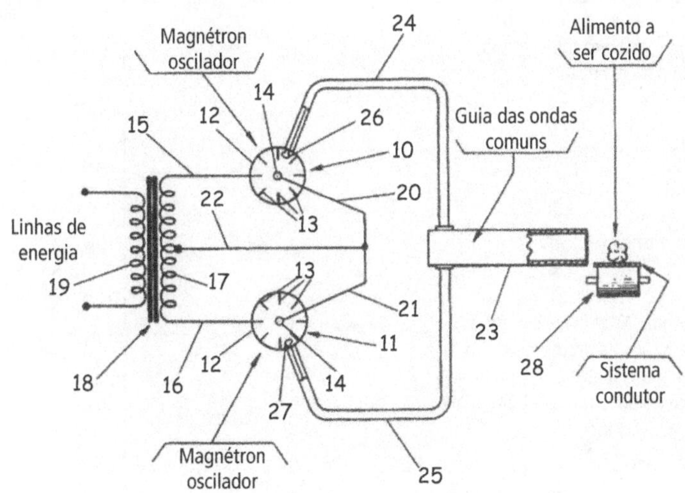

Fonte: Patente original do forno de microondas por Dr. Percy Spencer, patente nos EUA Nº 02495429, registrada em 24 de janeiro de 1950.

FIGURA 8-8

Evolução do Forno de Microondas

Etapa 1 – A descoberta – 1946
D = (In, SAT, Mo, Re)

Durante o teste do magnétron, após ter descoberto que uma barra de chocolate havia derretido em seu bolso, o Dr. Percy Spencer confirmou sua descoberta ao colocar milhos de pipoca perto do tubo e assisti-los estourar. Ele rapidamente desenhou uma caixa de metal com uma abertura, na qual ele alimentava a energia de microondas para confirmar que o forno de microondas poderia cozinhar alimentos mais rapidamente do que os fornos convencionais.

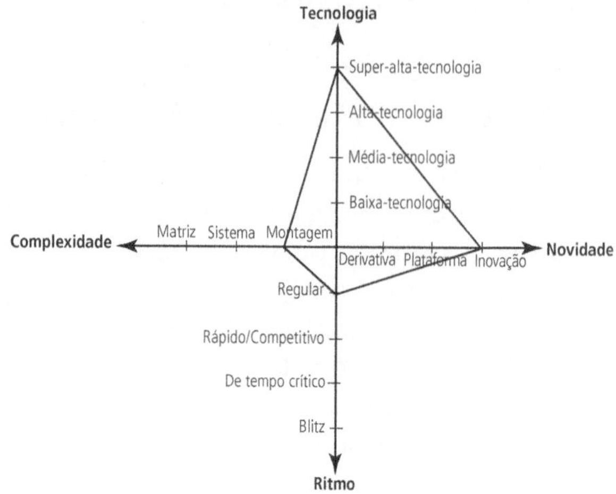

Etapa 2 – O primeiro forno – 1946 a 1947
D = (In, AT, Si, Re)

Spencer percebeu o grande potencial para o uso da energia de microondas no mercado de culinária. Ele juntou uma equipe de engenheiros na Raytheon para desenvolver e refinar sua descoberta para uso prático. A equipe rapidamente fabricou o que seria o primeiro forno de microondas, e a Raytheon registrou uma patente propondo o seu uso para cozimento. Em 1947, a Raytheon produziu o primeiro forno de microondas comercial, que tinha 1,67m de altura, pesava 340kg e custava $5.000. A Raytheon acreditava que o maior potencial para a invenção deles estava na indústria de restaurantes comerciais e introduziu o primeiro forno em um restaurante em Boston para teste.

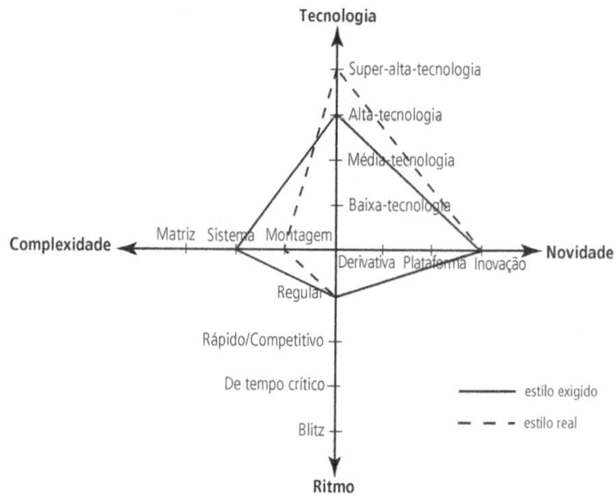

Etapa 3 – A próxima geração – 1947
D = (Pl, AT, Si, RC)

Os consumidores estavam bastante resistentes às primeiras unidades de fornos de microondas, e as vendas iniciais foram decepcionantes. Melhorias adicionais e refinamento produziram um forno mais confiável, mais leve e mais barato.

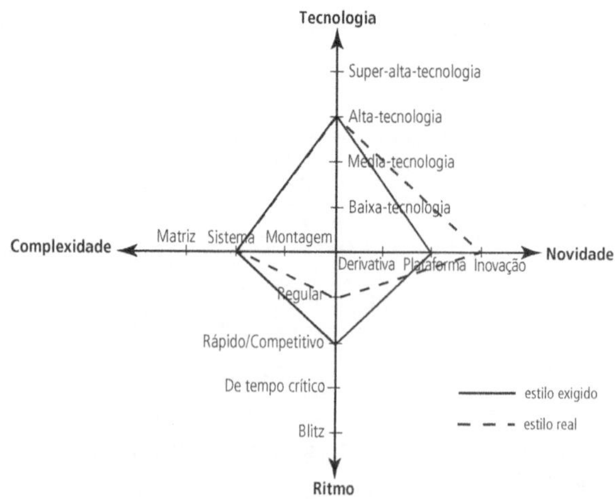

FIGURA 8-8 *(continuação)*

Evolução do Forno de Microondas

Etapa 4 – Sucesso comercial – 1948 a 1952
D = (Pl, AT, Mo, RC)

Quando o setor de restaurantes descobriu o forno, a demanda explodiu e o forno de microondas tornou-se uma necessidade nesse mercado. Ele também gerou novos usos e versatilidade para o forno no mercado comercial, como secagem de cortiça, cerâmica, papel, flores e mais.

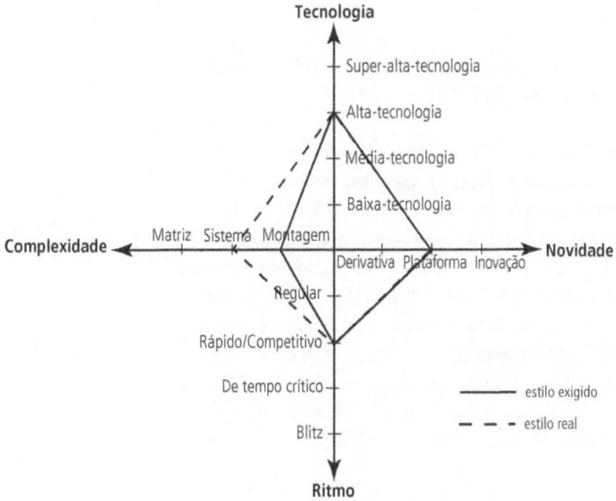

Etapa 5 – Inovação para o consumidor – 1952
D = (In, AT, Mo, RC)

Durante o período de 1952 a 1955, a Tappan Industries introduziu o primeiro modelo doméstico ao custo de $1.295. Mesmo com esse sucesso comercial no setor de restaurantes, o forno de microondas começava a entrar em um mercado diferente, no qual os consumidores não haviam sido expostos anteriormente ao novo aparelho. Isso fez com que o projeto voltasse para o nível de inovação.

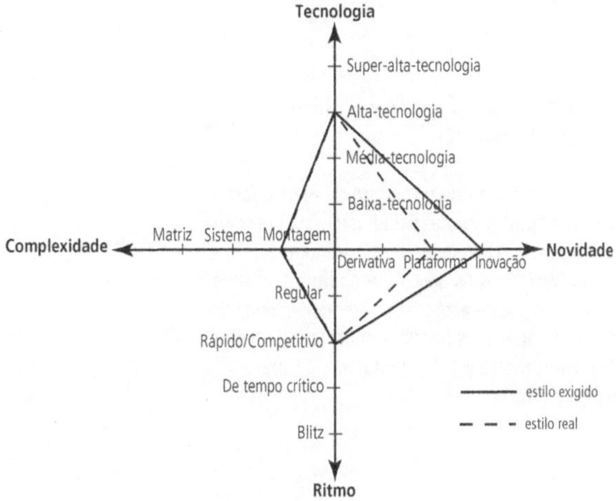

Etapa 6 – Aceitação pelo consumidor – 1965
Cruzando o abismo
D = (Pl, MT, Mo, RC)

Em 1965, a Raytheon adquiriu a Amana Refrigerator, e dois anos depois introduziu o primeiro forno para bancada. Este era um forno de microondas de 100 volts que custava menos de $500 e era pequeno, mais seguro do que seus predecessores e muito mais confiável.

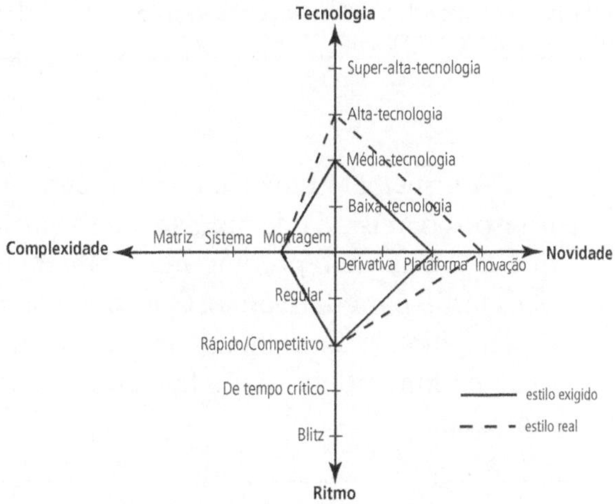

FIGURA 8-8 *(continuação)*

Evolução do Forno de Microondas

Etapa 7 – Sucesso com o consumidor – 1975
D = (De, MT, Mo, RC)

Por volta de 1975, as vendas dos fornos de microondas excederam, pela primeira vez, as vendas dos fogões a gás, e em 1976 o forno de microondas tornou-se um eletrodoméstico comum nas cozinhas, chegando a aproximadamente 60% dos lares norte-americanos. Essa etapa exigia uma mudança maior no trabalho do projeto. Ele não era mais um produto exótico. A produção em massa e o custo baixo tornaram-se cada vez mais importantes, e a fabricação eficaz foi a chave para o sucesso continuado do produto.

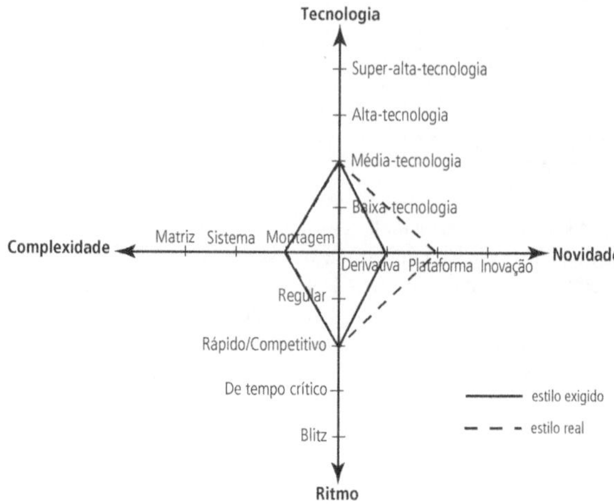

Etapa 8 – Hoje – o restante da história
D = (De, BT, Mo, RC)

Uma vez considerado um artigo de luxo, o forno de microondas tornou-se uma necessidade prática. O mercado em expansão tem exigido fornos que satisfaçam todos os gostos, tamanhos, formatos e cozinhas. Neste estágio, o desenvolvimento do produto não é mais do que um projeto derivativo, de baixa-tecnologia, de montagem, e rápido/competitivo.

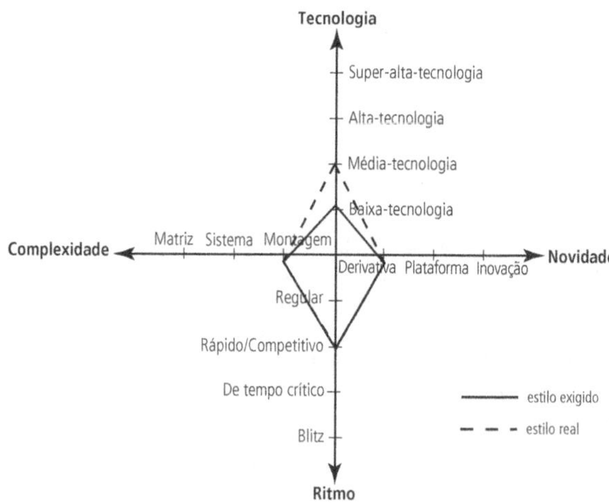

Fonte: Fatos da história do forno de microondas adquirido por C. J. Gallawa, *The Complete Microwave Oven Service Handbook* (New York: Prentice Hall, 1989).

A principal mudança ocorreu entre 1965 e 1975, quando esta inovação transpôs o abismo e tornou-se uma aquisição viável para o lar. Os projetos que construíram o produto mudaram de inovação para plataforma e mais tarde para derivativo. Com a queda nos preços e melhorias no desempenho, o aparelho, nunca antes imaginado, tornou-se uma utilidade. O entendimento desse modelo pode ser crítico para o sucesso em qualquer inovação.

Agora que exploramos os contextos comerciais e de inovação do gerenciamento de projetos, voltamo-nos para o capítulo 9, para as perspectivas internas de projetos e examinamos como a abordagem adaptativa pode ser aplicada aos projetos em qualquer organização.

Pontos Principais e Itens para Ação

- As empresas iniciam projetos por vários motivos. Alguns projetos criam novos negócios e mercados; outros lidam com os negócios existentes ou com a infra-estrutura organizacional. Para selecionar projetos, é necessário dividir os projetos prospectivos naqueles que acarretam metas de negócios estratégicos *versus* operacionais, e naqueles que servirão os clientes internos ou externos. Os recursos da empresa são alocados para cada grupo de acordo com a estratégia e a política atual da empresa.
- Todas as propostas de projetos são então mapeadas em células separadas em uma matriz simples 2 X 2, e a seleção e competição é limitada aos projetos no mesmo grupo. Deve-se selecionar os projetos dentro de cada grupo baseando-se nos critérios de benefícios e oportunidades *versus* riscos e dificuldades.
- A literatura sobre inovação distingue entre os tipos diferentes de inovação, mas não oferece idéias sobre como realmente gerenciá-la. O modelo NTCR proporciona diretrizes para gerenciar tipos diferentes de inovações, de maneiras diferentes.
- A inovação pode ser radical ou incremental tanto em termos de mercado quanto de tecnologia. O gerenciamento dessas inovações pode ser distinguido por meio das dimensões de novidade e de tecnologia do modelo NTCR. Inovações modulares ou arquiteturais podem ser distinguidas por meio da dimensão de complexidade.
- O dilema do inovador apresenta um risco para as empresas: seguir a demanda dos consumidores, com base no progresso sustentável, poderá fazer com que se percam as oportunidades apresentadas pelas mudanças rápidas e disruptivas. A solução do gerenciamento de projetos para o dilema do inovador é aprender a distinção entre projetos de inovação e de plataforma. Enquanto investem em grandes empresas sustentáveis, as quais são conduzidas por projetos de plataforma ou derivativos, as empresas precisam iniciar alguns projetos de inovação que sejam gerenciados separadamente, seguindo regras diferentes, desse modo abordando as oportunidades potenciais da mudança disruptiva.
- Rogers e Moore fizeram a distinção entre cinco grupos de consumidores de acordo com seus modelos de adoção de um novo produto: inovadores, adotadores iniciais, maioria inicial, maioria final e retardatários. A maior oportuni-

dade para capturar um mercado é aprender como transpor o abismo entre os adotadores iniciais e a maioria inicial. A transposição do abismo requer uma mudança drástica nos estilos de gerenciamento de projetos, de projetos de inovação para plataforma. À medida que as inovações amadurecem, elas exigem uma mudança no gerenciamento de projetos. O diamante do projeto torna-se menor e menos arriscado quando um produto passa da fase de introdução para a de maturidade.

CAPÍTULO

9

GERENCIANDO PROJETOS DENTRO DA ORGANIZAÇÃO EXISTENTE

Como as organizações integram as abordagens adaptativa e flexível em suas práticas tradicionais e bem-estabelecidas do gerenciamento de projetos? Felizmente, isso não é muito difícil. Como mostramos aqui, uma vez que os gerentes entendem e aceitam o conceito adaptativo, eles descobrem que é relativamente fácil adicionar novas etapas e atividades às práticas convencionais e integrar as lições deste livro ao planejamento corporativo e à execução. Para muitos gerentes, isso pode não parecer totalmente novo. Em seus esforços para manter seus projetos em forma, muitos gerentes de projeto estão, implicitamente, usando idéias similares, embora nem sempre de maneira formal como oferecido pela disciplina. Com este capítulo, esperamos ajudar as organizações e os gerentes a formalizarem, explicitamente, a abordagem adaptativa de maneira rigorosa.

Começamos delineando as etapas e as atividades que os gerentes precisam acrescentar às suas práticas atuais, e mais adiante discutiremos o impacto da abordagem adaptativa no planejamento do projeto, no gerenciamento da incerteza do projeto, no gerenciamento dos riscos e como aperfeiçoar as eficácias do projeto por meio de blocos de construção comuns e da terceirização seletiva.

Elaborando sobre as Fases e as Atividades Clássicas do Projeto

O modelo linear clássico de progresso do projeto inclui quatro fases: definição, planejamento, execução e conclusão.[1] Porque um tamanho não serve para todos, seria impossível descrever todas as variações que as fases do projeto podem assumir. Assim sendo, usamos a descrição mais básica das fases como um modelo para ilustrar as adições e mudanças que as equipes precisam fazer na abordagem tradicional para liderar seus projetos de maneira mais adaptativa e flexível.

Grande parte da literatura descreve essas fases como seqüenciais, mas, na realidade, nenhuma fase do projeto é realizada em um processo puramente linear. No mundo real, as atividades do projeto se renovam entre as fases e, geralmente, é preciso voltar a uma fase anterior para repetir ou corrigir uma atividade inicial ou decisão. Em sua forma mais simples, essa realidade é ilustrada na Figura 9-1.

A abordagem adaptativa requer a adição de algumas novas atividades para as atividades principais que são normalmente realizadas em cada etapa, assim como a modificação de outras. A Tabela 9-1 lista as atividades típicas, tradicionais e novas. As novas atividades são mostradas em negrito. Descrevemos essas atividades em mais detalhes nas seções seguintes. Entretanto, observe que além das novas atividades, a abordagem adaptativa afeta quase todas as atividades e decisões do projeto, como se verá mais adiante.

Identifique Seu Tipo de Projeto

Nesta altura, você já deveria ser capaz de facilmente identificar seu tipo de projeto. A novidade do projeto é derivativa, plataforma ou inovação, com base na novidade do produto para seus usuários e consumidores e a certeza com a qual as especificações podem ser determinadas. Ele é de baixa, média, alta ou super-alta-tecnologia dependendo da quantidade de nova tecnologia que é necessária para criar ou fabricar o produto. É um projeto de montagem, sistema ou matriz, baseado na hierarquia de sistemas e subsistemas do produto do projeto e na complexidade da organização necessária para construí-lo. E seu ritmo pode ser regular, rápido/competitivo, de tempo crítico ou blitz, de acordo com a disponibilidade de tempo para completar o projeto.

Além das dimensões do NTCR, é preciso classificar o projeto em outras dimensões relevantes. Por exemplo: pode-se identificar um projeto como *estratégico* se este lidar com novos negócios, ou *operacional* se este lidar com os negócios existentes; pode-se também classificá-lo como *interno* ou *externo*, de acordo com o usuário, consumidor ou comprador esperado. E, muitas vezes, como mencionamos, as empresas usam a categorização que é específica para seus ambientes ou setores.[2]

FIGURA 9-1

Fases clássicas do projeto modificadas para uma abordagem iterativa e adaptativa

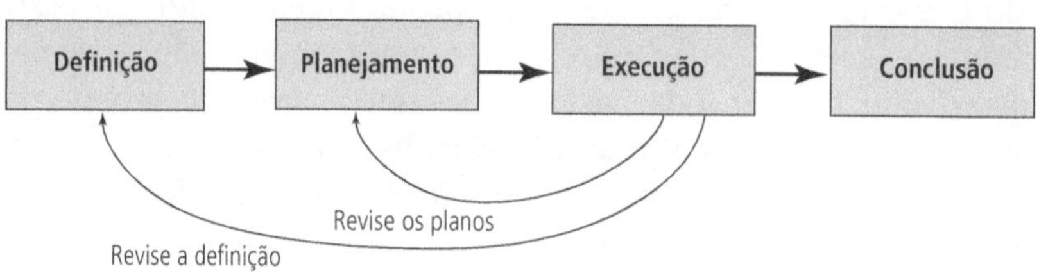

TABELA 9-1

Atividades típicas do projeto durante as fases do projeto

Fase	Atividade	Detalhes
Definição	Definição do mercado.	Identificação do mercado/consumidor. Necessidades do consumidor.
	Objetivos de negócio.	Definir o objetivo de negócio esperado que será alcançado quando o projeto for completado.
	Definição do produto.	Descrição do produto. Especificações do produto.
	Definição do projeto.	Declaração do objetivo do trabalho (escopo). Duração aproximada. Orçamento aproximado. Gerente do projeto e equipe.
	Identificar o tipo de projeto.	Categorizar um projeto baseado nos objetivos de negócio estratégicos ou organizacionais, consumidor interno ou externo, novidade, tecnologia, complexidade e outras dimensões relevantes.
	Critérios para sucesso e fracasso.	Definir as expectativas da gerência em cinco ou mais dimensões de sucesso relevantes, e definir o que pode dar errado.
Planejamento	Impacto do tipo de projeto no gerenciamento do projeto.	Decidir como cada categoria de projeto afetará a organização, processos, planos, atividades e equipe do projeto. Estimar a incerteza pelas especificações iniciais.
	Plano de gerenciamento dos requisitos.	Coleta de dados do mercado. Número de protótipos no mercado. Tempo de congelamento das especificações.
	Plano de criação do produto.	Especificações técnicas iniciais. Projeto inicial do produto. Número de ciclos de planejamento. Tempo de congelamento do plano. Plano de teste do produto.
	WBS	Divida o escopo em pacotes de trabalho e atividades detalhados.
	Comunicação.	Organograma e cumprimento do cronograma. Meios e tecnologia de comunicação – local, global.
	Organização.	Estrutura das equipes de projeto. Matriz de responsabilidade organizacional (quem faz o que).
	Plano de processo do projeto.	Principais fases, portões de decisão e marcos.
	Cronograma.	Rede detalhada e tempo das atividades.
	Orçamento.	Custo detalhado do projeto com base no custo dos itens da WBS.
	Gerenciamento de risco.	Identificação do risco e do plano de mitigação no tipo de projeto.
	Plano de integração.	Tempo e duração das atividades de integração.
	Aquisição.	Plano de gerenciamento de subcontratados e fornecedores.
	Qualidade.	Plano de gerenciamento da qualidade.
	Recursos humanos.	Desenvolvimento e treinamento da equipe. Atividades de motivação da equipe.
	Plano de monitoramento do projeto.	Revisões do projeto, planos e decisões necessárias nos portões de decisão.
Execução	Especificações do produto.	Refinar as especificações do produto. Congelar as especificações do produto.
	Construção do produto.	Projeto do produto. Construção do protótipo e teste. Ciclos adicionais de projeto (reprojeto, reconstrução, reteste). Congelamento das especificações e plano do produto. Construção do produto. Teste do produto.
	Monitoramento do projeto.	Progresso e status do orçamento, tempo e atividades realizadas.
	Replanejamento do projeto.	Atualizar os planos e fazer mudanças.
Conclusão	Preparo do cliente.	Documentação. Materiais para treinamento e manuais. Simulação de uso do produto.
	Comercialização.	Plano de introdução do produto. Assimilação do produto. Distribuição do produto.
	Encerramento do projeto.	Relatório de resumo do projeto. Relatório das lições aprendidas. Planejamento da próxima geração.

Definir os Critérios de Sucesso ou Fracasso do Projeto

Similarmente, os gerentes e as equipes de projeto determinam como avaliar o sucesso do projeto com base em várias dimensões: eficiência (metas de tempo e orçamento), impacto no consumidor, impacto na equipe, resultados do sucesso do negócio e preparação para o futuro. Além dessas cinco dimensões gerais, pode-se definir dimensões específicas para o projeto, como aprovação pelos órgãos regulatórios.

As expectativas específicas para cada dimensão dependerão do tipo específico de projeto. Por exemplo, os resultados comerciais serão grandemente afetados pela novidade do produto. Esses resultados podem ser definidos em termos gerais de participação no mercado ou lucro, ou em um plano detalhado de vendas futuras. Quanto maior a novidade, menos detalhado e menos específico poderá ser o plano.

O planejamento para o sucesso também envolve a preparação para a possibilidade de fracasso. Assim sendo, é preciso avaliar o que pode dar errado com o projeto e incluir isso no plano, juntamente com os critérios de sucesso. A possibilidade de fracasso (ou o que pode dar errado) servirá como base para o planejamento detalhado do gerenciamento de riscos, o qual discutiremos mais adiante neste capítulo.

Determinar o Impacto do Tipo de Projeto no Seu Estilo de Gerenciamento de Projeto

Após ter classificado o projeto e haver determinado como avaliar seu sucesso, a próxima etapa mais significativa é determinar o impacto de cada tipo específico de projeto no gerenciamento de projetos. A Tabela 9-2 mostra uma maneira simples de avaliar esse fator. A Figura 9-2 mostra as principais mudanças no gerenciamento de projetos ao longo das dimensões do modelo diamante NTCR. A seguir, descreveremos em mais detalhes as atividades e os processos que caracterizam a abordagem adaptativa além das etapas tradicionais do gerenciamento de projetos.

Gerenciando as Incertezas de Seu Projeto

Como temos enfatizado ao longo de todo este livro, a abordagem adaptativa ao gerenciamento de projetos difere do modelo convencional em suas premissas básicas. Em vez de ver um projeto como linear, o processo previsível das etapas seqüenciais pode ser determinado com um alto nível de certeza no início do projeto, a abordagem adaptativa percebe um projeto como um processo imprevisível, não-linear e iterativo. Muitas coisas ainda são desconhecidas durante o lançamento do projeto; as premissas iniciais são altamente incertas e muitas decisões iniciais provavelmente mudarão à medida que o projeto progride.

TABELA 9-2

O impacto do tipo de projeto no gerenciamento de projetos

Dimensão do projeto	Tipo de projeto	Decisões gerenciais e principais preocupações	Casos específicos
Metas Comerciais	Estratégicos e operacionais.	Nível de envolvimento da alta gerência; alocação de recursos, estrutura organizacional.	Projetos estratégicos normalmente requerem uma organização separada (isto é, o conceito de atividades paralelas).
Cliente	Interno, externo.	Envolvimento do cliente; graus de formalidade; tipo de contrato.	Nenhum contrato formal é assinado para projetos internos.
Mercado	Consumidor, industrial, público/ governamental.	Envolvimento do cliente, métodos para coletar requisições e necessidades dos consumidores; tipo de contrato.	Geralmente é difícil coletar e entender as necessidades dos consumidores.
Novidade	Derivativo, plataforma, inovação.	Duração da fase de definição; número de iterações dos requisitos; tempo de congelamento das especificações; necessidade de protótipos do produto para teste no mercado; métodos de marketing; gerenciamento de riscos.	Projetos de inovação requerem protótipos rápidos antes do congelamento das especificações e abordagens inovadoras para introduzir o produto no mercado; eles também podem exigir uma organização separada das atividades principais da empresa.
Tecnologia	Baixa, média, alta e super-alta-tecnologia.	Número de ciclos de planejamento; tempo de congelamento do plano; extensão do gerenciamento de risco; número e tipos de protótipos; tipo de contrato; habilidades técnicas do gerente do projeto e da equipe.	Em projetos de alta e super-alta-tecnologia, considere mudar de contratos de custo variável para contratos com preço fixo após o congelamento do plano; os projetos de super-alta-tecnologia precisam ter protótipos em menor escala.
Complexidade	Montagem, sistema, matriz.	Nível de formalidade, organograma e tipo de comunicação; extensão da elaboração de sistemas e integração; uso de subcontratados; estrutura organizacional; agrupamento *versus* descentralização; gerenciamento de riscos.	Os projetos de sistema requerem elaboração de sistemas e longos períodos de integração.
Ritmo	Regular, rápido/ competitivo, de tempo crítico, blitz.	Autonomia das equipes de projetos; freqüência do monitoramento e controle; planos de contingência; improvisações.	Em projetos de tempo crítico, use tecnologias aprovadas sempre que possível e concentre-se na data específica; os projetos blitz requerem autonomia total da equipe para decisões imediatas e uma quantidade razoável de improvisação.

O gerenciamento de projetos adaptativo foca na resolução das incertezas do projeto e em fazer as mudanças necessárias à medida que o projeto progride. Uma das lições mais importantes que os executivos e os gerentes precisam aprender em suas buscas para um melhor gerenciamento de projetos é aceitar essa realidade. Nesta seção, lidamos com o gerenciamento das incertezas do projeto: como distingui-las, como defini-las de antemão e, talvez mais importante, como controlá-las e reduzi-las durante a execução do projeto. A premissa é: Controlar as incertezas do projeto durante todo o projeto até que elas sejam reduzidas para zero é responsabilidade do gerente de projeto.

FIGURA 9-2

O impacto das dimensões do NTCR no gerenciamento de projetos

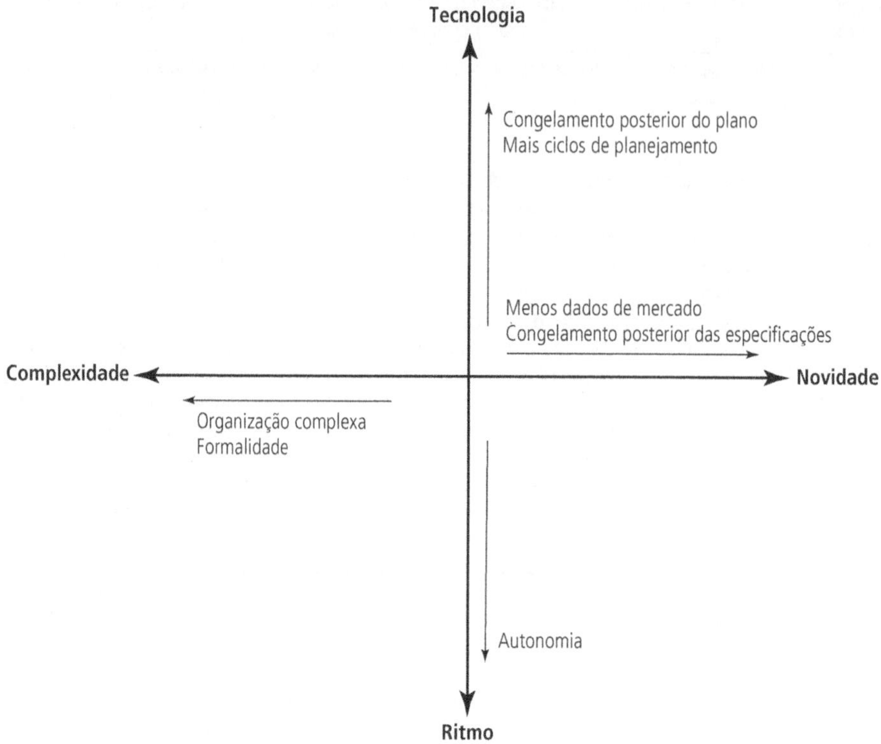

Incerteza Tecnológica e do Mercado

Alex Laufer conceitualizou um projeto como um processo cuja meta é reduzir a incerteza.[3] Ele mencionou dois tipos de incertezas: a incerteza "o que" e a incerteza "como". Em nosso contexto, essas incertezas correspondem à incerteza das especificações do produto, as quais dependem da incerteza do mercado (ou novidade), e a incerteza das especificações técnicas e do projeto final, os quais dependem da incerteza tecnológica. Embora os projetos enfrentem tipos adicionais de incertezas, essas são as duas mais comuns em muitos projetos.

Congelamento das Especificações e do Plano no Momento Certo

Em um mundo ideal, espera-se que a incerteza "o que" seja resolvida primeiro – a saber, determinar primeiramente o que é o seu produto e mercado – e, em seguida, resolver a incerteza "como", ou seja, como construir seu produto. Na realidade, contudo, nenhum projeto pode congelar totalmente os requisitos finais e então começar a trabalhar no planejamento do produto.

Até certo grau, todos os projetos fazem mudanças nos requisitos do produto após o trabalho ter começado. O maior número de mudanças ocorre nos projetos que têm a maior novidade para lançar. Assim sendo, no mundo real deve-se resolver essas incertezas simultaneamente, até que os requisitos finais sejam congelados e o planejamento completado (veja a Figura 9-3). Observe que os eixos na figura 9-3 são traçados para fora nas mesmas direções como os eixos de novidade e de tecnologia no modelo NTCR. E, pelo fato de as incertezas diminuírem durante a execução do projeto, a seta, que representa o progresso do projeto, se movimenta para baixo em direção à incerteza zero em ambas as dimensões.

Definição das Especificações e Ciclos do Planejamento

Após entender que os gerentes de projeto precisam gerenciar as incertezas de seus projetos, você precisa ver como isso é feito na prática. Como mencionado, novidade, ou incerteza de mercado, determina quão bem é possível definir os requisitos de seu produto de antemão. Quanto maior a novidade, mais vagos são os requisitos iniciais. Você pode reduzir essa incerteza ao obter dados de mercados e de consumidores, ao testar os protótipos do produto em consumidores reais, ou ambos. Normalmente são necessárias várias iterações (ciclos) deste processo até que os requisitos finais possam ser congelados. Como descrito no Capítulo 4, o número de ciclos e o tempo para o congelamento dos requisitos aumentam com a incerteza inicial do mercado (ou novidade).

FIGURA 9-3

Redução da incerteza das especificações e do planejamento

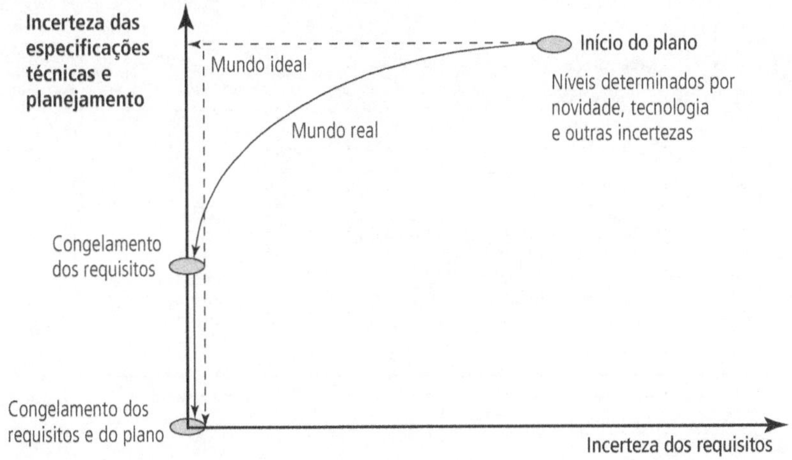

Similarmente, a incerteza tecnológica inicial determina quão bem se consegue definir as especificações técnicas e o planejamento do produto. É possível reduzir essa incerteza ao conduzir vários testes de *design*, de construção e de ciclos (ciclos de planejamento). É preciso atualizar as especificações e modificar o desenho após cada ciclo até que o planejamento final seja congelado. Como descrito no Capítulo 5, o número de ciclos de planejamento e o tempo para o congelamento do plano aumentam com o nível de incerteza tecnológica.

Esse processo iterativo duplo, o qual é ilustrado na Figura 9-4, continua para ambas as incertezas até que as decisões finais sobre o produto e seu plano sejam tomadas. Uma vez que a definição correta desse processo é um dos elementos mais importantes na abordagem adaptativa, esta deve ser incluída no planejamento do projeto, como discutiremos mais adiante. É também importante observar que uma vez que os requisitos e as especificações técnicas foram congelados, o projeto pode continuar daquele ponto em diante de acordo com a abordagem tradicional (Figura 9-4), a menos que haja alguma grande surpresa. A partir daí, deve-se tentar completar o produto da maneira mais eficiente ao focar o projeto em sua restrição tripla atualizada.

Tipicamente, uma vez que os requisitos e o plano sejam congelados, não se espera mais mudanças. Certas circunstâncias, contudo, podem requerer que em casos raros seja necessário introduzir mudanças nesses parâmetros, mesmo após o ponto de congelamento. Entretanto, isso deve ser visto como uma exceção, não uma regra. Normalmente, é necessário resistir à tentação de se fazer mudanças após o congelamento, mesmo se elas aperfeiçoarem o resultado final. A regra

FIGURA 9-4

Processo iterativo de congelamento das especificações e do plano

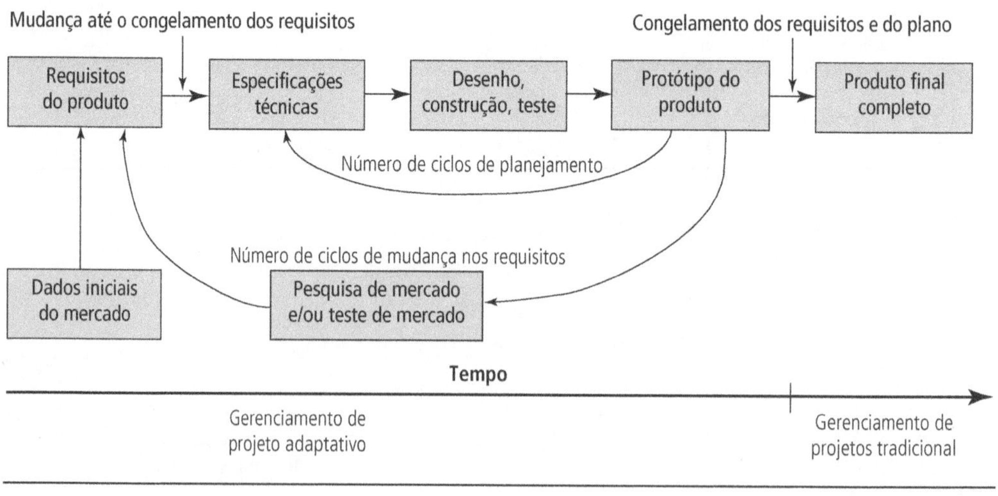

deve ser que mudanças são permitidas apenas quando seu impedimento causaria o fracasso do projeto. Tais situações podem envolver a identificação de um problema de segurança, um erro sério ou um evento externo que possa comprometer o sucesso do projeto. Usando uma atitude rígida e um processo de aprovação burocrático, modificações ou melhorias não devem ser permitidas neste momento; caso contrário o projeto poderá se arrastar indefinidamente.

Em cada marco principal ou após cada ciclo, as incertezas dos requisitos e do desenho são reavaliadas, e, se necessário, o plano do projeto é atualizado para refletir as incertezas residuais ao longo das duas dimensões. O processo de conhecer as necessidades dos clientes e adquirir as capacidades tecnológicas necessárias, gradualmente transforma os projetos com níveis altos de incerteza em projetos com baixos níveis de incerteza.

Embora se classifique o projeto na iniciação, com o tempo, seus níveis reduzidos de incerteza podem tornar-se similares à incerteza de projetos que tenham níveis iniciais mais baixos. Mais uma vez, as dimensões N e T do diamante servem como referência. Por exemplo, a incerteza tecnológica de um projeto de super-alta-tecnologia torna-se equivalente à incerteza de um projeto de alta-tecnologia, uma vez que as tecnologias anteriores não-existentes foram desenvolvidas e selecionadas.

Use Protótipos, Pequenos Projetos Pilotos e Contingências

Uma maneira comum de lidar com as incertezas do projeto é construir protótipos rápidos e, algumas vezes, em pequena escala. Um protótipo é uma versão inicial do produto do projeto que normalmente tem características e desempenho reduzidos. A meta em fazer um protótipo é testar suas premissas preliminares e obter informações que mais tarde serão úteis, quando o produto final for definido e construído em larga escala. Os protótipos lhe permitem fazer as coisas rapidamente e testá-las no curso do processo, em vez de passar meses redigindo requisitos e especificações (os quais mudarão de qualquer maneira). Você poderá usar protótipos para identificar e consertar os defeitos técnicos em vez de transportar os problemas para o produto em larga escala, onde é difícil e oneroso se livrar deles.

Talvez seja necessário tentar um programa piloto antes de se comprometer com a atividade principal. Um projeto piloto em pequena escala pode ser visto como um "protótipo de todo o projeto", e serve os mesmos objetivos. Um programa piloto permite que se defina o projeto em larga escala em termos de objetivos, requisitos e habilidade em se fazer uma estimativa mais precisa dos recursos e do tempo necessários para o projeto total. Josh Weston, ex-CEO da ADP Corporation, usa a seguinte frase para expressar o valor de um programa piloto: "faça um piloto antes que você tenha de sucateá-lo". Segundo Weston, geralmente é melhor "gastar mais" no início com um programa piloto, com implementações rápidas e pequenas para economizar recursos posteriormente e evitar erros e equívocos.[4]

Protótipos e pilotos são úteis quando os projetos enfrentam altos níveis de incerteza, mas eles não são necessários em situações mais certas. Tudo depende do tipo de projeto. Por exemplo, os projetos de construção, de baixa-tecnologia, podem ser projetados e construídos com base em plantas e desenhos técnicos. Em contraste, os projetos de super-alta-tecnologia podem requerer a construção de múltiplos protótipos antes da seleção das tecnologias finais e da finalização do produto final. Os níveis específicos de tecnologia e novidade do projeto determinam quantos protótipos e pilotos são necessários. O uso de computadores e softwares permite que as empresas reduzam o número de protótipos reais ao criar protótipos virtuais e avaliar as alternativas antes de construir o modelo real. Mesmo assim, um protótipo real geralmente é necessário antes de os requisitos finais serem fixados.

Por último, pelo fato de os projetos serem atividades incertas e arriscadas, geralmente é difícil prever antecipadamente o nível exato de recursos e de tempo necessário para completar um projeto. Assim sendo, deve-se alocar uma reserva de recurso de contingência ao seu orçamento e cronograma para ser usada caso todos os recursos planejados sejam consumidos antes de o projeto ser completado ou quando forem encontradas dificuldades inesperadas.[5] O nível exato dessas contingências depende, novamente, do nível inicial de incerteza de um projeto. Na próxima seção indicamos a contingência típica para níveis diferentes de incerteza.

Integre a Incerteza no Gerenciamento das Atividades

O gerenciamento das incertezas do projeto é um dos fatores mais importantes, e mais críticos, para a conclusão bem-sucedida do projeto. Uma avaliação cuidadosa da incerteza do projeto no início e uma seleção deliberada das atividades necessárias garantirão que essas incertezas serão mantidas sob controle até que o resultado final seja alcançado. Ao usar as dimensões novidade e tecnologia do modelo NTCR de maneira combinada, podemos definir quatro níveis de incerteza inicial do projeto: baixa (nível 1), média (nível 2), alta (nível 3) e super-alta (nível 4). A Tabela 9-4 mostra os níveis de incerteza do projeto para níveis diferentes de novidade e de tecnologia. O nível de incerteza do projeto (I) é determinado como o valor máximo entre novidade (N) e tecnologia (T), e é expresso pela relação:

$$I = \text{Max}(N, T)$$

Como foi discutido, a incerteza afeta o número de iterações necessárias durante a execução do projeto e o número de protótipos necessários antes que os requisitos e o projeto final possam ser congelados. A Tabela 9-3 também mostra o impacto da incerteza inicial do projeto no planejamento e suas variáveis relevantes, como o número de iterações, o número de protótipos e a reserva de contingência típica, que são necessários para cada nível de incerteza. Como será visto logo mais, essas atividades, assim como outras atividades da abordagem adaptativa, têm um impacto significativo no planejamento do projeto.

Administrando os Riscos de Seu Projeto

Pelo fato de cada projeto ser único e ser realizado pela primeira vez, isso envolve certo grau de risco. Observe que embora o risco e a incerteza estejam relacionados, eles não são a mesma coisa. Incerteza é o desconhecido, ao passo que risco é o que pode dar errado. Claramente, muito do risco do projeto depende da incerteza, mas existem outros fatores que contribuem para o risco do projeto, entre eles complexidade, prazo, escassez de recursos e habilidades inadequadas.

A literatura sobre o gerenciamento de projetos dedicou grande quantidade de textos ao risco do projeto e ao gerenciamento dos riscos.[6] O modelo diamante proporciona uma estrutura útil para avaliar e determinar o risco do projeto como uma função das várias dimensões. A seguir, oferecemos uma breve visão geral do gerenciamento dos riscos do projeto e explicamos como este é afetado pelo tipo de projeto. Primeiramente, revisaremos as definições comuns e práticas e, em seguida, aplicaremos o modelo diamante para o gerenciamento dos riscos.

TABELA 9-3

Incerteza do projeto combinada e seu impacto

Nível de incerteza	Nível quantitativo	Novidade	Tecnologia	Número de iterações	Número de protótipos	Níveis de reserva de tempo e de orçamento
Baixo	1	Derivativo	Baixa-tecnologia	Poucas (1-2)	Nenhum	5%
Médio	2	Plataforma	Média-tecnologia	Várias (2-3)	Poucos (1-2)	5%-10%
Alto	3	Inovação	Alta-tecnologia	Muitas (3-4)	Muitos (3-4)	10%-25%
Super-Alto	4	-----	Super-alta-tecnologia	Múltiplas (n + 3)	Múltiplos (n + 3)	25%-50%

n = o número de ciclos e protótipos necessários até que as tecnologias finais sejam selecionadas.

O Que É o Risco do Projeto?

O *risco do projeto* é tipicamente definido como um evento ou condição indesejada que, caso ocorra, tem um efeito no objetivo do projeto. Um risco tem uma causa e, se ocorrer o pior, uma conseqüência.[7] O *gerenciamento de risco* é definido como um processo sistemático de planejamento, identificação, análise, resposta e monitoramento dos riscos do projeto. Ele envolve processos, ferramentas e técnicas que ajudam os gerentes de projeto a maximizar a probabilidade e as conseqüências dos eventos positivos e minimizar a probabilidade e as conseqüências dos eventos negativos.

Segundo a literatura de gerenciamento de projetos, o gerenciamento dos riscos envolve cinco processos:

1. **Identificação do risco.** Preparação de uma lista de riscos do projeto.
2. **Análise qualitativa do risco.** Criação de uma lista prioritária de riscos. Tipicamente, classifica os riscos como alto, moderado ou baixo, ou avalia-se o impacto no custo do risco, se este acontecer.
3. **Análise quantitativa do risco.** Análise da probabilidade do projeto para alcançar seus objetivos ou as probabilidades de que o risco (na lista) acontecerá. Em seguida, calcula-se o custo esperado de cada risco ao multiplicar o custo esperado pela sua probabilidade de ocorrência.
4. **Planejamento de resposta ao risco.** Detalhamento das maneiras como se mitigará os efeitos negativos dos riscos do projeto e seus custos. Deve-se comparar esses custos ao custo esperado de cada risco e decidir se irá ou não incluir cada resposta no plano de projeto.
5. **Monitoramento e controle do risco.** Desenvolvimento do trabalho ao redor dos planos. À medida que se progride, toma-se medidas corretivas e atualiza-se o plano de resposta ao risco.

A análise qualitativa do risco avalia a importância dos riscos identificados e desenvolve listas priorizadas de riscos para análises posteriores, para determinar como reduzir seu impacto potencial. Especialistas de unidades funcionais são, às vezes, chamados para ajudar na avaliação dos riscos e seus impactos potenciais. O planejamento da resposta ao risco foca nos itens de alto risco avaliados na análise de riscos e indica as pessoas para assumirem a responsabilidade por cada resposta ao risco.

A abordagem tradicional ao gerenciamento do risco atribui certo nível de risco (baixo, médio e alto) a um projeto *como um todo*, dependendo do impacto provável nas metas do projeto (tempo, orçamento e escopo), sem identificar a causa do impacto provável. As equipes de projetos geralmente identificam os riscos do projeto ao usar seu próprio conhecimento sobre estes e mediante consultas a outras pessoas. No entanto, muito se tem dito que as técnicas para gerenciamento de riscos são, em grande parte, heurísticas e não proporcionam uma estrutura clara para a identificação dos níveis de riscos.[8]

Usando o Modelo Diamante para o Gerenciamento de Riscos

O modelo diamante nos possibilita agora oferecer uma abordagem rigorosa e quantitativa à avaliação do risco do projeto. Ele permite que se divida o risco em componentes separáveis e quantitativos, em vez de contar simplesmente com avaliações heurísticas e subjetivas. Assim, o modelo diamante poderá ajudar a isolar as fontes de riscos com maior resolução e focar sua atenção nas dimensões mais arriscadas para melhorar as chances de sucesso do projeto.

A dimensão de novidade corresponde ao risco associado com o desentendimento das necessidades e requisitos dos clientes. A dimensão da tecnologia está relacionada aos riscos de implementação, especialmente da disponibilidade das tecnologias necessárias para produzir o produto final. A dimensão da complexidade se refere ao risco associado à coordenação de muitos componentes e o efeito mútuo entre eles. A dimensão de ritmo representa o risco envolvido em não cumprir as metas de tempo ou deixar de resolver todos os problemas por causa da restrição de tempo.

Vamos examinar o modelo diamante combinado ao risco do projeto. Como a incerteza, os níveis ascendentes em cada dimensão correspondem aos níveis mais altos de risco; assim sendo, quanto maior o diamante, maior o risco. Dentro do diamante é possível identificar as áreas de níveis mais baixos e mais altos de risco com base no tipo de projeto em cada dimensão. Por exemplo, os projetos de alta-tecnologia ou matriz envolvem um alto risco por causa da incerteza tecnológica e da complexidade; similarmente, os projetos de inovação envolvem altos riscos por causa da incerteza do mercado. A Figura 9-5 sugere áreas de níveis de risco baixo, médio, alto e super-alto.[9]

Podemos também quantificar os níveis de risco simplesmente ao atribuir valores numéricos de risco para cada tipo de projeto em cada dimensão em uma escala de 1 a 4. Com essa representação, os planejadores do projeto podem focar inicialmente no nível mais alto de risco e tentar cada vez mais mitigá-lo. Por exemplo, a figura 9-5 mostra o perfil do projeto do caso Segway, o qual relatamos no Capítulo 4. A representação diamante desse projeto é D = (In, AT, Si, RC), e seus níveis de risco, R = (3, 3, 2, 2). Podemos ver que esse projeto penetra na área de alto risco ao longo de duas dimensões: novidade e tecnologia. Assim sendo, a gerência deve direcionar mais atenção a essas fontes de risco, e menos às dimensões de complexidade e ritmo.

FIGURA 9-5

Avaliação do risco

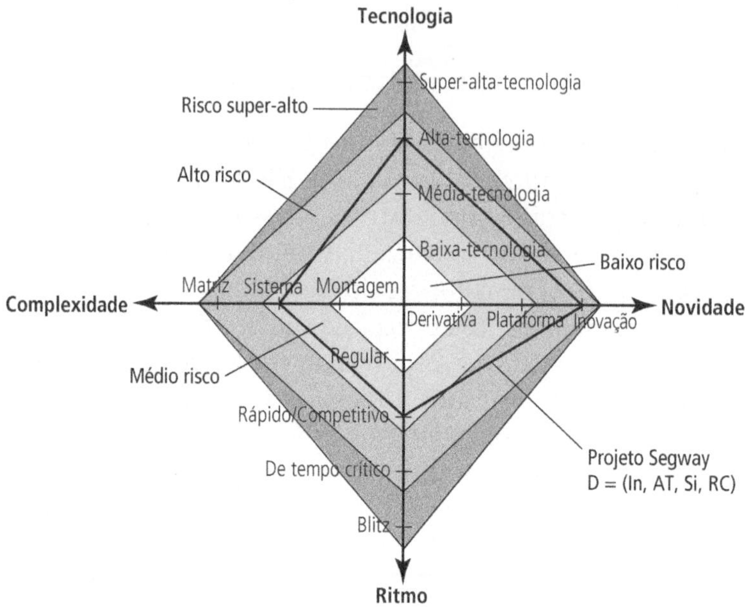

Uma vez que os níveis de risco em cada dimensão tenham sido identificados, é possível determinar mais detalhadamente o que pode dar errado, sua probabilidade, seu custo ou conseqüência. Essa análise o guiará na tomada de decisões mitigantes para cada evento indesejado, como é comum nessa disciplina.

Mas a avaliação do nível de risco em cada dimensão pode não ser suficiente. Seria útil ter uma medida combinada de risco do projeto como uma função de todas as dimensões. Pode-se usar essa ferramenta para avaliar o risco do projeto em geral quando comparar os riscos e os benefícios entre os projetos na organização ou quando indicar os líderes aos projetos específicos.

Desse modo, oferecemos uma fórmula simples como um exemplo sobre como determinar essa medida. Ela é baseada nos níveis de risco de acordo com o modelo diamante, mas com pesos diferentes para cada dimensão. A fórmula sugerida é a seguinte:

$$R = a \cdot N + b \cdot T + c \cdot C + d \cdot R$$

Os pesos (a, b, c e d) são dependentes do contexto específico, setor ou organização. Um valor típico para esses pesos pode ser (0,2; 0,15; 0,5; 0,15), pelo fato de o risco da novidade ser mais alto do que o da tecnologia ou ritmo e complexidade, este está tipicamente associado com as despesas, cujas implicações podem ser maiores em casos de fracasso do que todos os outros riscos. Usando esse exemplo, o risco combinado do projeto Segway é:

$$R = (0{,}2 \cdot 3 + 0{,}15 \cdot 3 + 0{,}5 \cdot 2 + 0{,}15 \cdot 2) = 2{,}35$$

Com base nessa fórmula, a medida do risco combinado da missão Apollo (citada no capítulo 5) é 3,15, e a do produto *Walkman* (citado no capítulo7) é 1,7. Observe que quando esta fórmula é usada, talvez seja preciso usar pesos diferentes de acordo com a situação ou setor específico. Por último, para avaliar o custo do risco do projeto, é preciso multiplicar o nível de risco pelo investimento que a empresa faz no projeto. Se I representar o nível de investimento, a fórmula para o custo envolvido em certo risco é:

$$C_R = R \cdot I$$

Usando uma Abordagem Adaptativa no Planejamento de Seu Projeto

O planejamento do projeto normalmente inclui a preparação de vários planos, como a estrutura analítica do projeto (WBS), cronograma, orçamento, plano de gerenciamento dos riscos, e daí por diante. A abordagem clássica é baseada na crença de que as equipes de projetos devem preparar planos detalhados na iniciação do projeto e então se aterem a eles o máximo possível. Como mencionamos no Capítulo 1, esse conceito de "gerenciar como planejado" foca na famosa restrição tripla. Essa mentalidade é representada pelo antigo ditado: "Planeje seu trabalho, e trabalhe o seu plano".

Mas os projetos reais não conseguem sempre seguir essa crença. No mundo real, raramente encontramos um projeto que se ateve ao seu plano inicial. Até mesmo em ambientes mais estáveis, como em construções e poços de petróleo, os projetos passam por mudanças e o resultado final nunca é exatamente como previsto. É desnecessário dizer que em ambientes mais dinâmicos, como de alta-tecnologia ou biotecnologia, os projetos e seus produtos são substancialmente diferentes do que os gerentes haviam conjeturado inicialmente.

Quantas vezes você viu uma equipe de projeto trabalhar arduamente durante a iniciação do projeto para preparar um plano detalhado do cronograma que atravessa todo o período de execução do projeto? Tais planos incluem todos os detalhes o mais preciso possível e programam cada atividade com uma data exata para conclusão. Muitas vezes em papel, esses planos preenchem as paredes de salas inteiras, e para as pessoas de fora, elas parecem uma teia infinita de detalhes. Infelizmente, essa situação é muito comum, talvez até mesmo imposta pelos clientes de projetos grandes que acreditam que planos detalhados são uma garantia de que as coisas irão bem.

Ainda assim, logo após o início do projeto, esses planos tornam-se obsoletos. As coisas acabam não sendo como esperado e, para continuar correto, o plano deve ser atualizado todos os meses. As equipes no mundo real não se preocupam em atualizar os planos mensalmente. Muitas vezes, esses "mega" planos permanecem como monumentos do trabalho inicial árduo da equipe, enquanto as coisas seguem adiante sem eles. (Muitas vezes, você encontra os planos iniciais pendurados nas paredes para impressionar os visitantes que não têm a mínima idéia do que está realmente se passando.)

A abordagem adaptativa e flexível apresentada neste livro vê os projetos como processos dinâmicos, instáveis e difíceis de prever. Ela presume que as mudanças *acontecerão* durante a execução do projeto – as mudanças no ambiente, nos mercados, nas tecnologias e nas pessoas. Segundo essa abordagem, os planos dos projetos precisam ser adaptados às mudanças que poderiam ter sido previstas no início. Desse modo, o plano do projeto não é um documento fixo que é preparado de uma única vez para todo o projeto. Ele é, por sua vez, entidade dinâmica, viva que evolui à medida que o projeto progride e muda quando novas informações são reveladas.

A solução é simples. Em vez de "planejar seu trabalho, e trabalhar seu plano", você deve seguir um processo do tipo: "planeje parte de seu trabalho, trabalhe esse plano, e planeje novamente a outra parte de seu trabalho, e assim por diante". Em vez de preparar planos detalhados logo no início, faça planos apenas para aquelas coisas que você está bastante certo de que não mudarão. A idéia é substituir o conceito de "gerenciar como planejado" por "gerenciar como planejado e replanejado". Deve-se ver um projeto como um processo contínuo de ação e reflexão, seguido de mais ação.

Com essa abordagem, talvez você não tenha de criar um plano de projeto em larga escala logo no início. Em vez disso, um plano de curto prazo e menos detalhado, geralmente, é tudo que você precisa para lançar um projeto. Imagine, por exemplo, que você decida fazer um pequeno projeto piloto para testar algumas idéias desconhecidas. Obviamente, não há necessidade de planejar tudo de antemão. Uma vez que você trabalha esse plano de curto prazo, saberá o que fazer em seguida. Assim sendo, o projeto pode ser subdividido em uma seqüência de estágios de curto prazo até que o produto final esteja completado. Os resultados conseguidos em cada estágio lhe ajudarão a melhor definir e planejar o próximo estágio. Uma maneira estruturada para fazer isso é chamada de planejamento em "ondas sucessivas", como veremos a seguir.

Implementando o Planejamento em Ondas Sucessivas

Em *Simultaneous Management*, Alex Laufer sugeriu o uso de três planos hierárquicos em vez de um.[10] Cada um dos três planos tem seu próprio período de tempo e seu próprio grau de detalhes, e servem um nível gerencial único.

Segundo a definição de Laufer, planos devem "resistir ao teste do tempo". Pelo fato de não se conseguir prever com extrema precisão cada detalhe do trabalho com anos de antecedência, deve-se planejar apenas as coisas que se sabe que não mudarão. E deve-se continuamente reunir informações que servirão como preparação para o próximo passo do planejamento. A Figura 9-6 mostra os três níveis de planos do projeto em ondas sucessivas. A largura das formas representa a quantidade de detalhes nos planos em cada nível e a extensão de seus períodos de tempo.

O plano mostrado no topo da figura 9-6 é o *plano mestre* – o plano no nível mais alto. Ele atravessa todo o ciclo de vida do projeto e contém poucos detalhes. Esse plano realça apenas os marcos principais, como a conclusão das principais fases, datas de entrega importantes ou a programação de pagamentos dos clientes. Ele permite que a gerência veja o quadro como um todo. Se as coisas forem bem, o plano mestre não mudará, e esperançosamente o projeto acabará no tempo previsto. Mas se as coisas não derem certo, talvez seja necessário atualizar até mesmo o plano mestre.

O segundo plano é o plano em *nível médio*. Seu período de tempo é geralmente de quatro a seis meses. Ele é mais detalhado do que o plano mestre, e in-

FIGURA 9-6

O conceito de planejamento em "Ondas Sucessivas"

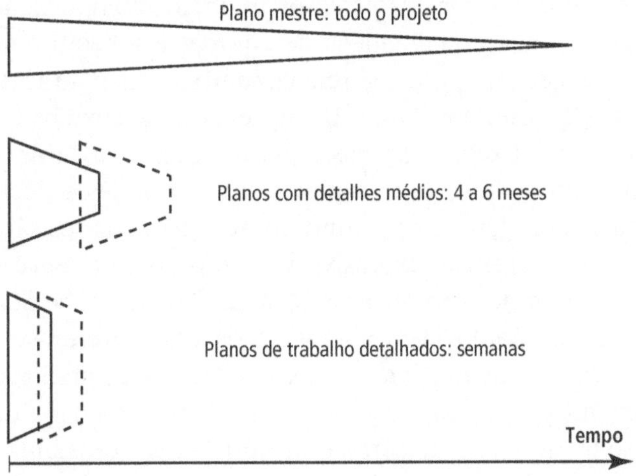

clui eventos em "nível médio" que acontecem entre os marcos principais, como os testes de protótipos, a emissão de grandes pedidos de compra e assim por diante. Esse plano é direcionado para os gerentes de nível médio que supervisionam as atividades do projeto, juntamente com outros projetos no mesmo departamento ou empresa. Uma nova versão desse plano é elaborada a cada 2 ou 3 meses para se preparar para o próximo nível médio do projeto.

O terceiro plano é o plano de *trabalho detalhado*. Seu período de tempo é de apenas algumas semanas, e é usado pela equipe do projeto e pelos membros individuais. Esse é o plano que realça qualquer atividade que uma pessoa fará nas próximas semanas; ele é preparado todos os meses para o próximo período de curto prazo.

Adapte Seu Planejamento ao Seu Tipo de Projeto

O gerenciamento de projetos tradicional presume que todos os planos de projetos são muito semelhantes. Na realidade, os planos de projetos diferem, e tipos diferentes de projetos requerem planejamentos diferentes e tipos diferentes de planos. A combinação da abordagem de ondas sucessivas com os conceitos deste livro ajuda as equipes de projeto a adaptarem seus planejamentos ao tipo de projeto e circunstâncias.

Cada uma das dimensões do NTCR afeta o planejamento do projeto de seu próprio jeito. Os tipos específicos de projeto são discutidos nos capítulos 4 a 7. Temos aqui um breve lembrete sobre como os tipos de projetos afetam os planos de projetos. Por exemplo, a dimensão da complexidade poderá determinar o número de níveis de planejamento e o grau de detalhes necessários. Um projeto de montagem normalmente requer apenas um ou dois níveis de planejamento, ao passo que os projetos de sistema e de matriz normalmente requerem todos os três níveis (ou até mais). Além disso, com os projetos de maior complexidade, é preciso se esforçar mais na organização cuidadosa de equipes e subcontratados; usar muito mais documentos e software para o gerenciamento da configuração, integração, interfaces do sistema e assim por diante, e empregar meios extensos para monitorar o projeto para ter certeza de que as coisas permanecerão nos trilhos.

O ritmo, por outro lado, afeta o plano em atividades e decisões que têm a ver com a conclusão em tempo oportuno do projeto. Projetos rápidos/competitivos precisam de foco gerencial extensivo no tempo para o mercado, isso porque o atraso no lançamento dos produtos poderá fazer com que se perca vendas para os concorrentes mais rápidos. Em alguns casos, esses projetos têm tempo suficiente antes do prazo final, mas não podem perder esses prazos. Para esses projetos, deve-se incluir nos planos as revisões freqüentes com a alta administração para certificar-se de que o prazo será cumprido. Os projetos blitz raramente têm tempo para preparar planos de projetos detalhados e precisos. Planos de contingência devem ser preparados de antemão para cada situação possível e imaginável, mas, como sabemos, as crises geralmente não se comportam de acordo com o plano. Nesses projetos, o planejamento tradicional é substituído pela improvisação, juntamente com um planejamento mínimo conduzido às pressas enquanto as atividades para a solução estão sendo realizadas.

Para completar o ciclo, voltamos agora às dimensões de novidade e de tecnologia, as quais têm o maior impacto no planejamento do projeto. Como mencionado, a incerteza afeta o número de iterações necessárias durante a execução do projeto, os períodos de planejamento possíveis para os vários planos de projeto, o grau de detalhes em cada plano e o número de protótipos necessários antes que os requisitos e o projeto possam ser congelados.

Se seu projeto tiver um alto nível de novidade, seu plano mestre deve cobrir a repetição de protótipos e deve almejar o congelamento dos requisitos mais tarde, mas ele também deve deixar em aberto muitas atividades para os níveis baixo e médio de trabalho, quando mais informações sobre o mercado forem coletadas e avaliadas. Similarmente, com um alto nível de tecnologia, tem-se poucas informações sobre os requisitos e desenho finais, portanto, apenas um rascunho do plano mestre pode ser preparado para a alta gerência. Com o uso desse plano mestre, cria-se um plano mais detalhado para o nível mais baixo, focando esse planejamento nas atividades necessárias para fechar a lacuna da incerteza, como a construção de demonstrações da tecnologia e protótipos funcionais. À medida que o projeto progride, mais informações são coletadas. Isso reduz o nível de incerteza e permite criar atualizações, planos mais detalhados para as próximas etapas de engenharia, desenho e implementação.

Voltamo-nos agora para outro aspecto importante do gerenciamento de projetos – gerenciar projetos da maneira mais eficaz.

Aperfeiçoando a Eficiência de Seus Projetos

A maioria das organizações modernas aperfeiçoa a eficiência de alguma maneira. Embora cada projeto seja único, e até certo ponto o primeiro de seu tipo, nem todas as atividades de projeto são novas. Algumas atividades são mais simples do que outras; são repetidas no projeto; foram feitas em projetos anteriores ou são similares entre os projetos na organização. Com freqüência, descobre-se que projetos diferentes precisam dos mesmos "blocos para construção" para completar o trabalho. Isso oferece a oportunidade de se aumentar a eficiência organizacional ao padronizar as atividades dentro e entre os projetos, e ao se terceirizar algumas atividades.

Assim sendo, as organizações conseguem aperfeiçoar a eficiência e reduzir os custos ao examinar, esporadicamente, toda sua atividade do projeto como parte das operações da organização. As seções seguintes aplicam uma abordagem adaptativa aos pacotes de trabalho dentro e entre os projetos. Fornecemos um modelo para lidar com a eficiência entre os projetos e, em seguida, continuamos a discussão sobre o dilema da terceirização.

Use uma Abordagem Adaptativa aos Blocos do Projeto e Pacotes de Trabalho

Até agora propusemos um modelo para classificar projetos como um todo e adaptar seu estilo gerencial à natureza específica dos projetos. Mas a maioria dos projetos são entidades complexas que incorporam muitas atividades orquestradas em conjunto para alcançar um objetivo comum. Como sabemos, as atividades do projeto são comumente divididas em *pacotes de trabalho*, os quais são elaborados hierarquicamente em um documento chamado de estrutura analítica do projeto (WBS). No nível mais baixo do WBS, um pacote de trabalho proporciona uma definição detalhada do trabalho necessário para completar uma tarefa. O pacote de trabalho define os recursos necessários, o orçamento disponível para a tarefa, um plano detalhado e marcos para realizá-lo, e um método para relatar o progresso à gerência.

Ainda assim, nem todas as atividades do projeto são iguais. Elas diferem em dificuldade, incerteza e risco; e não devem ser tratadas da mesma maneira. Faz sentido, contudo, aplicar a abordagem adaptativa não apenas ao nível do projeto, mas também ao nível dos pacotes de trabalho.

O resultado de cada atividade varia. Algumas atividades produzem peças tangíveis de *hardware*, ao passo que outras criam resultados intangíveis, como informações ou decisões na forma de documentos, *software* ou desenhos; além disso, algumas requerem apenas habilidades básicas, ao passo que outras envolvem criatividade e engenhosidade. A seção seguinte oferece um modelo simples para ajudá-lo a identificar as características específicas de cada pacote de trabalho, adotar o método correto para cada pacote e identificar seu nível de risco.

As Duas Dimensões do Gerenciamento dos Pacotes de Trabalho

Usamos duas dimensões para fazer a distinção entre os pacotes de trabalho: o tipo de resultado, e o tipo de trabalho necessário para completar o pacote.[11] Os resultados podem ser tangíveis ou intangíveis, e o trabalho pode ser classificado como inventivo, de engenharia ou de prática.

Os resultados *tangíveis* dos pacotes de trabalho são artefatos físicos (*hardwares*). Esses artefatos são a essência do produto e o distingue de outros produtos (seu valor). Qualquer peça de equipamentos, como o teclado de um computador ou a unidade de transmissão de um carro, é um produto tangível. Os produtos tangíveis podem ser fisicamente montados e reproduzidos. O projeto do produto e do processo deve, portanto, ser integrado para criar um processo de manufatura para aquela peça de *hardware* e deve estar sujeita ao controle de qualidade, às operações de montagem e ao custo do controle de produção.

Os resultados *intangíveis*, por sua vez, não são artefatos (objetos físicos), embora eles possam ser embutidos em um produto físico. Os produtos intangíveis essencialmente produzem informações, as quais podem ser armazenadas em mídia física como os CD-ROMs, memória flash ou papel. Os códigos de *software*, manuais, livros, jornais, plantas e mesmo filmes são produtos intangíveis. É fácil, instantâneo e barato reproduzi-los em grandes quantidades, e eles não precisam de linhas de produção dedicadas.

O *trabalho inventivo* requer imaginação e atividades artísticas. Pelo fato dessas atividades não terem sido realizadas antes, elas são, por natureza, exploratórias e requerem novas idéias. Qualquer trabalho de arte é, de certa maneira, inventivo e assim também são as atividades que precisam de desenho, arquitetura ou novas idéias. Na realidade, muitas empresas usam os departamentos de desenho ou empresas de projeto para moldarem o formato e as características externas de seus produtos. Algumas empresas empregam arquitetos de sistema para que inventem novas configurações de sistemas que não foram feitas anteriormente.

O *trabalho de engenharia* envolve a aplicação de princípios de ciências e engenharia para solucionar problemas técnicos e finalizar as especificações do produto e do desenho técnico. A diferença entre ele e o trabalho inventivo é que ele envolve métodos bem-provados, cálculos, equações e simulações para apresentar o produto final.

O *trabalho de prática* envolve esforços repetitivos e atividades que foram feitas anteriormente. Embora o trabalho de prática exija tempo e outros recursos, seu resultado é previsível, e sua duração pode ser precisamente antecipada; assim, ele está sujeito à clássica curva de aprendizado – isto é, aprender pela repetição. Os exemplos de trabalho de prática incluem os trabalhos de oficinas, um serviço de pintura, a fabricação de um móvel ou a montagem de uma placa de circuitos impressos.

Dois exemplos ilustram a diferença entre os três tipos de trabalho. Um prédio novo precisa de um arquiteto para o trabalho inventivo e criativo, um engenheiro para a parte de engenharia (a qual cria as especificações e as plantas exatas da estrutura) e a prática de um construtor para colocar as coisas no lugar. Similarmente, um carro requer a criatividade dos desenhistas, o projeto dos engenheiros e o trabalho de prática do pessoal de produção e montagem.

As classificações dos pacotes de trabalho que acabamos de listar criam uma estrutura de seis células. Cada célula requer seus próprios métodos e estilos gerenciais, e cada uma delas representa um nível diferente de risco, como mostra a Tabela 9-4.

TABELA 9-4

Classificação dos pacotes de trabalho

Resultado do trabalho	CLASSIFICAÇÃO DOS PACOTES DE TRABALHO		
	Inventivo	**Engenharia**	**Prática**
Tangível	Desenhar a forma e a arquitetura de um *hardware*; requer habilidades criativas e artísticas; o resultado geralmente é novo para o mundo e não foi visto anteriormente; requer a construção de vários protótipos e testes deles pelos consumidores; alto risco de fracasso para atrair o consumidor.	Desenho de engenharia dos produtos de *hardware*; envolve a aplicação de princípios, regras, algoritmos e métodos científicos e de engenharia estabelecidos para resolver um problema específico; geralmente requer várias iterações de engenharia, projeto e teste; risco moderado de erros de engenharia ou fracasso em cumprir com as especificações exigidas.	Produz tipos bem-conhecidos de *hardware*; envolve tarefas repetitivas; precisa da habilidade em fazer boas estimativas da duração do trabalho e outros recursos; pode precisar de recursos onerosos, porém previsíveis para a construção do processo; baixo risco; fácil de ser transformado em blocos de construção padrão entre os projetos.
Intangível	Criar um novo algoritmo que não existia anteriormente; construir um *hardware* com base em novos princípios; alto risco de que as novas idéias possam não funcionar ou resolver o problema; precisa de vários testes em situações diferentes; difícil prever todos os fracassos possíveis; um exemplo é o trabalho artístico da criação de filmes.	Escrever um código de *hardware* com base em princípios e algoritmos existentes; risco moderado de inabilidade em alcançar todos os requisitos e criar "*bugs*" inesperados; precisa de testes mais extensos e da eliminação de erros de mau funcionamento.	Escrever planos ou procedimentos de rotina; não são necessárias novas idéias; risco mínimo para produzir o teste de rotina.

Aperfeiçoando a Eficiência por meio de Pacotes Comuns de Trabalho de Baixo Risco

Então, como uma organização consegue aperfeiçoar a eficiência usando as classificações dos pacotes de trabalho? Em um projeto individual, você conseguirá economizar tempo e custo ao identificar alguns padrões ou blocos para construção repetitivos e duplicar sua fabricação, especialmente para as bases de prática e de engenharia. Mas a melhor recompensa poderá vir quando uma organização faz múltiplos projetos. Qualquer organização deve procurar meios para padronizar alguns de seus trabalhos do projeto ao identificar os temas comuns entre eles. Ela deve procurar pacotes de trabalho que sejam similares, repetitivos com o passar do tempo e que usem as mesmas habilidades e recursos. O exemplo seguinte mostra como uma empresa de construção usou esses conceitos para aperfeiçoar suas operações de projeto.

O Modelo do Quadrant

Quadrant é uma subsidiária da *Fortune* 500 Weyerhaeuser Company.[12] A Quadrant é uma empresa de construção de casas por meio de projetos, que constrói mais de mil casas por ano. Usando as idéias tiradas da manufatura enxuta e do *just-in-time*, a empresa desenvolveu um modelo singular que a tornou a Número 1 em construção de casas em sua área geográfica, gerando margens de lucro líderes no setor.[13] Como eles fizeram isso?

Embora os projetos sejam tipicamente vistos como modelos singulares de operações para as quais técnicas especiais são aplicáveis, a empresa percebeu que havia sobreposições substanciais entre os projetos, e que grande parte das atividades podiam ser vistas como operações de rotina. A empresa também percebeu que os clientes que compravam as casas da Quadrant queriam o máximo de espaço que conseguissem, assim sendo, converteu seu modelo comercial de "manufatura para estocagem" para "manufatura sob encomenda" para dar aos seus clientes uma ampla variedade de escolhas e buscou novas maneiras de reduzir os custos e os desperdícios, e reduzir o tempo de fluxo.

Para alcançar essas metas, a empresa agora agrupa seus trabalhos de projeto em vários elementos-padrão:

- Agrupa projetos pelas superfícies ocupadas pelo projeto. Agrupa o projeto nos elementos principais, reduz os números excessivos de opções e cria mais oportunidade para padronização.
- Faz projetos que sejam aplicáveis aos vários locais de obras.
- Permite opções para a disposição dos quartos. Cria fundações prévias, porém deixa disposições opcionais para estilos de vida diferentes.
- Usa elementos comuns entre os projetos de componentes padrões como as opções de janelas, telhados e colunas.

Similarmente, o processo de implementação usa um método de cronograma simples chamado de *stringline*, que mostra o progresso atualizado para várias casas e vários subcontratados, em vez de o gráfico padrão de Gantt para um único projeto. Aqui também as atividades são agrupadas por tipo e por dia, por projeto. A atividade do projeto de cada dia é bem-conhecida desde o primeiro dia e realizada de acordo com um processo padrão para aquele dia. Por exemplo, no primeiro dia de construção os construtores entregam a madeira e instalam as vigas do primeiro andar; no segundo dia eles conduzem as inspeções subterrâneas, fazem a estrutura das paredes da garagem e assim por diante. Por último, quando existem atrasos em certos locais, a equipe é dividida por especialidade (como pisos, paredes ou telhado) e são enviadas como reforço para completar as tarefas inacabadas. Esse processo aumentou drasticamente a eficiência do projeto. Entre 1996 e 2003, o tempo médio de construção de uma casa foi reduzido de 135 para 54 dias, quase sem variações. O custo do pé quadrado, que era de $60, foi reduzido para $30, aumentando a margem líquida da empresa por casa de 2% para 6%.

O Dilema da Terceirização

À medida que a concorrência aumenta e os mercados tornam-se globais, as empresas cada vez mais arrendam a manufatura e o desenho de novos produtos. Uma das questões mais difíceis enfrentadas pelas organizações comerciais é decidir quais atividades manter na empresa e quais terceirizar para ganhar uma vantagem de custo. Essa é uma grande mudança dos anos de 1980 e 1990, quando as empresas insistiam que todas as P&D importantes permanecessem na empresa. Agora, quase todas as grandes corporações compram projetos completos de desenvolvedores na Ásia, ajustando-os às suas próprias especificações, e colocando suas próprias marcas.[14]

O corte nos custos de P&D é tentador, mas tem seus riscos. O maior risco está no perigo de fomentar novos concorrentes. Se você ensinar a seus parceiros no exterior como fazer o projeto de seu próximo produto, eles conseguirão fazê-lo por conta própria da próxima vez. Outro perigo é compartilhar a propriedade intelectual e os segredos tecnológicos recém-descobertos. Por último, há o risco de perder a marca exclusiva de sua empresa ao admitir que alguém mais fabrique os produtos de sua marca. Nesse caso, o que ainda continua singular sobre sua marca? A questão crítica é, portanto, o que deve permanecer na empresa e o que pode ser mantido fora?

O Que Não se Deve Terceirizar

Muitas empresas estão criando redes globais de parceiros para ajudá-las a construir uma parte maior de seus produtos por meio de *fabricantes de projetos originais* (ODMs). As ODMs podem fazer o projeto da embalagem, aquisição de materiais e, é claro, produção de baixo custo. Alguns trabalhos rotineiros podem ser facilmente compartilhados com os parceiros. Esses incluem transformar protótipos em projetos funcionais, melhorar os produtos maduros, testar, conduzir garantias de qualidade, redigir manuais e qualificar as peças dos fornecedores.

No entanto, o que deve permanecer "em casa" é o conhecimento central que proporciona a vantagem competitiva e é singular para a força da empresa: arquitetura proprietária, especificações-chave, detalhes íntimos dos contratos e o gerenciamento das equipes internacionais de P&D.

Agora podemos usar nossa categorização dos pacotes de trabalho, juntamente com o modelo diamante, para fazer a distinção entre os tipos de projeto (ou partes do projeto) que podem ser facilmente terceirizados, aqueles que devem permanecer "em casa", daqueles que devem ser terceirizados seletivamente. A Figura 9-7a mostra as três áreas para pacotes de trabalho distintos e a 9-7b para projetos inteiros dentro do modelo NTCR.

- **Terceirizar.** Pode-se facilmente terceirizar as atividades que são: rotineiras, menos críticas, baseadas em idéias anteriores, têm baixa complexidade e são baseadas primariamente em tecnologia existente. No nível de pacote de trabalho, elas envolvem todas as atividades de prática e talvez grande parte das atividades de engenharia. No nível de todo o projeto, como representado pela parte interna do diamante, incluímos projetos derivativos e de montagem, projetos de baixa e média-tecnologia e projetos regulares e rápido/competitivos.

FIGURA 9-7

(a) Terceirizar os pacotes de trabalho; (b) terceirizar todo o projeto

Trabalho / Produto	Inventivo	Engenharia	Prática
Tangível	Não terceirizar	Terceirizar seletivamente	Terceirizar
Intangível	Não terceirizar	Terceirizar seletivamente	Terceirizar

(a)

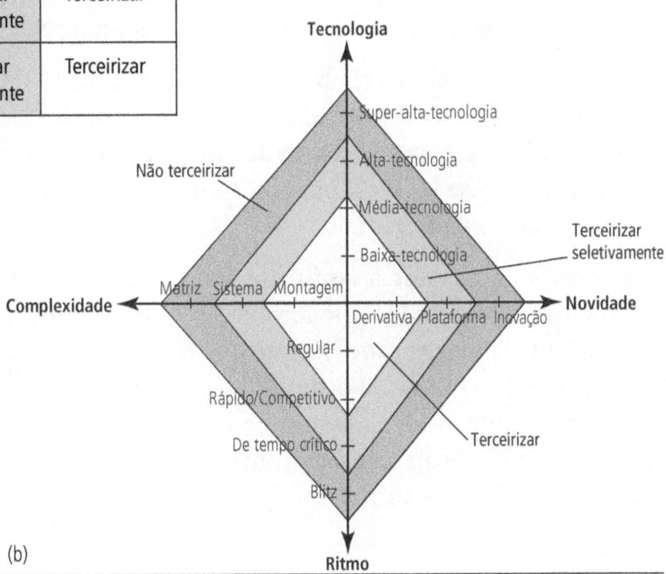

(b)

- **Não terceirizar.** Não se deve terceirizar as atividades que envolvem a mais recente iniciativa estratégica e as novas idéias de mercado; aquelas que envolvem maior complexidade, que requerem integração cuidadosa dos subsistemas; e projetos que envolvem as mais recentes tecnologias. Os pacotes de trabalho inventivo devem mais provavelmente permanecer "em casa" durante todo o projeto; isso é representado pela parte externa do diamante – projetos de inovação, super-alta-tecnologia e matriz.
- **Terceirizar seletivamente.** Esta categoria inclui trabalhos que envolvem habilidades singulares. Para os pacotes de trabalho, ela inclui as atividades de engenharia. Para todo o projeto, muitos projetos de alta-tecnologia incluem atividades que envolvem tecnologias menos avançadas e mais familiares. Assim sendo, deve-se examinar cuidadosamente quais partes podem ser terceirizadas sem prejudicar sua vantagem competitiva. Nessa categoria também deve-se incluir os projetos de plataforma, de sistemas e de tempo crítico.

Neste capítulo, resumimos as implicações organizacionais internas de nosso modelo adaptativo e oferecemos diretrizes práticas para serem usadas durante o planejamento e a execução do projeto. O Capítulo 10 nos leva ao ambiente externo. Ele explora os contextos de mercados e consumidores diferentes em vários ambientes industriais.

Pontos Principais e Itens de Ação

- Uma vez que os conceitos adaptativos são entendidos e aceitos, é relativamente fácil adicionar algumas atividades novas às nossas práticas bem-estabelecidas e integrar as lições deste livro no planejamento e na execução do projeto.
- A maior parte da literatura descreve a execução do projeto como um processo seqüencial e linear, mas nenhum projeto realiza todas as suas fases de maneira puramente linear. As atividades do projeto reiteram entre as fases, e, muitas vezes é preciso voltar à uma fase anterior para repetir ou corrigir uma atividade ou decisão anterior.
- É preciso aprender a controlar e gerenciar as incertezas do projeto. Existem dois tipos principais: a incerteza "o que" e a incerteza "como". Essas correspondem à incerteza dos requisitos e à incerteza das especificações técnicas e de projeto, as quais são medidas pela novidade e tecnologia do projeto. Nenhum projeto pode congelar as especificações finais e, em seguida, começar a trabalhar no projeto do produto. Essas incertezas são resolvidas simultaneamente, até que os requisitos finais sejam congelados e o projeto completado.

- Pode-se reduzir as incertezas do produto usando um processo iterativo de atualização dos requisitos, até se ter certeza de ter entendido completamente as necessidades dos clientes; e revisar o desenho do produto, até alcançar o projeto ótimo que satisfaz essas necessidades. O número de iterações depende dos níveis iniciais de incerteza. Além disso, em projetos altamente incertos é necessário construir protótipos em pequena escala e iniciar projetos pilotos para resolver as situações desconhecidas antes de embarcar em uma atividade em larga escala.
- Deve-se gerenciar o risco do projeto ao se implementar um processo sistemático de planejamento, identificação, análise e resposta ao monitoramento do risco do projeto. Use o modelo diamante para isolar as fontes de risco e concentrar a atenção em dimensões mais arriscadas.
- Em vez de "planejar o trabalho, e trabalhar o plano", deve-se "planejar parte do trabalho, trabalhar esse plano e planejar novamente a próxima parte do trabalho, e assim por diante". Planeje apenas para as coisas que se tem bastante certeza de que não mudarão. Em vez de um único plano, os projetos devem usar vários níveis de planos com períodos de tempo diferentes e graus diferentes de detalhes. Os planos de curto prazo devem ser escritos periodicamente, baseados nos resultados e nas experiências do período anterior.
- Para aperfeiçoar sua eficiência organizacional você deve procurar "blocos para construção" padrão e repetitivos em seus projetos. Qualquer bloco para construção ou pacote de trabalho pode ser distinguido pelo resultado da tarefa e pelo tipo de trabalho que precisa ser feito para alcançá-lo. Os resultados das tarefas podem ser tangíveis ou intangíveis, e o trabalho pode ser classificado como inventivo, de engenharia ou de prática.
- Use o modelo diamante para distinguir entre as atividades de projetos que podem ser terceirizadas e aquelas que devem ficar "em casa" por motivos de concorrência.

CAPÍTULO

10

COMO OS MERCADOS E OS SETORES AFETAM O GERENCIAMENTO DE PROJETOS

POR TODO ESTE LIVRO temos dito que o sucesso do gerenciamento de projetos depende da adaptação do estilo de gerenciamento de projetos às metas, tarefas e ambiente do projeto. Neste capítulo, examinamos o contexto ambiental externo dos projetos e mostramos como a natureza livre de contextos do modelo diamante pode ajudá-lo a identificar as diferenças entre projetos em ambientes diferentes. O contexto ambiental pode envolver mercados específicos, indústrias, regiões geográficas ou mesmo países, com suas culturas singulares.

Este capítulo é dedicado a dois dos principais contextos ambientais de projetos: o mercado (ou o cliente do produto do projeto) e o setor (ou a disciplina técnica na qual o projeto opera). Mais especificamente, examinamos três mercados (ou grupos de clientes): consumidores, industrial ou comercial e público ou governamental. Mais adiante discutiremos brevemente as diferenças no gerenciamento de projetos nas grandes indústrias, como a de construção, de dispositivos e sistemas, farmacêutica, de software e de processos.

Como os Mercados e os Consumidores Influenciam o Gerenciamento de Projetos

Consumidores e mercados diferentes se comportam e pensam diferentemente. Assim, conhecer o consumidor é uma das questões mais importantes que qualquer gerente de projetos precisa enfrentar. As equipes de projetos devem saber como seus consumidores pensam; quais são seus principais problemas; e como eles tomam as decisões, financiam o projeto e se comunicam. As equipes de projetos devem também entender como as organizações dos clientes funcionam, e conhecer as pessoas que representam seus clientes.

A Tabela 10-1 mostra as classificações de projetos com base nos três grupos seguintes de clientes: consumidores (empresa para o consumidor, ou B2C), organizações industriais ou comerciais (de empresa para empresa, ou B2B) e governo (de empresa para governo, ou B2G). A Figura 10-1 usa o modelo diamante para identificar o espectro típico de projetos que são característicos de cada grupo de consumidor, e a discussão que segue compara as abordagens específicas ao gerenciamento de projetos para cada grupo.

FIGURA 10-1

Tipos de projetos possíveis para vários mercados

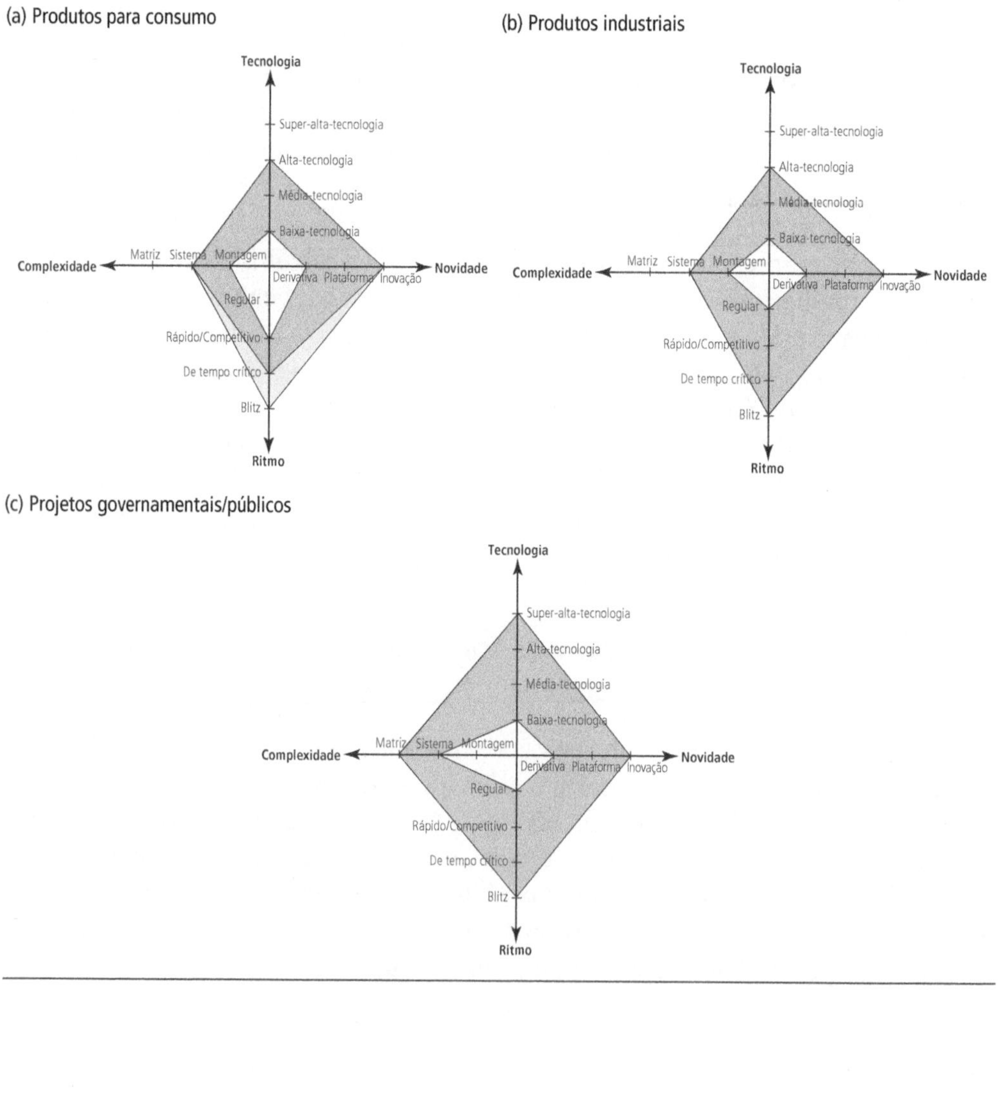

TABELA 10-1

Características de projetos para vários clientes

Característica	TIPO DE CLIENTE		
	Consumidor (B2C)	Industrial/Comercial (B2B)	Governamental/Público (B2G)
Exemplos de produtos	MP3 player, PCs, carros.	AS/400, B777, sistemas ERP.	Telescópio Hubble, FCS, Comunicação no Exército.
Valor para o cliente	Impacto na qualidade de vida.	Impacto na empresa.	Impacto nas metas e necessidades públicas.
Objetivo do produtor	Alto volume, participação no mercado.	Liderança na indústria, provedor preferido.	Relacionamento de longo prazo.
Foco do projeto	Alto foco em tempo, custo e qualidade.	Alto foco em tempo e custo.	Alto foco no desempenho.
Importância do tempo	Tempo para o mercado é uma vantagem competitiva.	Tempo para a entrega é crítico para o cliente.	O tempo é algumas vezes sacrificado em favor de outras questões.
Definição do produto	Definido pelo marketing; baseado nas necessidades percebidas pelo cliente, na pesquisa de mercado e nas projeções.	Envolvimento contínuo do cliente.	Definido pelo cliente, ou juntamente com este.
Escopo do projeto: trabalho, metas, entregáveis	Definido pelo produtor.	Definido pelo produtor com o cliente.	Definido pelo cliente, ou juntamente com este.
Obrigações contratuais	Sem contrato, compromisso interno.	Contrato externo ou compromisso interno.	Projeto contratado, obrigações para com o cliente.
Revisões	Revisões internas.	Revisões internas e externas.	Revisões dos clientes.
Envolvimento dos clientes	Não há envolvimento direto; a opinião do cliente é por meio de grupos de foco ou testes de mercados.	Algumas vezes há o envolvimento direto do cliente.	Envolvimento intenso do cliente; muitas vezes, há um representante do cliente em tempo integral na equipe.
Financiamento	Financiado internamente.	Financiado internamente, ou contratado pelo cliente.	Financiado pelo cliente de acordo com o contrato.
Marketing	Marketing em massa, publicidade; gestão da marca; canais de distribuição.	Criação da imagem da indústria.	Competição pelas licitações; focado nos principais tomadores de decisões.
Preparo para a produção	Preparação para a produção em massa, terceirização.	Produção em massa, ou feita sob encomenda para o cliente.	Produção limitada; integração pelo contratante principal.
Confiabilidade	Necessário alta confiabilidade.	A confiabilidade pode ser trocada pela entrega em tempo oportuno.	A confiabilidade foca na segurança.
Questões de risco	Segurança, saúde, ambiental.	Atrasos de tempo.	Preocupações públicas ou políticas; segurança.
Suporte ao produto	Disponibilidade do serviço.	Treinamento, documentação, suporte de plantão.	Treinamento, documentação, suporte de plantão.

Projetos para o Mercado Consumidor (B2C)

Consumidores são indivíduos privados que compram produtos para seu uso pessoal. O objetivo das empresas que abordam as necessidades dos consumidores normalmente é alcançar altos volumes de vendas e grandes operações de produção e ganhar participação no mercado. Os consumidores, por sua vez, determinam o valor de um produto por quão bem ele serve e melhora sua qualidade de vida em áreas como saúde, entretenimento, transporte, trabalho doméstico e alimentos.

Os produtores precisam focar na qualidade e no custo do produto e precisam fazê-lo chegar ao mercado o mais rápido possível. O produtor é aquele que determina a definição do produto, assim como seus requisitos e escopo, obtendo a opinião do consumidor por meio de grupos de foco e pesquisas de mercado. Tipicamente, os produtores não têm uma conexão direta com os consumidores, e obviamente nenhum contrato é assinado antes da iniciação do projeto. Desse modo, o projeto precisa ser iniciado, financiado e revisto internamente. O marketing deve focar no mercado de massa, na publicidade, na gestão da marca e nos canais de distribuição eficientes. Fabricantes de produtos para consumo precisam dar atenção especial à confiabilidade, segurança e disponibilidade do serviço.[1]

A Figura 10-1a mostra o espectro das quatro dimensões para classificar os projetos para consumidores. Os projetos para consumidores nunca são tão complexos quanto os projetos de matriz por causa dos custos enormes e da natureza física do último. Similarmente, eles raramente são iniciados antes que as tecnologias básicas necessárias sejam desenvolvidas, e, portanto, raramente são produtos de super-alta-tecnologia. Ainda assim, eles conseguem facilmente cobrir todos os níveis de novidade, incluindo inovação, e todos os níveis de ritmo, incluindo blitz (nesses casos em que um concorrente invade o nicho da própria empresa ou muda completamente a base da concorrência, como mostrado na área acinzentada na Figura 10-1a). Por exemplo, quando a Dell descobriu que havia perdido uma geração de laptops no final dos anos de 1990, ela rapidamente elaborou um programa imediato para preencher a lacuna. Esse foi um projeto blitz iniciado para salvar o máximo possível do "território" da empresa.

Projetos para Consumidores Comerciais (B2B)

Produtos feitos para consumidores comerciais ou industriais são muito diferentes daqueles feitos para os consumidores finais. Os exemplos típicos são os servidores para computadores, subsistemas como os sistemas centrais de ar condicionado ou sistema de informática de empresas como o ERP. Esses projetos proporcionam aos consumidores comerciais meios e ferramentas para operar e aperfeiçoar suas empresas. Os produtores devem, portanto, pensar nos negócios de seus clientes. A meta do produtor é, assim, muitas vezes centrada na criação de liderança na indústria e em permanecer como o provedor preferido, com um relacionamento de longo prazo e vendas repetidas. O foco do projeto normalmente está no custo, tempo e sustentabilidade, com o objetivo de dar suporte à operação eficiente do produto do cliente sem interrupções ou tempo parado.

Os produtores definem o produto e revisam o projeto, sozinhos ou em conjunto com o cliente. É comum para eles financiarem o projeto ou entrarem em um acordo contratual com o cliente, o qual paga pelo desenvolvimento e está fortemente envolvido no processo do projeto. Os clientes, no entanto, são sensíveis principalmente às questões referentes a tempo de entrega e custo. Qualquer atraso terá um impacto em seus próprios negócios. Por esse motivo, eles podem tolerar os problemas de confiabilidade contanto que o produto seja entregue na hora. Por último, os projetos relacionados às empresas são geralmente entregues aos clientes juntamente com treinamento e manutenção extensiva e documentação de suporte.[2]

A Figura 10-1b mostra o espaço de classificação para os projetos relacionados às empresas. Tais projetos cobrem a maior parte do espectro de quatro dimensões dos projetos possíveis. No entanto, em termos de complexidade, tipicamente não existem projetos de matriz; seus resultados são geralmente subsistemas ou produtos OEM, os quais são partes de projetos maiores, ou são sistemas auto-suficientes requisitados por outra empresa para suas operações.

Assim como com os projetos para os consumidores, os projetos industriais não são iniciados antes da existência das tecnologias básicas requisitadas. Assim sendo, eles raramente chegam ao nível de super-alta-tecnologia da incerteza tecnológica. O papel de desenvolver tecnologias completamente novas normalmente fica para os projetos feitos para os clientes governamentais ou organizações públicas como universidades. A respeito de novidade e ritmo, é possível encontrar projetos relacionados às empresas que cobrem todo o espectro, de derivativo à inovação e de regular a blitz.

O caso seguinte demonstra um projeto para um cliente industrial. O produtor entendeu bem a natureza do relacionamento com seu cliente, mas falhou em abordar a dimensão de complexidade do projeto. (Os nomes das empresas foram alterados para proteger a confidencialidade.)

Um Projeto Blitz Industrial: o Projeto do Encapamento de Fios

No início do ano 2000 um dos maiores fornecedores de plástico dos EUA se viu com problemas. Ele havia perdido um dos seus 10 melhores clientes para seu maior rival. O cliente da empresa estava preocupado com o desempenho da resina com a qual as capas isoladas dos fios plásticos são feitas. Parecia que o revestimento poderia rachar quando fosse enrolado em grandes bobinas para armazenamento, especialmente em temperaturas frias. Esse era um produto central para a empresa de plásticos, e a "vaca leiteira" para a empresa. Após três fracassos da resina, o cliente trocou pelo produto do concorrente. Este era o pior cenário: a empresa perdeu uma participação substancial do mercado e milhões de dólares, e ela tinha de reagir rapidamente antes que as coisas ficassem piores.

Para responder à crise, uma equipe competente foi reunida. Como é comum nos projetos industriais, a equipe trabalhou em conjunto com a equipe do cliente. Inicialmente, os gerentes acreditavam que o produto estava fracassando devido às condições impróprias de processamento do cliente. Mas depois que a equipe foi enviada ao local do cliente para identificar a dificuldade, tornou-se claro que o problema era pior do que eles haviam imaginado. A equipe percebeu que tinha de mudar o produto ou perderia o negócio completamente. A alta gerência, contudo, assegurou ao cliente que a empresa acertaria o produto.

Quando o projeto foi oficialmente iniciado, a equipe tinha 6 meses para reinventar o produto. A nova resina precisaria ter um desempenho igual ou melhor do que o melhor material disponível no mercado, a um preço bastante competitivo. O projeto desfrutava do envolvimento total e do suporte da alta gerência.

Após seis meses, a gerência revisou o plano do projeto e decidiu adicionar mais contingências ao sistema. Eles aprovaram o envolvimento de pessoas adicionais apenas se elas pudessem se unir ao esforço sem treinamento. O plano imediato precisava focar no período de tempo mais curto para o mercado. A idéia era, primeiramente, recuperar o volume perdido e, em seguida, redesenhar o produto para satisfazer os requisitos regulatórios adicionais que seriam impostos, caso a resina diferisse significativamente da fórmula atual. Uma nova restrição foi então estabelecida: para evitar testes regulatórios longos e aprovação, o novo produto deveria conter propriedades comparáveis e blocos para construção similares ao antigo.

Embora o produto tenha sido desenvolvido em tempo, sua manufatura provou ser um desafio. O laboratório alcançou as propriedades alvo usando equipamentos em menor escala e até mesmo identificou os parâmetros críticos de manufatura. Entretanto, o produto requeria novas matérias primas, assim como novas práticas de saúde, engenharia e segurança na manufatura. Isso levou a gerência a realçar a visibilidade e criticalidade do projeto por toda a organização. A mobilização de recursos de manufatura externos finalmente provou ser a solução.

O resultado foi mais ou menos bem-sucedido. Embora uma nova resina satisfatória tivesse sido desenvolvida, sua linha de tempo era muito apertada para permitir a construção de um produto totalmente novo e de instalações de produção associadas. Infelizmente, a oportunidade de conduzir experimentos com os consumidores antes dos feriados de Natal havia passado. O cliente podia testar e validar o novo produto apenas depois do início do ano seguinte, e isso impediu a empresa de alcançar suas metas comerciais esperadas para aquele ano.

Em retrospecto, nossa análise sugere que a empresa tratou o cliente comercial corretamente, com envolvimento contínuo e relatórios freqüentes. Entretanto, estavam faltando outros fatores. O projeto foi administrado como um projeto de plataforma, alta-tecnologia, subsistema (montagem), blitz. A tecnologia necessária para esse projeto era conhecida fora da empresa, mas desconhecida para a equipe antes do trabalho ser empreendido. Ainda assim, além do ritmo blitz, o fator dominante que a situação comercial enfrentou foi complexidade. Considerando as mudanças necessárias no processo de produção, o projeto teve dificuldade em integrar a solução à manufatura. Assim sendo, ele precisava ser tratado como um projeto de sistema, e não um projeto de montagem. A diferença entre a classificação real e a exigida é demonstrada na Figura 10-2.

FIGURA 10-2

Projeto de revestimento de fios e cabos

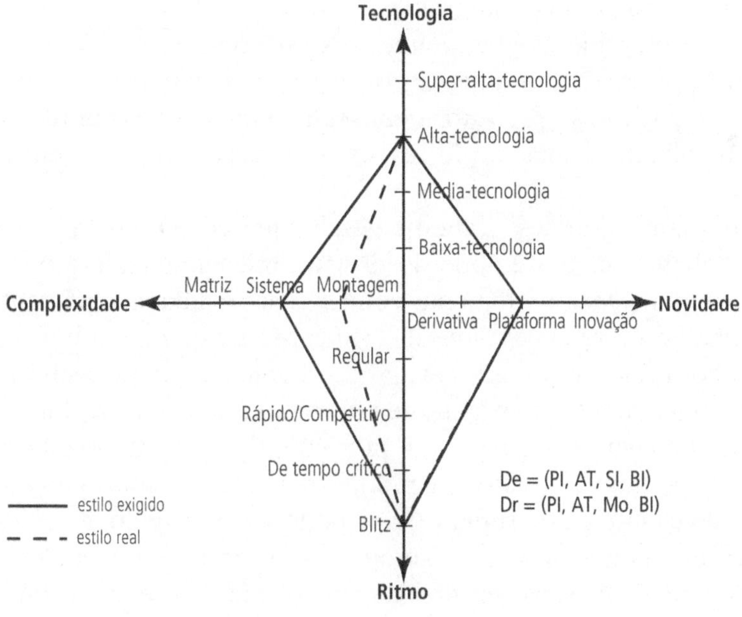

Projetos Governamentais e Públicos (B2G)

Diferentemente dos clientes relacionados às empresas, o cliente governamental não é motivado pelo lucro. Em vez disso, ele compra ou encomenda sistemas que tenham impacto nas necessidades públicas: segurança, saúde, transporte e educação.[3] As pessoas que trabalham em um projeto governamental precisam entender a diferença: elas devem saber o que é crítico para o cliente e o que pode ser transigido. Os fornecedores para o governo devem buscar criar um relacionamento de longo prazo, o qual resultará em contratos subseqüentes para manufatura, manutenção e suporte, e pedidos repetidos para as próximas gerações.

O governo geralmente escolhe os fornecedores por meio de licitações competitivas e processos de avaliação de propostas. Além disso, a comercialização para o governo é diferente da comercialização para empresas ou consumidores. Os fornecedores precisam ficar na "tela do radar" dos tomadores de decisões e conhecer bem os participantes. Embora todos os contratados do governo tenham departamentos comerciais, muito da comercialização é feita pelos altos gerentes, que constroem relacionamentos com os tomadores de decisões.

O cliente governamental está primeiramente focado no desempenho. Muitas vezes, seus representantes declararão que o tempo e o custo são importantes (geralmente por causa de restrições orçamentárias). Entretanto, em comparação aos clientes comerciais ou consumidores, os clientes governamentais têm menos pressão financeira, e eles querem o melhor para seus usuários (especialmente para os sistemas de defesa). O tempo pode ser algumas vezes sacrificado em prol de um desempenho melhor. Talvez seja por isso que muitos programas governamentais sofrem atrasos no cronograma.

O cliente dos projetos governamentais está rigorosamente envolvido com o produtor. O processo tipicamente começa com a definição das necessidades do cliente e requisitos do produto, e em seguida passa para um relacionamento contratual detalhado, e mais tarde revisões intensas do projeto em andamento pelos clientes.

Em programas grandes, o cliente geralmente coloca um representante no local para trabalhar com a equipe do projeto. Inicialmente, isso parece ser um fardo para a equipe, mas, no final das contas, é, na realidade, uma vantagem. Primeiro, o trabalho do representante é certificar-se de que a equipe se mantenha no curso e aborde as necessidades exatas do cliente em tempo real. Basicamente, o produtor sai ganhando, pois assim tem a certeza de estar acertando as expectativas exatas do cliente. Segundo, o representante do cliente resolve problemas e responde as perguntas no ato. Quando em dúvida, ele consegue esclarecer as prioridades do cliente e determinar o que pode ser transigido, se necessário. Terceiro, os representantes do cliente geralmente tornam-se advogados do projeto quando se reúnem com seus gerentes na matriz. Eles conseguem convencer seus gerentes de que a equipe está fazendo um bom trabalho e aumenta a confiança do cliente no contratado. Por último, o representante do cliente na equipe adiciona, sem custo, outro funcionário inteligente na equipe para resolver problemas, produzir idéias e mesmo fazer um pouco do trabalho do projeto, quando necessário. Um bom representante do cliente com a atitude e relacionamentos corretos pode ser um verdadeiro benefício para o projeto.

Os projetos governamentais não são geralmente feitos para produção em massa (exceto pelos sistemas militares como aeronaves ou veículos blindados). Por outro lado, eles são projetos estritamente focados na segurança, isso porque em muitos casos o risco aos usuários envolve a vida humana. Outros riscos nos projetos governamentais dizem respeito às questões políticas e públicas como imagem, boa cidadania e qualidade de vida. E, assim como com os projetos industriais, os projetos governamentais são entregues com uma enorme quantidade de documentação, suporte e treinamento.[4]

Os projetos públicos podem ser iniciados não apenas pelas autoridades nacionais, mas também pelas autoridades locais, como as municipalidades, ou mesmo por organizações sem fins lucrativos. Tais projetos, embora algumas vezes sejam muito grandes (prédios, sistemas de transporte, sistemas de fornecimento de água etc.), normalmente não atingem o nível de super-alta-tecnologia da tecnologia ou o nível de inovação da novidade. Eles são gerenciados como projetos similares, sendo que a preocupação principal é o padrão de vida e a segurança dos cidadãos. Mesmo assim, em muitos casos, os projetos públicos podem ser afligidos por políticos locais e interesses de grupos locais poderosos.[5]

Pelo fato de os clientes públicos normalmente não lidarem com pequenas atividades, seus projetos podem transpor todos os níveis das dimensões de classificação, exceto talvez no nível de montagem na complexidade (veja a Figura 10-1c). Por outro lado, o governo está, muitas vezes, mais bem posicionado para empurrar as fronteiras da ciência e da tecnologia, e, em alguns casos, as da novidade e inovação. Assim sendo, os projetos governamentais se estendem, mais do que em qualquer outro setor, para dentro do território de super-alta-tecnologia e inovação. Obviamente, os programas espaciais se encaixam nessa natureza. Ao explorar as fronteiras do universo e tentar conduzir as missões científicas de grande projeção, esses projetos são os mais arriscados e os mais difíceis de executar.[6]

No entanto, algumas vezes os projetos públicos precisam ser abordados como projetos blitz. Eles podem ser lançados em resposta a uma emergência, como um ataque terrorista ou um desastre natural que possa causar a perda de centenas ou milhares de vidas. Como foi visto no caso do Katrina, mencionado no Capítulo 3, o fator mais importante para o sucesso em projetos de emergência é fazer planos de contingência com antecedência, agir rapidamente quando o desastre ocorre e improvisar quando não há informações ou planos detalhados para a situação prestes a acontecer. Custo e eficiência não são um fator fundamental no caso de uma emergência.

O Contexto da Indústria

Um dos maiores fatores conceituais que afeta o gerenciamento de projetos é a indústria específica na qual o projeto é conduzido. Não é segredo que indústrias diferentes têm maneiras diferentes de gerenciar projetos. Embora se consiga encontrar livros específicos e estudos sobre o gerenciamento de projetos em indústrias específicas, as diferenças no gerenciamento de projetos entre elas são raramente identificadas, estudadas, coletadas ou relatadas .[7] Ainda assim, o entendimento dessas diferenças é de grande interesse para os praticantes, alunos, educadores e pesquisadores. A diferença pode ser encontrada entre os processos, ferramentas, técnicas, padrões, aplicações, entre outras coisas, e, é claro, nas disciplinas técnicas e tecnologias específicas.

Seria impossível cobrir todas as indústrias em um capítulo ou se aprofundar em qualquer indústria específica. Assim sendo, esboçamos aqui apenas as principais diferenças entre projetos nas indústrias mais comuns. Como veremos, quase nenhuma indústria transpõe todo o espectro de projetos cobertos pelo modelo NTCR. Isso nos dá certa esperança, pois não se espera que alguém entenda todos os tipos de projetos ou seja excelente em todos eles. Mas para o educador e o aluno, ver o quadro geral pode ser um bom ponto de partida para focar ainda mais em projetos em um ambiente industrial específico.

As Principais Indústrias

De uma lista longa de indústrias, escolhemos as cinco principais como uma amostra representativa do espectro:

- **Construção:** Prédios, estradas, pontes, concessionárias e assim por diante.
- **Equipamentos e dispositivos:** Produtos de hardware tangíveis, talvez contendo software para uso privado ou industrial – eletrônicos, automóveis, maquinário e assim por diante.
- **Farmacêutica e de saúde:** Medicamentos, remédios e produtos médicos.
- **Software:** Aplicativos, sistemas de gestão empresarial, sistemas de administração de serviços.
- **Processos:** Linhas de produção para produtos químicos, refinarias de petróleo e plásticos.

Essa lista representa uma variedade de indústrias com atributos diferentes de gerenciamento de projetos. Contudo, reconhecemos que outras indústrias também podem ser discutidas no próximo nível de análise. Elas incluem as indústrias automobilística, financeira, cinematográfica, de seguro, educacional, de consultoria e muitas outras.

Diferenças no Gerenciamento de Projetos por Setor

A Tabela 10-2 mostra tipos representativos de projetos de acordo com as cinco principais indústrias que escolhemos. A Figura 10-3 mostra o espectro possível de tipos de projetos em cada setor de acordo com o modelo NTCR.

Como mostrado na Figura 10-3a, os projetos de construção estão confinados aos dois níveis mais baixos de tecnologia e novidade. Apenas em casos raros encontramos projetos de construção de inovação, como a construção do primeiro sistema de metrô (mais de cem anos atrás) ou o uso de um projeto arquitetural extremamente inovador, como o Museu Guggenheim em Bilbao, Espanha. No entanto, os projetos de construção podem ser complexos e algumas vezes urgentes. A construção de uma nova cidade como Brasília, a qual foi construída em menos de cinco anos durante o final dos anos de 1950 para ser a capital do Brasil, foi um projeto de matriz, assim como a construção do túnel do canal inglês, descrito no Capítulo 6. Em situações de emergência como em tempos de guerra, pode haver a necessidade de projetos de construção blitz. Os projetos de construção são tipicamente desenhados por arquitetos e especialistas em projetos estruturais. Eles têm fortes restrições regulatórias e políticas, e seus projetos são congelados antes do início da construção, depois que as plantas de engenharia foram aprovadas e o contrato foi assinado.

Os projetos para construir equipamentos e dispositivos são o tipo mais comum – o desenvolvimento de produtos, como um novo telefone celular, máquinas de lavar roupas, sistema de som estéreo ou computadores pessoais. Esses projetos geralmente combinam o desenvolvimento de hardware e software. Cada aparelho, dispositivo para comunicação e mesmo carros têm um computador embutido que controla o dispositivo. Os dispositivos podem ser simples, pequenos e não muito inovadores (um conjunto derivativo), ou podem ser grandes, complexos e tecnologicamente desafiadores. Como mostrado na Figura 10-3b, eles cobrem o espectro de classificação em nosso modelo NTCR. Na maioria dos casos, tais projetos envolvem o desenvolvimento do produto assim como a criação de linhas e instalações de manufatura para produzi-lo em quantidade.

Como mostrado na Tabela 10-2, o principal fator em projetos farmacêuticos e de saúde é a necessidade de obter aprovação de autoridades regulatórias (como o Food and Drug Administration). Como mostra a Figura 10-3c, as duas dimensões dominantes do modelo diamante nesse setor são novidade e tecnologia. Os projetos de desenvolvimento de medicamentos são sempre inovadores e arriscados até certo ponto. Mesmo se um medicamento genérico (uma versão genérica de um medicamento cuja patente expirou) é desenvolvido, ainda existem riscos de segurança envolvidos e é necessário aprovação oficial. Um medicamento é geralmente comparável a um subsistema no seu nível de complexidade, mas quando as instalações de produção são parte do projeto, a complexidade aumenta para o nível de sistema.

TABELA 10-2

Características de projetos em vários setores

	SETORES				
Características	**Construção**	**Equipamentos e dispositivos**	**Farmacêutica e de saúde**	**Software**	**Processo**
Produtos típicos	Prédios, estradas etc.	Combinação de hardware e software; produtos tangíveis.	Medicamentos, aparelhos médicos.	Aplicativos e serviços.	Processo para produzir materiais: petróleo, substâncias químicas.
Foco	Estética funcional e arquitetural.	Custo, desempenho do produto e características do produto.	Impacto na saúde pública, longevidade e qualidade de vida.	Funcionalidade, custo, compatibilidade do *upgrade*.	Volume, custo, continuidade, eficiência.
Definição do produto	Definido pelo cliente ou contratado.	Definido pelo produtor e/ou cliente.	Definido pela empresa.	Definido pelo produtor e/ou cliente.	Definido pelo cliente ou produtor.
Regulamentações, padrões, aprovação	Construção e regulamentações municipais e aprovação.	Específico para a indústria de defesa, automobilística etc.	Rigorosamente afetado pelos requisitos regulatórios e processo extenso de aprovação para produtos.	Praticamente, nenhuma regulamentação; alguns padrões e modelos na maturidade.	Conformidade com as regulamentações ambientais e aprovação.
Processos	Processo estruturado; construído de acordo com a planta; desenhado por empresas de projeto; execução pelos contratados.	Projetado e desenvolvido pelo mesmo contratado; projeto de sistemas de cima para baixo; primeiro a construção de subsistemas, seguido pela integração do sistema.	Implementação de pesquisa ou triagem extensa para soluções de sucesso; processos de teste extensos com vários estágios de aprovação.	Análise de sistema e desenvolvimento; eliminação de erros, teste e verificação necessários; liberado por versões ou *upgrades*.	Projeto do processo piloto, construção e teste; projeto do processo em larga escala e construção.
Preparação para produção	Nenhuma.	Desenvolvimento de produto e processo simultaneamente.	Processo de manufatura em massa.	Não é necessário manufatura.	Projeto único do tipo.
Questões de risco	Atrasos no trabalho por causa de disputas trabalhistas ou restrições políticas; atos religiosos inesperados.	Segurança.	Vida humana e risco de efeitos colaterais.	Atrasos extensos de tempo.	Materiais perigosos, lixo tóxico, ambiente.
Suporte ao produto	Garantia.	Garantia, manutenção e serviço.	Nenhum para medicamentos; algum para aparelhos médicos.	Serviço e *help desk*.	Manutenção.

Por causa do período de vida dos projetos de desenvolvimento de medicamentos (o processo leva em média de 12 a 15 anos), eles geralmente prosseguem em um ritmo regular. Em alguns casos raros, no entanto, o desenvolvimento de um medicamento genérico pode ser rápido/competitivo, especialmente quando várias empresas estão competindo em um período de tempo de proteção limitado (seis meses, de acordo com as regulamentações atuais). O desenvolvimento de dispositivos médicos é muito mais simples e mais rápido do que para os medicamentos, mas mesmo esses produtos requerem aprovação do governo e seu desenvolvimento e teste poderá levar anos.

A maioria dos projetos de software é singular no sentido de que não há hardware desenvolvido como parte integral do projeto. Embora os sistemas de serviço e software comercial (como o ERP ou a automatização de escritórios) requeiram uma infra-estrutura de hardware para suas operações, essa infra-estrutura é construída em hardware padrão, comprado de outros fornecedores e é integrado com os pacotes de software desenvolvidos. Uma das maiores preocupações no desenvolvimento de software é a necessidade de testes extensos e de verificação do código. Esse processo geralmente leva o mesmo tempo que a escrita do código em si, e em algumas empresas envolve equipes diferentes de desenvolvedores. Isso requer coordenação extensa e a criação de uma linguagem comum na empresa.

Muitos projetos de software são inovadores e novos para o mercado, mas eles quase sempre dependem de tecnologias existentes já desenvolvidas em outros locais. Em casos raros, quando uma geração de software completamente nova é desenvolvida (por exemplo, uma geração que emprega um algoritmo não provado), o projeto pode se tornar uma atividade de super-alta-tecnologia. Os projetos de software são muitas vezes projetos de sistemas; mas quando eles são distribuídos em locais geográficos diferentes e integrados para servir como uma rede combinada, eles atingem o nível de complexidade de um projeto de matriz. Um exemplo típico desse programa foi a substituição de todos os pacotes de software operacionais nos principais terminais da rede internacional de telefones da AT&T, a qual cobre todos os Estados Unidos. A Figura 10-3d mostra o espaço de classificação dos projetos de software, com as áreas levemente acinzentadas que representam esses casos raros de projetos de super-alta-tecnologia ou matriz.

Os projetos de processos geralmente estão confinados a um espaço de classificação estreito. Eles raramente são projetos de montagem ou alta-tecnologia. Por causa de sua larga escala, esses projetos normalmente envolvem a construção de uma linha de produção piloto antes que uma instalação para produção em larga escala seja montada. Na maioria dos casos, os projetos de processos são regulares ou rápidos/competitivos na dimensão de ritmo. Entretanto, pode haver exceções que levam esses projetos à velocidade de blitz. Quando uma grande linha de produção é destruída por fogo, acidente ou causa similar, resultará em

FIGURA 10-3

Tipos possíveis de projeto para vários setores

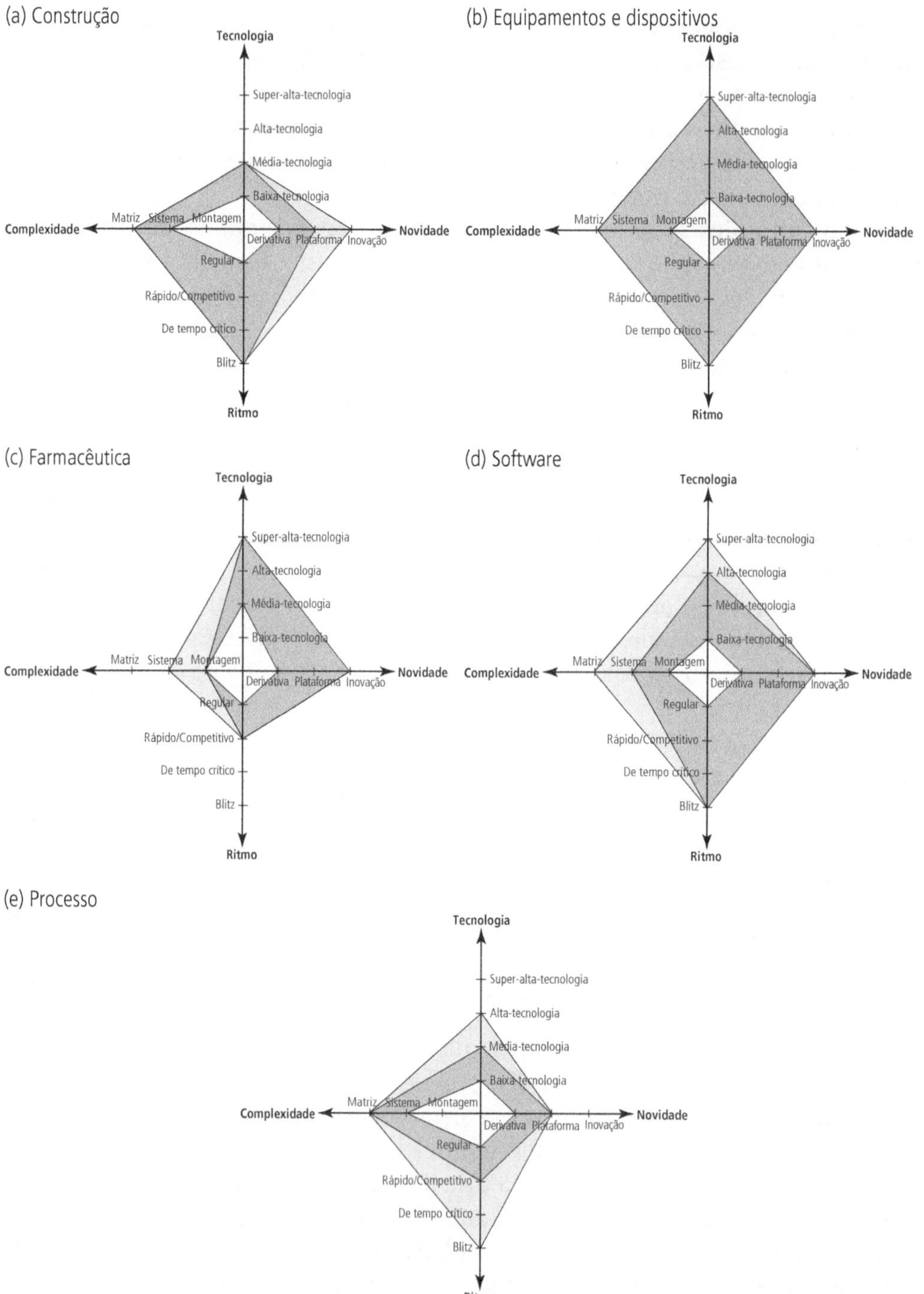

grandes danos para o meio ambiente, como aconteceu com a usina nuclear de Chernobyl, na Ucrânia. Nesses casos, esforços imediatos de emergência precisam ser realizados para limitar os danos.

Agora que exploramos os contextos externos de projetos em termos de empresas, mercados e setores, nosso capítulo final resume as idéias por trás de nossos modelos e proporciona uma lista de cima para baixo de itens de ação para implementar a abordagem adaptativa por toda a organização. Ele também oferece algumas idéias sobre a evolução futura do gerenciamento de projetos.

Pontos Principais e Itens de Ação

- Clientes e mercados diferentes se comportam e pensam diferentemente. Uma das questões mais importantes que qualquer gerente de projetos precisa enfrentar é conhecer o cliente. Este capítulo diferencia projetos com base em três grupos de clientes: consumidores (B2C), organizações industriais ou comerciais (B2B) e governo (B2G).
- Consumidores são indivíduos privados que compram produtos para seu uso pessoal. A proposta de valor para o consumidor é a melhoria da qualidade de vida. Os produtores precisam focar na qualidade e custo do produto, e precisam fazer com que este chegue ao mercado o mais rápido possível para derrotar a concorrência.
- Os projetos B2B proporcionam aos clientes comerciais os meios e ferramentas para operar e melhorar seus negócios. Um produtor deve pensar sobre o negócio de seu cliente, e o foco do projeto normalmente está no custo, tempo e sustentabilidade, para garantir a operação eficiente do negócio do cliente. Os produtos são, assim, fornecidos com muitos itens para suporte, como documentação e treinamento, e as metas dos produtores freqüentemente estão centradas na criação de liderança na indústria e em relacionamentos de longo termo com os clientes.
- Os governos compram sistemas que têm impacto nas necessidades públicas e na segurança. Os projetos governamentais envolvem questões políticas e públicas como imagem, boa cidadania, segurança e qualidade de vida. Os clientes governamentais (especialmente para os sistemas de defesa) têm menos pressão de tempo, e eles querem o melhor para seus usuários. O tempo pode ser sacrificado em prol de um desempenho melhor. Os projetos governamentais requerem muita documentação, suporte e treinamento, e os produtores precisam construir relacionamentos de longo prazo com os clientes.

- Outro fator contextual importante que afeta o gerenciamento de projetos é o setor específico no qual o projeto é conduzido. Setores diferentes têm maneiras diferentes de gerenciar projetos. Este capítulo resume as principais diferenças que existem entre os projetos e as práticas de gerenciamento de projetos para alguns dos setores mais comuns: construção, equipamentos e dispositivos, farmacêutico e saúde, software e processos.

CAPÍTULO

11

REINVENTANDO O GERENCIAMENTO DE PROJETOS PARA A SUA ORGANIZAÇÃO

À MEDIDA QUE O AMBIENTE ORGANIZACIONAL torna-se cada vez mais voltado para projetos, é hora de liberar o poder e a energia embutidos em projetos. A perturbante taxa baixa de sucesso de projetos torna imperativo que a organização preste mais atenção à sua atividade de projetos e à vantagem potencial e competitiva que eles trazem. Infelizmente, como mostramos neste livro, os projetos, há muito tempo, são mantidos no escuro, freqüentemente ignorados pelos altos executivos, enquanto os gerentes de projetos têm de se virar por conta própria. A disciplina de gerenciamento de projetos não tem sido muito útil. Por se manter focada nas metas de tempo, orçamento e desempenho como os direcionadores rígidos do sucesso, ela deixou passar um ponto-chave – de que os projetos sempre acontecem por motivos comerciais.

Como argumentamos, a melhora no gerenciamento de projetos apresenta uma ótima oportunidade. Afinal de contas, por quanto tempo uma organização consegue explorar suas operações na tentativa de ser mais eficiente? Logo mais as organizações alcançarão os limites de eficiência, e melhorias adicionais serão apenas marginais. Numa época em que as organizações precisam estar constantemente mudando, a única maneira de ela mudar é por meio de projetos. Nenhuma estratégia, plano de investimento, idéia, inovação ou negócio novo consegue progredir ou ter sucesso sem projetos.

Chegou a hora de aprender um novo conjunto de regras, as quais mostrarão aos executivos e equipes que há um meio melhor do que a abordagem antiga. Nossa abordagem adaptativa de gerenciamento de projetos, com seu símbolo – o diamante, oferece um novo mapa e uma nova linguagem que os gerentes e as equipes podem usar para planejar, comunicar e tomar decisões sobre os projetos e sobre a melhor maneira de conduzi-los.

Neste capítulo final revisamos as principais lições que apresentamos e resumimos os itens de ação que os executivos poderão empreender para colocar em prática as idéias apresentadas aqui e transformar o gerenciamento de projetos de suas organizações em vantagens competitivas. Concluímos com algumas considerações sobre a evolução futura do gerenciamento de projetos.

Principais Lições

- O gerenciamento de projetos não é sobre a entrega de um projeto em tempo, dentro do orçamento e de acordo com os requisitos. Em vez disso, o gerenciamento de projetos é sobre servir a necessidade de um cliente e criar resultados comerciais para dar suporte aos objetivos de curto e longo prazo da empresa.
- O gerenciamento de projetos não é um processo linear e previsível. No início do projeto, a maioria dos projetos modernos envolve incertezas e muitas incógnitas. Geralmente, é difícil prever exatamente como um projeto acabará. O planejamento do projeto não é, portanto, uma atividade única, feita de uma vez por todas no início do projeto. Em vez disso, você precisa planejar e gerenciar projetos de maneira adaptável, flexível e iterativa, ajustando as medidas feitas durante o curso do projeto, de acordo com seu progresso e as mudanças dinâmicas no ambiente.
- O planejamento do projeto envolve a identificação, logo no início, do que se espera do projeto em termos das necessidades de sua empresa e das de seus clientes. Em vez de estabelecer as metas de tempo, orçamento e especificações como os principais propulsores de sucesso, é preciso decidir como o projeto será julgado quando completado. Esse julgamento é normalmente baseado em cinco dimensões: eficiência, impacto no cliente, impacto na equipe, sucesso comercial e preparação para o futuro. Cada dimensão é constituída de medidas relevantes. Caso seja necessário, identifique outras dimensões e medidas específicas que sejam relevantes ao seu setor, empresa ou projeto. Você também deve identificar seus critérios de fracasso – ou seja, o que pode dar errado – e tomar medidas que lhe protegerão, se isso acontecer.
- O gerenciamento de projetos não é uma atividade universal com um conjunto de regras e processos para todos os projetos. Em vez disso, é situacional e contextual, e não apresenta um único tamanho. Para ter sucesso nos projetos é preciso usar uma abordagem adaptativa ao gerenciamento de projetos, adaptar seu estilo de gerenciamento de projetos ao ambiente, à meta e à tarefa do projeto.
- Para ajudar os gerentes a identificar os riscos e os benefícios potenciais e selecionar o estilo gerencial correto para cada projeto, este livro usa o modelo diamante e a ferramenta de análise diamante, os quais classificam um projeto com base em sua novidade, tecnologia, complexidade e ritmo. Cada dimensão inclui três ou quatro tipos de projetos e afeta o gerenciamento de projetos à sua própria maneira.

- A novidade apresenta a incerteza da meta e a incerteza do mercado. Essa dimensão mede quão novo é o produto do projeto para os mercados, clientes e usuários, e, conseqüentemente, quão claramente se consegue definir os requisitos dos projetos de antemão. A novidade inclui três tipos de projetos: derivativo, de plataforma e de inovação. Ela afeta a precisão dos dados do mercado, o esforço, o tempo e o número de iterações (incluindo os protótipos) necessárias para finalizar e congelar os requisitos do produto.
- Tecnologia representa a incerteza da tarefa em termos da tecnologia usada – isto é: quanta nova tecnologia é necessária para completar o projeto. A dimensão da tecnologia inclui quatro tipos de projetos: baixa, média, alta e super-alta-tecnologia. A tecnologia afeta a duração e o número de iterações necessárias para obter o projeto correto e fixá-lo, e o grau de intensidade das atividades técnicas – tais como projeto, teste e protótipos – assim como as habilidades técnicas exigidas pelo gerente e pela equipe do projeto.
- A complexidade é baseada na complexidade do produto e da tarefa. Essa dimensão inclui três tipos: de montagem, de sistema e de matriz. A complexidade afeta o tipo de organização de projeto que você precisa e o nível de burocracia e formalidade necessários para administrá-los.
- O ritmo representa a urgência do projeto – quanto tempo há disponível para completar o serviço. Ele inclui quatro tipos: regular, rápido/competitivo, de tempo crítico e blitz. Essa dimensão afeta seu planejamento e revisões, a autonomia da equipe do projeto e o envolvimento da alta gerência, especialmente em projetos mais urgentes.
- Para selecionar um *portfolio* de projetos, classifique-os com base em suas metas de negócio, se eles lidam com negócios existentes ou novos e se eles são direcionados aos clientes internos ou externos. Essa distinção cria quatro grupos de propostas de projetos. Você deve alocar os recursos dos projetos para cada grupo baseado na política e na estratégia da organização. Apenas então selecione os projetos individuais dentro de grupos baseados em critérios específicos para cada grupo.
- A inovação deve ser gerenciada de acordo com o seu tipo. O modelo diamante lhe permite selecionar a abordagem correta ao gerenciamento de projetos para cada tipo de inovação.
- A aplicação da abordagem adaptativa a um projeto não precisa ser complicada. Primeiramente, trate a execução do projeto como um processo iterativo, e não linear. Isso significa que talvez seja preciso voltar à definição e ao planejamento do projeto com base nas incertezas iniciais do projeto e nas descobertas posteriores durante a execução. Segundo, durante a execução do projeto é necessário adicionar algumas etapas novas e itens de ação ao procedimento

convencional de gerenciamento de um projeto, e deve-se ajustar esses procedimentos ao tipo de projeto específico. Durante a fase de planejamento, é preciso determinar o sucesso esperado e os critérios de fracasso: as expectativas e o acordo entre executivos e equipes sobre como julgar o sucesso e o que deu errado. Nesse estágio, deve-se também avaliar o impacto de seu tipo de projeto na abordagem de seu gerenciamento de projetos ao identificar as ações necessárias que são específicas à abordagem adaptativa e ao tipo de projeto.

- Para os projetos de alta incerteza, é necessário conduzir pequenas atividades piloto que ajudem a reduzi-las antes de se comprometer com o projeto em larga escala. Similarmente, os projetos precisam identificar os marcos entre eles de maneira modular, em que os protótipos permitem às equipes fazer correções nos requisitos, nas especificações técnicas e no projeto até que sejam congelados.
- Os planos do projeto devem incluir três níveis. Primeiramente, crie um plano mestre que liste os principais marcos por todo o projeto e que sirva para se reportar e se comunicar com a alta gerência. Em segundo lugar, crie uma série de planos de nível médio com um período de tempo de alguns meses. Atualize esses planos periodicamente e use-os para se reportar e se comunicar com a gerência média. Terceiro, redija planos de trabalho altamente detalhados, os quais serão atualizados todos os meses e delinearão as atividades de cada membro da equipe do projeto.
- Os projetos ajudam a aperfeiçoar a eficiência operacional nas organizações e a reduzir os custos. Devem-se analisar os blocos para construção e pacotes de trabalho com base em seus resultados (tangíveis ou intangíveis) e no trabalho necessário para criar este resultado (inventivo, de engenharia ou de prática). Esses determinarão a dificuldade e o risco envolvido em cada bloco. Deve-se, então, identificar os blocos comuns para construção entre os projetos na organização e criar sistemas que eficazmente construirão esses blocos. Avaliações similares podem ser feitas sobre a terceirização de projetos inteiros, ou partes de projetos, com base no modelo diamante ou na análise de pacotes de trabalho.

Agora, vamos examinar detalhadamente as iniciativas específicas que os CEOs e a alta administração podem adotar para implementar as idéias deste livro.

Implementando Novas Políticas

- Trate o gerenciamento de projetos como o próximo núcleo de seus ativos competitivos. Eleve a percepção dos gerentes de todos os níveis sobre o potencial de seus projetos. Deixe claro que o gerenciamento de projetos não é de interesse apenas dos gerentes de projetos. Ele deve ser do interesse de todos, em todos os níveis administrativos: marketing, vendas, publicidade, manufatura, engenharia, qualidade e assim por diante. Todos têm participação no sucesso do projeto. Crie um plano de carreira para os gerentes de projetos (veja mais sobre isso mais adiante neste capítulo), e nomeie um executivo para ser o diretor de projetos.

- Trate seus projetos como investimentos, não como custos. Seu investimento em projetos é talvez o melhor investimento que você possa fazer pela sua organização, geralmente mais importante do que os investimentos de capital.
- Selecione as melhores pessoas para liderar os projetos. Evite a tentação (e a norma) para colocar suas melhores pessoas encarregadas das operações. Lembre-se de que é mais fácil gerenciar operações do que projetos complexos e incertos. As operações futuras serão lucrativas apenas se os projetos que as criaram forem selecionados corretamente e forem bem feitos.
- Trate a elaboração de processos como um projeto. Os modelos neste livro são aplicáveis não apenas ao desenvolvimento ou construção de um novo produto, mas também à elaboração de processos ou de serviços baseados em processos.
- Implemente um mecanismo para identificar o fracasso antes que seja muito tarde. Use planejamentos curtos, intervalos e marcos na execução, e não apenas datas.
- Implemente uma política que encoraje os gerentes de projetos a gastar mais no planejamento antecipado, além do uso de protótipos que permitirão implementações rápidas e pequenas para resolver as incógnitas em programas grandes.

Crie uma Estrutura Organizacional e um Guia para o Gerenciamento de Projetos

Pelo fato de cada organização ser singular em seu ambiente, negócios, pessoas e tecnologia, os modelos sugeridos neste livro se encaixam na maioria das organizações, mas não em todas, e não completamente. Uma organização deve primeiramente decidir o que ela precisa para gerenciar seu *portfolio* de projetos e projetos individuais. Suas necessidades incluem o gerenciamento do *portfolio*, a alocação de recursos, o desenvolvimento de habilidades, o organização de projetos, as localizações de projetos ou outras necessidades específicas.

Após definir suas necessidades específicas, identifique os modelos mais valiosos para classificar seus projetos. Por exemplo, a incerteza tecnológica pode não ser uma dimensão viável para uma empresa de construção, isso porque todos os projetos usam o mesmo nível de tecnologia. Entretanto, outras dimensões relacionadas, como complexidade e ritmo, são aplicáveis. Similarmente, uma empresa no setor farmacêutico precisa distinguir os projetos de acordo com os níveis de risco e testes clínicos exigidos para cada tipo de projeto.

A próxima etapa é desenvolver um guia do gerenciamento de projetos que esboce os modelos relevantes e as dimensões para classificar seus projetos. Seu guia deve também esboçar as implicações administrativas relacionadas para cada tipo de projeto.

A maior parte deste livro define os processos de gerenciamento de projetos para vários tipos de projetos. O processo para projetos pequenos não é o mesmo para os projetos grandes, e os projetos de baixa tecnologia serão diferentes dos projetos de alta-tecnologia. Por exemplo, seu guia deve delinear o ciclo de vida e as fases típicas dos vários tipos de projetos da empresa, incluindo os principais marcos e portais de aprovação. Ele deve descrever as decisões a serem tomadas em cada portal, juntamente com a documentação necessária. O guia também deve incluir ferramentas específicas, *templates* e documentos para planejar, relatar, monitorar e coordenar projetos, assim como os aplicativos de software selecionados.

Criando uma Política para o Gerenciamento do *Portfolio* e a Seleção de Projetos

Após ter estabelecido sua maneira singular de distinguir entre os projetos, estabeleça uma política para o gerenciamento de projetos – isto é: para selecionar projetos e alocar recursos a eles. Para fazer isso, divida a coleção de propostas de projetos em grupos principais. Os grupos possíveis podem se diferenciar entre aqueles que estendem um negócio existente ou criam um novo negócio, e aqueles que servem os clientes internos *versus* os externos.

Ao dividir os projetos em grupos principais os executivos conseguem alocar os recursos da empresa com base em estratégia, posição no mercado e metas estratégicas. Uma vez que esses recursos tenham sido alocados, todas as sugestões de projetos são comparadas às outras propostas em seu grupo com base em um conjunto único de critérios desenvolvidos para esse grupo.

Desenvolvendo um Programa de Treinamento em Gerenciamento de Projetos

Embasado em suas necessidades específicas de gerenciamento de projetos, você precisa criar um conjunto único de pacotes de treinamento para os gerentes de projetos nos vários níveis e para os vários tipos de projetos. Claramente, os gerentes de projetos para projetos menores serão mais jovens e menos experientes, e eles precisarão de treinamento fundamental, ao passo que os gerentes de projetos que controlam projetos complexos, e especialmente mais incertos, requerem treinamento mais avançado por pessoas mais experientes. Também será útil elaborar um programa de certificação interna, com níveis de atribuições que reflitam os vários estágios de maturidade do gerenciamento de projetos.

O treinamento interno deve ensinar conhecimentos gerais sobre a teoria de gerenciamento de projetos, assim como as práticas e experiências do mundo externo. Adicionalmente, o programa deve representar seus próprios modelos e processos e deve incluir o estudo das lições internas e os estudos de caso de projetos de programas anteriores (incluindo os fracassos) para passar as lições de geração para geração.

Desenvolvendo Planos de Carreira para os Gerentes de Projetos e Critérios para Suas Seleções

O treinamento apenas não é suficiente. Se uma empresa quiser fazer com que o gerenciamento de projetos seja um ativo central competitivo, ela deve investir no gerenciamento de projetos a longo prazo e nas carreiras de seus gerentes de projetos. Primeiramente, é preciso desenvolver diretrizes claras e critérios para a seleção dos gerentes de projetos. Eles devem ser selecionados com base apenas em sua competência técnica (como geralmente é o caso). Um conjunto claro de critérios deve ser estabelecido com base nas habilidades de liderança, de comunicação, de organização, na autoconfiança e propósito, entre outras coisas, e na habilidade de enxergar o quadro geral.

Também seria bom estabelecer um plano claro de carreira no gerenciamento de projetos. O gerenciamento de projetos não deve ser uma tarefa que acontece apenas uma vez, mas sim uma profissão cuja especialidade é tratada como um ativo da empresa. As pessoas devem ser reconhecidas pela sua habilidade em galgar os degraus do gerenciamento de projetos até o nível executivo (diretor de projetos e CEO).

O processo de crescimento dos gerentes de projetos deve ser monitorado e administrado. Os novos gerentes de projetos devem ter mentores e instrutores para guiá-los durante seus estágios iniciais, e os gerentes de projetos mais maduros devem participar de programas de treinamento como instrutores e conselheiros.

Criando um Ambiente de Aprendizado ao Redor dos Projetos

Cada atividade de projeto cria uma oportunidade única de aprendizado. As coisas mudam rapidamente, decisões são tomadas constantemente e erros são cometidos. Lições podem ser aprendidas toda semana e a cada marco, e claramente na conclusão do projeto. Mas poucas organizações têm o hábito de registrar, documentar e compartilhar as lições do projeto por toda a empresa. Por exemplo, sempre que um projeto é terminado, existem lições valiosas que precisam ser aprendidas. Ainda assim, os gerentes (talvez por causa da natureza humana) geralmente tentam evitar discutir ou prolongar-se sobre os fracassos; eles preferem seguir em frente.

Os executivos e CEOs da empresa devem instilar uma cultura de aprendizado ao redor de projetos. Os gerentes devem se habituar a resumir as lições aprendidas em cada oportunidade ou nos principais eventos e documentar um projeto completado (seja este um sucesso ou um fracasso) com relatórios resumidos que descrevam as lições aprendidas. Esse relatório deve ser preparado depois que todos os membros da equipe tenham compartilhado seus pensamentos durante uma longa sessão de discussões sobre o que deu certo e o que deu errado e o porquê, e em seguida distribuído para toda a empresa, talvez na intranet. Desse modo a empresa manterá sua memória organizacional e conseguirá evitar a repetição de fracassos do mesmo tipo.

Além disso, deve-se selecionar os projetos-chave como vitrines e construir uma biblioteca interna de estudos de casos baseados neles. Esses estudos de caso, os quais devem ter um formato comum, servirão como ferramentas de aprendizado para treinamento na empresa e em programas educacionais. Cada um deve envolver a história completa de um caso e um resumo executivo contendo uma lista breve das principais lições.

Comentário Sobre o Papel dos Educadores e Acadêmicos

A educação sobre o gerenciamento de projetos está tipicamente focada em fazer as coisas de maneira tradicional. A maioria dos programas educacionais atuais ensina aos alunos as ferramentas básicas de planejamento, cronograma, gerenciamento de riscos, aquisição e disciplinas semelhantes. Ironicamente, contudo, a maioria das instituições não oferece gerenciamento de projetos em seus currículos, e as necessidades educacionais acadêmicas nesse campo são abordadas em grande parte pelas escolas de engenharia ou de tecnologia.

No entanto, como mostrou este livro, o gerenciamento de projetos é aplicável não apenas em ambientes técnicos. Se, como previmos, a demanda para um melhor gerenciamento de projetos continuar crescendo, a necessidade de educação também aumentará. Isso cria uma oportunidade para as grandes instituições de ensino. Em primeiro lugar, o curso em gerenciamento de projetos deve ser adicionado ao currículo atual. Segundo, a atividade educacional em gerenciamento deve ser ampliada e os programas acadêmicos devem ser desenvolvidos em novas direções de abordagens adaptativas e estratégicas. Terceiro, um papel similar pode ser realizado pelo setor de consultoria e treinamento de gerenciamento de projetos.

Além disso, acreditamos que o estado atual do gerenciamento de projetos também proporciona uma ótima oportunidade para a comunidade de pesquisas.

Se o gerenciamento de projetos captar a atenção dos acadêmicos líderes na teoria da organização e na ciência administrativa, ambas as disciplinas se beneficiarão. Os pesquisadores encontrarão um campo rico, pouco estudado, com pouca teoria, em que poderão ampliar suas experiências e métodos, desenvolver novas estruturas e encontrar novas bases. Isso criará uma corrente contínua de novas idéias e novos conhecimentos em um campo há muito ignorado.

Pensamentos Finais: O Que Vem a Seguir em Gerenciamento de Projetos?

Começamos este livro discutindo alguns atalhos da disciplina de gerenciamento de projetos de hoje – a saber, de que a disciplina convencional se concentra muito na entrega de projetos no prazo, dentro do orçamento e das especificações, e que o corpo de conhecimento existente no gerenciamento de projetos presume que um tamanho serve para todos. Ele é baseado em um modelo rígido, linear e previsível para planejar e gerenciar projetos. Neste livro, tentamos construir uma abordagem prática, baseada em pesquisas, que seja flexível e adaptativa, e que permitirá às empresas lidar com as dinâmicas de mudança e incerteza em projetos modernos de maneira instrutiva e sistemática.

Então, o que vem a seguir? Parece que o gerenciamento de projetos permanecerá, e crescerá ainda mais, como uma atividade central na maioria das organizações. Esperamos que as idéias aqui apresentadas estimulem mais desenvolvimento. Mais teorias e estruturas certamente serão desenvolvidas no futuro, e elas nos darão um entendimento mais profundo e melhor do fenômeno de projetos. Essas teorias e estruturas influenciarão a educação futura, as pesquisas e o gerenciamento de projetos na prática. Previmos que nos próximos anos o gerenciamento de projetos evoluirá para tornar-se uma atividade mais estratégica.[1] Os gerentes de projetos e equipes aprenderão como focar melhor sua atenção nos resultados de negócios em vez de simplesmente "fazer o serviço", e lidarão mais rigorosa e vigorosamente com o efeito esperado de seus projetos tanto no cliente quanto no resultado final da empresa.

NOTAS

CAPÍTULO 1

1. Why GM's Plan Won't Work. *Business Week*, 09 de Maio, 2005
2. Robert Kanigel, *The One Best Way: Frederick Winslow Taylorand the Enigma of Efficiency* (New York: Penguin Books, 1997).
3. Na realidade, Michael Porter escreveu em 1996 que "a eficiência operacional não é uma vantagem competitiva". Michael E. Porter, "What Is Strategy?" *Harvard Business Review* (Nov-Dez, 1996): 61-78.
4. Observe que o Instituto de Gerenciamento de Projetos (PMI) define um projeto como "um empreendimento temporário realizado para criar um produto ou serviço único", e o gerenciamento de projetos como "a aplicação dos conhecimentos, habilidades, ferramentas e técnicas para as atividades do projeto para cumprir os requisitos do projeto", *A Guide to the Project Management Body of Knowledge* (Newtown Square, PA: Project Management Institute, 2004).
5. The Standish Group, *Extreme Chaos* (West Yarmouth), MA: The Standish Group International Inc., 2001).
6. Gerrit Klaschke, *What the CHAOS Chronicles 2003 Reveal* (San Diego, CA: Cost Xpert Group, 2003).
7. Robert G. Cooper, *Winning at New Products* (Reading, MA: Addison-Wesley Publishing Company, 1993); Robert G. Cooper, *Winning at New Products: Accelerating the Process from Idea to Launch*, 3a. ed. (Reading, MA: Perseus Books, 2001).
8. *The Bull Survey* (London: Spikes Cavell Research Company, 1998).
9. Aaron J.Shenhar e Dov Dvir, *Managing R&D Defense Projects* (Tel-Aviv: Institute for Business Research, Universidade de Tel-Aviv e Ministério da Defesa, 1993).

10. Lynda M. Applegate, Ramiro Montealegre, James H. Nelson e Carin-Isabel Knoop, "Implementing the Denver International Airport Baggage-Handling System (A)", Caso 9-396-311 (Boston: Harvard Business School, 06 de novembro, 1996); Paul Stephen Dempsey, Andrew R. Goetz e Joseph S. Szyliowicz, *Denver International Airport: Lessons Learned* (New York: McGraw Hill, 1997).
11. Steve Kemper, *Code Name Ginger: The Story Behind Segway and Dean Kamen's Quest to Invent a New World* (Boston: Harvard Business School Press, 2003).
12. Brian Sauser, Aaron J. Shenhar e Richard Reilly, "Why Projects Fail: How Contingency Theory Can Provide New Insights", relatórios de trabalho, Stevens Institute of Technology, Hoboken, NJ, 2005).
13. Peter W. Morris, *The Management of Projects* (Londres: Thomas Telford, 1997).
14. *A Guide to the Project Management Body of Knowledge*, 2004.
15. Ibid.
16. *Organizational Project Management Maturity Model (OPM3)* (Newtown Square, PA: Project Management Institute, 2003).
17. Terry Williams, "Assessing and Moving on from thc Dominant Project Management Discourse in the Light of Project Overruns", *IEEE Transactions of Engineering Management* 52, nº 4 (2005): 497-508.
18. *A Guide to the Project Management Body of Knowledge,* 2004.
19. Esta declaração foi oferecida por Jeff. K. Pinto e Jeff G. Covin em "Critical Factors in Project Implementation: A Comparison of Construction and R&D Projects", *Technovation* 9 (1989): 49-62.
20. Várias exceções foram oferecidas por vários estudos, como relatamos mais adiante, mas nenhum deles afetou a profissão como um todo. O PMBOK do PMI não faz a distinção entre tipos de projetos.
21. Alex Laufer, em seu livro *Simultaneous Management* (New York: AMACOM, 1998), explorou os conceitos de lidar com incerteza e precisão de planejamento. Sua conclusão é simples: para lidar com a incerteza de um projeto, é preciso planejar, agir e continuar planejando e replanejando.
22. É possível ver este modelo como um "Balanced Scorecard" para projetos. O conceito do Balanced Scorecard foi desenvolvido por Robert S. Kaplan e David P. Norton, da Harvard, para construir uma estrutura da dimensão de sucesso para planejar o sucesso das corporações. Sua estrutura inclui quatro dimensões: cliente, interno, inovação e aprendizado e financeiro. *The Strategy-Focused Organization: How Balanced Scorecard Companies Thrive in the New Business Environment* (Boston: Harvard Business School Press, 2000).

CAPÍTULO 2

1. Uma revisão breve do projeto de construção do Opera House de Sidney pode ser encontrado no http://www.aviewoncities.com/sydney/operahouse.htm. A história completa pode ser encontrada em Peter Murray, *The Saga of Sydney Opera House: The Dramatic Story of the Design and Construction of the Icon of Modern Australia* (Londres: Spon Press, 2003).
2. Por exemplo, como observa Jeffrey K. Pinto e Dennis R. Slevin, "Existem poucos tópicos no campo de gerenciamento de projetos que são tão freqüentemente discutidos, e ainda assim pouco acordados, como o da idéia de sucesso do projeto" ("Project Success: Definitions and Measurement Techniques", *Project Management Journal* 19, nº 1 (1988): 67).
3. Um resumo do desenvolvimento do Ford Taurus pode ser encontrado em http://media.ford.com/article_display.cfm?article_id=15702. Lewis C. Veraldi, o pai do Taurus, aposentou-se da Ford Motor Company três anos após o lançamento do Taurus (Jophn Lowell, "Ford's 'Clean-Up' Hitter: Lewis C. Veraldi Retires", *Ward's Auto World*, Dezembro de 1989).
4. Pascal G. Zachary, *Showstopper! The Breakneck Pace to Create Windows NT and the Next Generation at Microsoft* (New York: The Free Press, 1994).
5. Fred Guterl, "Design Case History: Apple's Macintosh", *IEEE Spectrum* (Dezembro, 1984): 34-43.
6. David Baccarini, "The Logical Framework Method for Defining Project Success", *Project Management Journal* 30, nº 4 (1999): 25-32.
7. Aaron J. Shenhar, Dov Dvir, Ofer Levy e Alan Maltz, "Project Success: A Multidimensional Strategic Concept", *Long-Range Planning* 34 (2001): 699-725; e Aaron J. Shenhar, Dov Dvir e Ofer Levy, "Mapping the Dimensions of Project Success", *Project Management Journal* 28, nº 2 (1997): 5-13.
8. Robert S. Kaplan e David P. Norton, *The Balanced Scorecard* (Boston: Harvard Business School Press, 1996); e Robert S. Kaplan e David P. Norton, *The Strategy-Focused Organization: How Balanced Scorecard Companies Thrive in the New Business Environment* (Boston: Harvard Business School Press, 2000).
9. Shenhar *et al.*, "Project Sucess: A Multidimensional Strategic Concept"; e Alan C. Maltz, Aaron J. Shenhar e Richard R. Reilly, "Beyond the Balanced Scorecard: Refining the Search for Organizational Success Measures", *Long Range Planning* 36 (2003): 187-204. Veja também Aaron J. Shenhar e Dov Dvir, "Long Term Success Dimensions in Technology-based Organizations", em *Handbook of Technology Management*, ed. Gerard H. Gaynor (New York: McGraw Hill, 1996), 32.1–32.15.
10. Mark Freeman e Peter Beale, "Measuring Project Success", *Project Management Journal* 1 (1992): 8-17.

11. Edward McSpendon, "Los Angeles Metro Rail: A World-Class Rail System", *PmNetwork* (Janeiro, 1994): 17-23.
12. Em Shenhar *et al.* ("Project Sucess: A Multidimensional Strategic Concept"), usamos apenas quatro dimensões. Nossa última pesquisa expandiu nosso modelo para incluir a quinta dimensão, impacto na equipe. Veja Maltz *et al.*, "Beyond the Balanced Scorecard: Refining the Search of Organizational Success Measures".
13. Um estudo realizado por Stan Lipovetsky, Asher Tishler, Dov Dvir e Aaron J. Shenhar mostrou que das quatro dimensões de sucesso do projeto, os respondentes classificaram o impacto no cliente como a mais importante, e a eficiência do projeto como a segunda mais importante. As outras duas dimensões eram normalmente classificadas muito mais abaixo em importância. Mesmo assim, para os tipos especiais de projetos, outras dimensões podem ganhar em importância. Por exemplo, para um estudo sobre a viabilidade, a construção do futuro é o propósito principal. Para mais detalhes, veja Stan Lipovetsky, Asher Dishler, Dov Dvir e Aaron Shenhar, "The Relative Importance of Project Success Dimensions", *R&D Management* 27, nº 2 (1997): 97-106.

CAPÍTULO 3

1. Aaron J. Shenhar, Dov Dvir e Shlomo Alkaher, "From a Single Discipline Product to a Multidisciplinary System: Adapting the Right Style to the Right Project", *System Engineering* 6, nº 3 (2003): 123-134.
2. O Project Management Institute iniciou um estudo para descobrir se, e quais, sistemas de classificação são usados pelas organizações. Veja Lynn Crawford, Brian Hobbs e Rodney J. Turner, *Project Categorization Research Report* (Newtown Square, PA: Project Management Institute, Departamento de Pesquisa, 2004).
3. Aaron J. Shenhar e Dov Dvir, "Toward a Typological Theory of Project Management", *Research Policy* 25 (1996): 607-632; Aaron J. Shenhar, "One Size Does Not Fit All Projects: Exploring Classical Contingency Domains", *Management Science* 47, nº 3 (2001): 394-414; e Aaron J. Shenhar e Dov Dvir, "How Projects Differ and What to Do About It", em *Handbook of Managing Projects*, eds. Jeffrey Pinto e Peter W. G. Morris (New York: Wiley, 2004).
4. A história foi originalmente escrita por Takahashi Hidemine, http://web-japan.org/nipponia/nipponia16/start.html.
5. http://pocketcalculatorshow.com/walkman/history.html.
6. Michael Maccoby, "Is There a Best Way to Build a Car?" *Harvard Business Review* 75, nº 6 (1997): 161-170; e Fred Kern, "Launching the BMW Z3: The

007 James Bond Edition", 2003, http://users.belgacom.net/bmw_z3/bmw_z3_history.htm.

7. John McQuaid, "Katrina Trapped City in Double Disasters", *New Orleans Time-Picayne*, Setembro 7, 2005.
8. Shenhar e Dvir, "Toward a Typological Theory of Project Management"; Aaron J. Shenhar, "From Theory to Practice: Toward a Typology of Project Management Styles", *IEEE Transactions on Engineering Management* 41, nº 1 (1998): 33-48; Shenhar, "One Size Does Not Fit All Projects"; e Shenhar e Dvir, "How Projects Differ and What to Do About It".
9. Essas categorias foram usadas por Steve Wheelright e Kim Clark em seu livro *Revolutionizing Product Development* para indicar os projetos de R&D agregados de uma empresa (New York: The Free Press, 1992).
10. Shenhar e Dvir, "Toward a Typological Theory of Project Management"; Dov Dvir, Stan Lipovetsky, Aaron J. Shenhar e Asher Tishler, "In Search of Project Classification: A Non-Universal Approach to Project Success Factors", *Research Policy* 27 (1998): 915-935; Shenhar, "From Theory to Practice: Toward a Typology of Project Management Styles"; e Shenhar, "One Size Does Not Fit All Projects".
11. Shenhar e Dvir, "How Projects Differ and What to Do About It".
12. Um estudo sobre os sistemas de classificação usados pelas empresas pode ser encontrado em Crawford *et al.*, *Project Categorization Research Report*.
13. Eric Datrton, *Divided We Stand: A Biography of New York's World Trade Center* (New York: Basic Books, 1999).
14. Angus K. Gillespie, *Twin Towers: The Life of New York's City World Trade Center* (New Brunswick, NJ: Rutgers University Press, 1999).

CAPÍTULO 4

1. Steven Wheelright e Kim Clark usaram esses três termos para descrever os projetos de desenvolvimento. Eles também adicionaram um quarto tipo: projetos de P&D (os quais também podem ser categorizados pelo nível de tecnologia, como discutido mais adiante no capítulo 5). Os gerentes são aconselhados a usar esses tipos para criar um *portfolio* agregado de projetos para auxiliar uma organização na alocação de seus esforços em proporção à necessidade de projetos de cada tipo, e seus benefícios. Steven C. Wheelright e Kim B. Clark, *Revolutionizing Product Development* (New York: The Free Press, 1992).
2. Para mais detalhes, veja Burr Snider, "The *Toy Story* Story", *Wired*, Dezembro, 1995, http://www.wired.com/wired/archive/3.12/toy.story.html.

3. William J. Abernathy e James M. Utterback, "Patterns of Industrial Innovation", *MIT Technology Review* 80, nº 7 (1978): 40-47.
4. William J. Abernathy e Kim B. Clark, "Innovation: Mapping the Winds of Creative Destruction", *Research Policy* 14 (1985): 2-22; e Rebecca M. Henderson e Kim B. Clark, "Architectural Innovation: the Reconfiguration of Existing Product Technologies and the Failure of Established Firms", *Administrative Science Quarterly* 35 (1999): 9-30.
5. Clayton M. Christensen escreveu em seu livro *The Innovator's Dilemma*, "Mercados que não existem não podem ser analisados". *The Innovator's Dilemma: When New Technologies Cause Great Firms to Fail* (Boston: Harvard Business School Press, 1997).
6. Geoffrey A. Moore, *Crossing the Chasm* (New York: HarperCollins Publishers, 1991).
7. Christopher M. McDermott e Gina Colarelli O'Connor, "Managing Radical Innovation: An Overview of Emergent Strategy Issues", *Journal of Product Innovation Management* 19, nº 6 (2002): 424-438.
8. Charles O'Reilly e Michael Tushman introduziram o termo *organização ambidestra*, na qual as empresas emergentes são administradas separadamente da empresa existente, com culturas e processos diferentes, mas sob a mesma organização central. Charles O'Reilly e Michael Tushman, "The Ambidextrous Organization", *Harvard Business Review*, vol. 82 (Abril, 2004): 74-81.
9. Christensen, *The Innovator's Dilemma*; Clayton M. Christensen e Michael E. Raynor, *The Innovator's Solution*. (Boston: Harvard Business School Press, 2003).
10. Em seu livro *Mastering the Dynamics of Innovation* (Boston: Harvard Business School Press, 1994), James Utterback descreve como a natureza das organizações muda quando um projeto dominante de inovação é adotado. Ele distingue entre a organização orgânica e a mecanística. À medida que o produto torna-se padronizado e é produzido em um processo sistemático, a independência entre as subunidades organizacionais aumenta gradualmente, tornando difícil e oneroso incorporar inovações radicais. Parece ser necessário prover uma coordenação rígida que estabeleça rotinas consistentes e regras para minimizar a ineficiência e os custos nas operações. Esse tipo de estrutura é conhecida como mecanística.
11. Charles W. L. Hill, "Establishing a Standard: Competitive Strategy and Technological Standards in Winner-take-all Industries", *Academy of Management Executive* 11, nº 2 (1997): 7-25.
12. Steve Kemper, *Code Name Ginger: The Story Behind Segway e Dean Kamen's Quest to Invent a New World* (Boston: Harvard Business School Press, 2003). Veja também Jeffrey S. Pinegar e Gregory Cohen, "Book review on *Code Name Ginger: The Story Behind Segway and Dean Kamen's Quest to*

Invent a New World", Journal of Product Innovation Management 21, nº 2 (2004): 221-224.

13. Steve Kemper (*Code Name Ginger*) viveu na residência de Kamen por vários meses. Kemper freqüentemente conversava com Kamen à noite e conseguiu estudar o papel de Kamen no processo de desenvolvimento do Segway. O livro ilustra em detalhes como a presença de Kamen afetou o projeto. Mais especificamente, três facetas da personalidade de Kamen se sobressairam: ele temia que outros fabricantes descobrissem e roubassem o projeto; ele sempre tinha a autoridade final sobre a direção do produto e se recusava a abrir mão do controle; e ele era o entusiasta final e vendedor.
14. Kemper, *Code Name Ginger*, 195. Esta passagem revela o que seja talvez uma das maiores lições do livro e explica porque Kamen não estava preocupado com a falta de pesquisa de mercado. A pesquisa de mercado que tenta pedir soluções aos respondentes sempre fracassa na geração de idéias inovadoras, e, evidentemente, este havia sido o único tipo de pesquisa de mercado que Kamen tenha testemunhado. No entanto, os clientes são a melhor, e mais confiável, fonte para identificar as necessidades do mercado, algo que Kamen talvez não tenha percebido.
15. Cliff Havener e Margaret Thorpe, "Customers Can't Tell You What They Want (Mythology of Product Development and Marketing Strategy)", *Management Review* 83, nº 12 (1994): 42-45.
16. Kemper, *Code Name Ginger*, 227

CAPÍTULO 5

1. Lynda M. Applegate, Ramiro Montealegre e Carin-Isabel Knoop, "BAE Automated Systems (B): Implementing the Denver International Airport Baggage-Handling System", Caso 9-396-311 (Boston: Harvard Business School, 1996).
2. Aaron J. Shenhar, Rias van Wyk, Joca Stefanovic e Gerard Gaynor, "Toward a Fundamental Entity of Technology" (trabalho apresentado na conferência da Associação Internacional para Gestão da Tecnologia, Washington, DC, 2004).
3. Aaron J. Shenhar, "From Low to High-tech Project Management", *R&D Management* 23, nº 3 (1993): 199-214; Aaron J. Shenhar e Dov Dvir, "Toward a Typological Theory of Project Management", *Research Policy* 25 (1996): 607-632; e Aaron J. Shenhar, "One Size Does Not Fit All Projects: Exploring Classical Contingency Domains", *Management Science* 47, nº 3 (2001): 394-414.
4. Essa associação é baseada em estudos anteriores, igualando "alta-tecnologia" com o uso extensivo de novas tecnologias, e maturidade tecnológica

com baixa incerteza. Veja William L. Shanklin e John K. Ryans Jr., *Marketing High Technology* (New York: Lexington Books, 1984); Philip A. Roussel, Kamal N. Saad e Tamara J. Erickson, *Third Generation R&D* (Boston: Harvard Business School Press, 1991); e Kathleen M. Eisenhardt e Behnam N. Tabrizi, "Accelerating Adaptive Processes: Product Innovation in the Global Computer Industry", *Administrative Science Quarterly* 40 (1995): 84-110.

5. Arthur D. Little, "The Strategic Management of Technology" (trabalho apresentado no European Management Forum, Davos, Suiça, 1981); Roussel *et al.*, *Third Generation R&D*.
6. Little, "The Strategic Management of Technology".
7. Ibid.; Roussel *et al.*, *Third Generation R&D*, e Eisenhardt e Tabrizi, "Accelerating Adaptive Processes".
8. L. J. Bourgeois III e Kathleen M. Eisenhardt, "Strategic Decision Processes in High Velocity Environments: Four Cases in the Microcomputer Industry", *Management Science* 34, nº 7 (1988): 816-835.
9. Little, "The Strategic Management of Technology".
10. Veja Charles R.Pellegrino e Joshua Stoff, *Chariots for Apollo* (New York: Athenaeum, 1985); e Ray Villard, "From Idea to Observation: The Space Telescope at Work", *Astronomy* (Junho de 1989): 38-44.
11. Pesquisas passadas sugerem que o processo de desenvolvimento de novos produtos e resultados dependem do nível de incerteza percebida a respeito do ambiente externo (por exemplo, Tom Burns e George M.Stalker, *The Management of Innovation* (Londres: Oxford University Press, 1994); Noel Capon, John U. Farley, Donald Lehmann e James M. Hulbert, "Profiles of Product Innovators among Large U.S. Manufacturers", *Management Science* 38, nº 2 (1992): 157-169; e Billie Jo Zirger e Modesto A. Maidique, "A Model of New Product Development", *Management Science* 36, nº 7 (1990): 867-883). Entretanto, a pesquisa não explica precisamente como as organizações se adaptam ao processo de desenvolvimento quando um ambiente externo é considerado como altamente incerto. Existem várias fontes de incerteza percebida sobre o ambiente: incerteza tecnológica, incerteza do consumidor, incerteza competitiva e incerteza de recurso (Kim B. Clark, "The Interaction of Design Hierarchies and Market Concepts in Technological Evolutions", *Research Policy* 14 (1985): 235-251; Robert B. Duncan, "Characteristics of Organizational Environments and Perceived Environmental Uncertainty", *Administrative Science Quaterly* 17 (1972): 313-327; Lawrence R. Jauch e Kenneth L. Kraft, "Strategic Management of Uncertainty", *Academy of Management Review* 11, nº 4 (1986): 777-790; e Frances J. Milliken, "Three Types of Perceived Uncertainty about the Environment: State, Effect, and Response Uncertainty", *Academy of Management Review* 12, nº 1 (1987): 133-143. Incerteza tecnológica percebida se refere à percepção da inabili-

dade de um indivíduo em prever precisamente ou entender completamente alguns aspectos do ambiente tecnológico (Kirk E. Downey, Don H. Hellriegel e John W. Slocum Jr., "Environmental Uncertainty: The Construct and Its Application", *Academy of Management Journal* 18, nº3 (1975):562-577; e Milliken, "Three Types of Perceived Uncertainty about the Environment"). Song e Montoya-Weiss descobriram que a integração multifuncional, o marketing e a sinergia técnica do projeto, e a proficiência no marketing e nas atividades técnicas de desenvolvimento diferencialmente contribuem com o desempenho do projeto em incerteza tecnológica percebida alta *versus* a baixa. Michael X. Song e Mitzi M. Montoya-Weiss, "The Effects of Perceived Technological Uncertainty on Japanese New Product Development", *Academy of Management Journal* 44, nº 1 (2001): 61-80.

12. Uma discussão sobre protótipos foi fornecida por Steven C. Wheelright e Kim B. Clark em seu livro, *Revolutionizing Product Development* (New York: The Free Press, 1992). A respeito da novidade do produto, eles recomendam o uso de um ciclo de projeto com protótipos como uma ferramenta gerencial para melhorar a qualidade do produto e encurtar o tempo para o mercado. Eles sugerem o uso de protótipos no processo de desenvolvimento de novos produtos de acordo com seu nível de novidade e, conseqüentemente, congelamento do plano em fases diferentes do projeto.
13. National Research Council, *Improving Engineering Design: Designing for Competitive Advantage* (Washington, DC: National Academy Press, 1991).
14. Karl E.Weick, *The Social Psychology of Organizing*, 2ª ed. (Reading, MA: Addison-Wesley Publishing, 1979).
15. Aaron J. Shenhar, Dov Dvir e Shlomo Alakaher, "From a Single Discipline Product to a Multidisciplinary System: Adapting the Right Style to the Right Project", *System Engineering* 6, 3 (2003): 123-134.
16. O objetivo é manter o processo flexível para se adaptar às mudanças emergentes no ambiente (Ken Kamoche e Miguel Pina e Cunha, "Minimal Structures: From Jazz Improvisation to Product Innovation", *Organization Studies* 22, nº 5 (2001): 733-764). Entretanto, existem riscos em ser flexível por muito tempo, tal como a fixação do conceito errado ou o atraso na data de conclusão do projeto.
17. Paul J. Crickmore, *Lockheed SR-71: The Secret Mission Exposed*, 3ª. ed. (Oxford: Osprey Publishing, 2000); Richard H. Graham, *SR-71 Revealed: The Inside Story* (Osceola, WI: MBI Publishing, 1996); http://www.sr-71.org; e http://www.nasm.si.edu/research/aero/aircraft/lockheed_sr71.htm.
18. A história de *skunk works* (atividades paralelas) foi contada por Johnson em seu livro biográfico. Segundo a Wikipedia, "O termo *skunk works* (atividades paralelas) vem do quadrinho de Al Capp, *Li'l Abner*, que era popular nos anos 40. No quadrinho, a "Skonk Works" era uma usina de fundo de

quintal operada por Big Barnsmell, conhecido como o 'infiltrado na Skonk Works'. Na sua instalação secreta, ele fabricava 'suco de *kickapoo joy*' ao moer gambá morto com sapatos velhos em uma tina sobre brasa" (http://en.wikipedia.org/wiki/Skunk_works). Kelly Johnson e Maggie Smith, *Kelly: More Than My Share of It All* (Washington, DC: Smithsonian Books, 1990).

19. Em meados dos anos de 1980, Barry Boehm, na época o cientista chefe na TRW Inc., arquitetou o desenvolvimento espiral como um meio de reduzir o risco em grandes projetos de software. Boehm enfatizou uma abordagem cíclica, na qual os clientes avaliavam os resultados iniciais e os engenheiros identificavam os potenciais pontos problemáticos logo no estágio inicial. Embora Boehm tenha formulado o desenvolvimento espiral para a engenharia de software, o Departamento de Defesa adaptou a técnica como parte de sua estratégia de aquisição evolucionária para obter tecnologias mais novas em plataformas maiores, como os veículos de assalto e sistemas de computador, muito mais rapidamente.
20. Charles R.Pellegrino e Joshua Stoff, *Chariots for Apollo: The Making of the Lunar Module* (New York: Atheneum,1985).
21. Marianne W. Lewis, M. Ann Welsh, Gordon E. Dehler e Stephen G. Green, "Product Development Tensions: Exploring Contrasting Styles in Project Management", *Academy of Management Journal* 45, nº 3 (2002): 546-564.
22. Aaron J. Shenhar, "Project Management Style and the Space Shuttle Program: A Retrospective Look", *Project Management Journal* 23, (1992): 32-37.
23. Richard S. Lewis, *The Voyage of Columbia, the First True Space Ship* (New York: Columbia University Press, 1984).
24. Marianne Lewis *et al.*, "Product Development Tensions".
25. *Report of Columbia Accident Investigation Board*, vol. 1 (Washington, DC: National Aeronautics and Space Administration, 2003), 6.
26. "Embora o projeto tenha crescido em termos de complexidade técnica, o Ministério de Gerenciamento e Orçamento forçou a NASA a manter – ou pelo menos prometer manter – o desenvolvimento do Ônibus e os custos operacionais baixos. Em maio de 1971, foi dito à NASA que ela poderia contar com um máximo de $5 bilhões distribuídos por cinco anos para qualquer programa novo de desenvolvimento. Este teto orçamentário forçou a NASA a desistir de sua esperança de construir um veículo totalmente re-usável em dois estágios e deu início a uma busca intensa de seis meses para um projeto altenativo... A NASA fez reivindicações audazes sobre as economias esperadas que seriam derivadas das tecnologias revolucionárias que ainda não haviam sido desenvolvidas... Durante 1970, os líderes da NASA esperavam assegurar a aprovação da Casa Branca para o desenvolvimento de um veículo totalmente re-usável para fornecer acesso tripulado de rotina e custo baixo ao espaço. Entretanto, a equipe do Ministério de Gerencia-

mento e Orçamento da Casa Branca, encarregada por Nixon para a redução do orçamento da NASA, estava cética sobre o valor de vôos espaciais tripulados, especialmente por causa de seu alto custo. Para superar essas objeções, a NASA passou a justificar o Ônibus Espacial em termos econômicos. Ela argumentava que se o mesmo veículo lançasse todas as cargas úteis do governo e do setor privado e se este veículo fosse re-usável, então o custo total de lançamento e manutenção de satélites poderia ser dramaticamente reduzido. Esse argumento econômico, no entanto, dependia da disposição do Departamento de Defesa em usar o Ônibus para colocar mais cargas úteis de segurança nacional em órbita. Quando combinadas, cargas úteis comerciais, científicas e de segurança nacional precisariam de 50 missões do Ônibus Espacial por ano. Isso era o suficiente para justificar – pelo menos no papel – o investimento no Ônibus". *Report of Columbia Accident Investigation Board*, vol. 1, 22.

27. Joseph J. Trento, *Prescription for Disaster* (New York: Crown Publishers, 1987).
28. Shenhar, "Project Management Style and the Space Shuttle Program".
29. Nível de prontidão tecnológica (NPT) é uma métrica/medida da maturidade de uma tecnologia específica e a comparação consistente da maturidade entre tipos diferentes de tecnologia. Ela inclui os seguintes níveis: Nível 1: Princípios básicos observados e suportados, Nível 2: Conceito tecnológico e/ou aplicação formulados, Nível 3: Função crítica analítica e/ou experimental e/ou provas de conceito características, Nível 4: Validação do componente e/ou modelos experimentais em ambiente laboratorial, Nível 5: Validação do componente e/ou modelos experimentais em ambiente relevante, Nível 6: Demonstração do sistema/subsistema ou protótipo em um ambiente relevante, Nível 7: Demonstração de um protótipo do sistema em um ambiente espacial, Nível 8: Sistema real completado e "qualificado para vôo", Nível 9: Sistema real "aprovado para vôo" por meio de várias operações de missões. *Veja* Aaron J. Shenhar, Dov Dvir, Dragan Milosevic *et al.*, "Toward a NASA-specific Project Management Framework", *Engineering Management Journal* 17, nº 4 (2005): 8-16.

CAPÍTULO 6

1. Kenneth Boulding foi talvez o primeiro a conceitualizar a idéia de sistemas e subsistemas. Em seu famoso artigo de 1956, "General System Theory: The Skeleton of Science", ele escreveu que tudo em nosso universo é feito de sistemas e subsistemas, e identificou nove níveis. Kenneth E. Boulding, "General System Theory: The Skeleton of Science", *Management Science* 2 (1956): 197-208. Veja também David L. Marples, "The Decisions of Engineering De-

sign", *IEEE Transactions on Engineering Management* EM-8 (1961): 55-71; e Christopher Alexander, *Notes on the Synthesis of Form* (Cambridge, MA: Harvard University Press, 1964).

2. Kim B. Clark, "The Interaction of Design Hierarchies and Market Concepts in Technological Evolution", *Research Policy* 14 (1985): 235-251.
3. Eberhardt Rechtin, *Systems Architecting* (Englewood Cliffs, NJ: Prentice Hall, 1991).
4. Veja, por exemplo, Johannes M.Pennings, "Structural Contingency Theory: A Reappraisal", *Research in Organizational Behavior* 14 (1992): 267-309; e Harold D. Doty e William H. Glick, "Typologies as a Unique Form of Theory Building: Toward Improved Understanding and Modeling", *Academy of Management Review* 19, nº 2 (1994): 230-251.
5. Dov Dvir, Stan Lipovetsky, Aaron J. Shenhar e Asher Tishler, "In Search of Project Classification: A Non-uniform Mapping of Project Success Factors", *Research Policy* 27 (1998): 915-935.
6. Para uma descrição detalhada do desenvolvimento do Blackbird, veja Clarence L."Kelly" Johnson e Maggie Smith, *Kelly: More Than My Share of It All* (Washington, DC: Smithsonian, 1985).
7. S. J. Manne e L. Collins, "Reconstructuring an Aging Infrastructure", *Project Management Journal* (Abril, 1990): 9-24.
8. Jack K. Lemley, "The Channel Tunnel: Creating a Modern Wonder of the World", *PmNetwork* 6 (1992): 14-22.
9. Wayne F. Cascio, *The Guide to Responsible Restructuring* (Darby, PA: DIANE Publishing Co., 1995).
10. Ford Motor Co., *Ford Facts* (Dearborn, MI, 1994); David Sedgwick, "Fixing Ford", *Detroit News*, 18 de setembro, 1994, 1-5; "Corporate Scoreboard", *Business Week*, 06 de março, 1995, 101; Ford Motor Co., "Ford to Realign Worldwide Automotive Processes and Organization to Manage Them", Public Affairs Office News Release, 21 de abril, 1994.
11. Oscar Suris, "Retooling Itself, Ford Stresses Speed, Candor", *Wall Street Journal*, 27 de outubro, 1994, B1-B10.
12. Greg Gardner, "Report Card Time: Ford Shows Big Gains in Annual 'Productivity' Gauge", *Ward's AutoWorld*, 01 de agosto, 1998.
13. Harold Kerzner, *Project Management: A Systems Approach to Planning, Scheduling, and Controlling*, 8ª ed. (New York: John Wiley & Sons, 2003); Jack R. Meredith e Samuel J. Mantel Jr., *Project Management: A Managerial Approach*, 5ª ed. (New York: Wiley, 2003); Dennis Lock, *Project Management*, 8ª ed. (Aldershot, Hampshire, UK: Gower Publishing Company, 2003).
14. Para uma explicação sobre como construir o WBS de um projeto, veja, por exemplo, G. D. Lavold, "Developing and Using the Work Breakdown Structure", em *Project Management Handbook*, editores David I. Cleland e William R. King (New York: Van Nostrand Reinhold,1988), 302-323.

15. Aaron Shenhar, Asher Tishler, Dov Dvir, Stan Lipovetsky e Thomas Lechler, "Refining the Search for Project Success Factors: A Multivariate Typological Approach", *R&D Management* 32, nº 2 (2002): 111-126.
16. Lemley, "The Channel Tunnel".
17. A Estação Espacial Internacional é o maior e mais complexo projeto científico internacional da história, e representa um passo de escala sem precedentes do planeta mãe. Liderada pelos Estados Unidos, a Estação Espacial Internacional faz uso dos recursos científicos e tecnológicos de 16 nações: Canadá, Japão, Rússia, 11 nações da Agência Espacial Européia e Brasil. Sendo mais de quatro vezes maior do que a estação espacial russa Mir, a Estação Espacial Internacional terá, quando completada, uma massa de aproximadamente 471.736 quilos. Ela mede 108,51 m de largura e 88,39 m de comprimento, com quase um acre de painéis solares para fornecer a energia elétrica para seis laboratórios de vanguarda (http://www.shuttlepresskit.com/ISS_OVR/). Veja também a entrada "Strategic Defense Initiative", *Columbia Encyclopedia*, 6ª ed. (New York: Columbia University Press, 2004); http://www.bartleby.com/65/st/StratDI.html); e Janet A. McDonnell, *After Desert Storm: The U.S. Army and the Reconstruction of Kuwait* (Honolulu, HI: University Press of the Pacific, 2002).
18. Mike Hobday, Howard Rush e Joe Tidd, "Innovation in Complex Products and Systems", *Research Policy* 29, nº 7-8 (2000): 793-804; Paul Nightingale, "The Product-Process-Organization Relationship in Complex Development Projects", *Research Policy* 29 (2000): 913-930; e Aaron J. Shenhar, "From Theory to Practice: Toward a Typology of Project-Management Styles", *IEEE Transactions on Engineering Management* 45, nº 1 (1993): 33-47.
19. Andrew P. Sage e William R. Rouse, "An Introduction to Systems Engineering and Systems Management", em *Handbook of Systems Engineering and Management*, editores Andrew P. Sage e William R. Rouse (New York: Wiley Press, 1999); e Lee K. Hansen e H. Rush, "Hotspots in Complex Product Systems: Emerging Issues in Innovation Management", *Technovation* 18, nº 8/9 (1998): 555-561.
20. O conceito de necessidades e capacidades é usado pela Sharp Corporation para identificar e decidir se ela vai ou não em busca de oportunidades comerciais. Ela combina as necessidades identificadas dos clientes com as capacidades da empresa, "Sharp Corporation's Technology Strategy", Caso 9-793-064 (Boston: Harvard Business School, revisado em abril de 1995).
21. Kevin Forsberg, Hal Mooz e Howard Cotterman, *Visualizing Project Management*, 2ª ed. (New York: Wiley, 1997).
22. Eberhardt Rechtin e Mark W. Maier, *The Art of System Architecting* (New York: CRC Press, 1997).

CAPÍTULO 7

1. Kathleen M. Eisenhardt e Shona L.Brown, *Competing on the Edge: Strategy as Structured Chaos* (Boston: Harvard Business School Press, 1998); Kathleen M. Eisenhardt e Shona L. Brown, "Time Pacing: Competing in Markets That Won't Stand Still", *Harvard Business Review* 3, nº 4 (1998): 59-69; e Shona L.Brown e Kathleen M. Eisenhardt, "The Art of Continuous Change: Linking Complexity Theory and Time-paced Evolution in Relentlessly Shifting Organizations", *Administrative Science Quarterly* 42 (1997): 1-34.
2. Marco Iansiti e Alan MacCormack discutem os meios pelos quais os projetos devem ser gerenciados em ambientes incertos e dinâmicos que apresentam desafios fundamentais para os gerentes. Entre as gerações sucessivas de produtos, evoluções significativas podem ocorrer tanto nas necessidades do cliente que um produto precisa abordar quanto nas tecnologias que ele emprega para satisfazer essas necessidades. Além disso, mesmo em um projeto de desenvolvimento simples, as empresas precisam responder às novas informações ou risco no desenvolvimento de um produto que é obsoleto no dia em que este é lançado, *Developing Products on Internet Time* (Boston: Harvard Business School Press, 1999).
3. *Mars Climate Orbiter Mishap Investigation Board Phase I Report* (Washington, DC: National Aeronautics and Space Administration, 1999).
4. Thomas A.Young, "Confusing Lines of Responsibility and Accountability Created", *Mars Program Independent Assessment* (Washington, DC: National Aeronautics and Space Administration, 2000), slide 46.
5. Noel Hinners, entrevista pessoal, 04 de fevereiro de 2004.
6. Aaron J. Shenhar, Dov Dvir, Thomas Lechler e Michael Poli, "One Size Does Not Fit All: True for Projects, True for Frameworks, (trabalho apresentado na Primeira Conferência de Pesquisa da PMI, Seattle, Julho de 2002).
7. Eliyahu M.Goldratt, *Critical Chain* (Great Barrington, MA: North River Press, 1997).

CAPÍTULO 8

1. Steve Jobs, entrevistado em "How Big Can Apple Get?", *Fortune,* 21 de fevereiro de 2005, 66-76.
2. Para mais detalhes sobre o gerenciamento do *portfolio* de projetos, veja Gerald L. Kendall e Steven C. Rollins, *Advanced Project Portfolio Management and the PMO: Multiplying ROI at Warp Speed* (Fort Lauderdale, FL: J. Ross Publishing, 2003); Harvey A. Levine, *Project Portfolio Management: A Practical Guide to Selecting Projects, Managing Portfolios, and Maximizing*

Benefits (São Francisco, CA: Jossey-Bass, 2005); e Stephen S. Bonham, *IT Project Portfolio Management* (Norwood, MA: Artech House Books, 2005).

3. Muitos autores estudaram o gerenciamento do *portfolio* de projetos. Bob Cooper é talvez o mais influente. Robert G. Cooper, Scott J. Edgett e Elko J. Klein-schmidt, *Portfolio Management for New Products*, 2ª ed. (Cambridge, MA: Perseus Books, 2001) afirma que um *portfolio* deve ser estrategicamente alinhado. Isso significa que todos os projetos estão "na estratégia" e que a divisão de gastos entre os projetos, áreas, mercados e assim por diante, precisa espelhar as prioridades estratégicas. Vários métodos de *portfolio* são projetados para alcançar o alinhamento estratégico. Um deles é o conceito de *cestas estratégicas*. O processo começa no topo, com o desenvolvimento da estratégia comercial e continua com a formulação da estratégia de inovação do produto, resumindo as metas comerciais, e concordando em onde e como focar os novos esforços do produto. Em seguida, você decide como dividir seus recursos: "Dada a estratégia, onde você deveria gastar seu dinheiro?" Você pode fazer essas divisões de acordo com os tipos de projetos, linhas de produtos, mercados ou setores da indústria, e assim por diante. Assim sendo, as cestas estratégicas, ou envelopes de recursos, são estabelecidas. Em seguida, dentro de cada cesta ou envelope, classifique seus produtos – ativo, em espera e novo – até que todos os recursos nas cestas sejam alocados. O resultado são vários *portfolios*, um *portfolio* por cesta.
4. Aaron J. Shenhar, Dov Dvir, Thomas Lechler e Michael Poli "One Size Does Not Fit All: True for Projects, True for Frameworks" (trabalho apresentado na Conferência de Pesquisa do PMI, Seattle, julho de 2002).
5. Clayton M. Christensen, Michael E. Raynor e Scott D. Anthony, "Six Keys to Building New Markets by Unleashing Disruptive Innovation, Management Gurus: The Importance of Disruptive Ideas & Innovation Chaos", http://hbswk.hbs.edu/item/3374.html.
6. Tom Burns e George M. Stalker, *The Management of Innovation* (Londres: Tavistock, 1961).
7. Em contraste à natureza exploratória de muitos estudos sobre gerenciamento de projetos, a literatura sobre inovação tem sido mais rica em seu desenvolvimento teórico. Uma noção central neste desenvolvimento foi a distinção entre inovação incremental e radical (Burns e Stalker, *The Management of Innovation;* Edwin Mansfield, *Industrial Research and Technical Innovation* (New York: Norton, 1968); Gerald Zaltman, Robert Duncan e Jonny Holbek, *Innovations and Organizations* (New York: Wiley, 1973); Michael Moch e E.V. Morse, "Size, Centralization and Organizational Adaptation of Innovations", *American Sociological Review* 42 (1977): 716-725; Stewart P. Blake, *Managing for Responsive Research and Development* (São Francisco: Freeman and Co., 1978); William J. Abernathy e James M. Utter-

back, "Patterns of Industrial Innovation", *Technology Review* (junho-julho, 1978): 40-47; Chris Freeman, *The Economics of Industrial Innovation*, 2ª ed. (Cambridge, MA: MIT Press, 1982); John E. Ettlie, W. P. Bridges e R. D. O'Keffe, "Organizational Strategy and Structural Differences for Radical vs. Incremental Innovation", *Management Science* 30 (1984): 682-695; e Robert D. Dewar e Jane E. Dutton, "The Adoption of Radical and Incremental Innovations: An empirical Analysis", *Management Science* 32 (1986): 1422-1433) Uma nova categoria chamada de "inovação do sistema" foi mencionada por Donald G. Marquis ("The Anatomy of Successful Innovations", *Innovation* 7 (1969): 28-37), que talvez tenha sido o primeiro a introduzir um modelo conceitual para o processo de inovação. Segundo esse modelo, a inovação é caracterizada por interações contínuas entre tecnologia e mercados até a realização final do produto. O estudo dos tipos de inovação tomou novas direções nos últimos 30 anos, caracterizando inovações de maneiras mais novas, mais refinadas e algumas vezes ambíguas (Hubert Gatignon, Michael T. Tushman, Wendy Smith e Philip Anderson, "A Structural Approach to Assessing Innovation: Construct Development of Innovation Locus, Type, and Characteristics", *Management Science* 48, nº 9 (2002): 1103-1122). Por exemplo, Rebecca M. Henderson e Kim B. Clark ("Architectural Innovation: The Reconfiguration of Existing Product Technologies and the Failure of Established Firms", *Administrative Science Quarterly* 35 (1990): 9-30) uniu tipos diferentes de mudança tecnológica à classe do produto. De acordo com essa visão, produtos são compostos de componentes centrais de tecnologia e suas uniões (arquitetura), resultando em quatro tipos de mudança tecnológica: incremental, radical, modular e arquitetural. A inovação arquitetural envolve mudanças nos mecanismos de união entre os subsistemas, e a inovação modular envolve mudanças nos subsistemas. Michael L. Tushman e Philip Anderson ("Technological Discontinuities and Organizational Environments", *Administrative Science Quarterly* 31 (1986): 439-465) fazem a distinção entre os tipos de inovação que são construídas sobre as competências existentes e aquelas que destroem as competências. Uma direção diferente por Clayton M. Christensen (*The Innovator's Dilemma* (Cambridge, MA: Harvard Business School Press, 1997); "Disruptive Technologies: Catching the Wave", Anotações para Ensino 5-699-125, Boston: Harvard Business School Publishing, 1998) sugeriu uma distinção entre inovação sustentável e disruptiva, baseada no fato de a inovação poder ser construída sobre as capacidades existentes ou destruí-las. Numa tentativa recente de ordenar algumas dessas inconsistências, Gatinon *et al.* ("A Structural Approach to Assessing Innovation") desenvolveu um conjunto abrangente de medidas para avaliar a localização, o tipo e as características de uma inovação.

8. Charles Perrow, "A Framework for the Comparative Analysis of Organizations", *American Sociological Review* 32 (1967); 194-208; James D. Thompson, *Organizations in Action* (New York: McGraw-Hill, 1967); Mansfield, *Industrial Research and Technical Innovation*; Zaltman *et. al*, *Innovations and Organizations*; Moch e Morse, "Size, Centralization and Organizational Adaptation of Innovation"; Blake, *Managing for Responsive Research and Development*; Abernathy e Utterback, "Patterns of Industrial Innovation"; Chris Freeman, *The Economics of Industrial Innovation*, 2ª ed.(Cambridge, MA: MIT Press, 1982); Jay R. Galbraith, "Designing the Innovating Organization", *Organizational Dynamics* (Inverno de 1982): 5-25; Robert A. Burgelman, "A Process Model of Internal Corporate Venturing in the Diversified Major Firm", *Administrative Science Quarterly* 28 (1983): 223-244; Ettlie, Bridges e O'Keffe, "Organizational Strategy and Structural Differences for Radical vs. Incremental Innovation"; Robert Drazin e Andrew H.Van de Ven, "Alternative Forms of Fit in Contingency Theory", *Administrative Science Quarterly* 30 (1985): 514-539; Dewar e Dutton, "The Adoption of Radical and Incremental Innovation: An Empirical Analysis"; e Johannes M. Pennings, "Structural Contingency Theory: A Reappraisal", *Research in Organizational Behavior* 14 (1992): 267-309.
9. Abernathy e Utterback, "Patterns of Industrial Innovation".
10. Henderson e Clark, "Architectural Innovation".
11. Ibid.
12. Christensen, *The Innovator's Dilemma*; Clayton M. Christensen e Michael E. Raynor, *The Innovator's Solution* (Boston: Harvard Business School Press, 2003); Clayton M. Christensen, *Seeing What's Next* (Boston: Harvard Business School Press, 2004).
13. "Gartner Group's Dataquest Says Nokia Become Nº 1 Mobile Phone Vendor in 1998", Garner Group Press Release, 1999. http://www.gartner.com/5_about/press_room/pr19990208a.html.
14. Este caso é baseado em um artigo de Benjamin Fulford, "Another Dimension", *Forbes*, 02 de julho de 2002.
15. Geoffrey A. Moore, *Crossing the Chasm: Marketing and Selling High-Tech Products to Mainstream Customers*, 2ª ed. (New York: HarperCollins, 1999).
16. Everett M. Rogers, *Diffusion of Innovations,* 4ª ed. (New York: The Free Press, 1995).
17. Bill Yenne e Morton Grosser editores, *100 Inventions that Shaped World History* (San Mateo, CA: Bluewood Books, 1983).
18. Raytheon company, "Technology Leadership: Magnetron Tubes", http://www.raytheon.com/about/history/leadership/index.html.

CAPÍTULO 9

1. *A Guide to the Project Management Body of Knowledge*, 3ª ed. (Newtown Square, PA: Project Management Institute, 2004).
2. Lynn Crawford, Brian Hobbs e Rodney Turner (*Project Categorization Systems* (Newtown Square, PA: Project Management Institute, 2004) estudaram a categorização de sistemas usada pelas empresas. Segundo suas descobertas, muitas organizações não usam uma estrutura explícita para categorização. Eles dividiram as razões pelas quais as organizações podem categorizar projetos em dois grupos: alinhamento estratégico e especialização da capacidade. O alinhamento estratégico está focado em certificar-se de que a organização está fazendo o conjunto certo de projetos e que os projetos empreendidos estão alinhados com a estratégia organizacional e com a capacidade da organização em empreender e completar projetos. A especialização da capacidade está focada em fazer os projetos certos.
3. Alex Laufer, *Simultaneous Management* (New York: AMACOMM, 1996).
4. Josh Weston, apresentação para os alunos do Instituto Stevens de Liderança Executiva da Tecnologia (Hoboken, NJ: 29 de julho de 2006).
5. Eli Goldratt em seu livro *Critical Chain* (Great Barrington, MA: North River Press, 1997), introduziu o conceito de "buffers do projeto" para indicar a folga que os projetos precisam deixar de acordo com o critério do gerente de projeto. Em vez de deixar que cada atividade retenha sua própria folga, os projetos teriam mais êxito se planejassem suas atividades programadas sem folgas e usassem uma folga total do projeto para as atividades que acabam sendo realizadas mais tarde.
6. Por exemplo, Christoph H. Loch, Arnoud DeMeyer e Michael T. Pich desenvolveram uma estrutura para o gerenciamento dos riscos de projetos com base em incertezas imprevistas e complexidades dos projetos (*Managing the Unknown: A New Approach to Managing High Uncertainty and Risk in Projects*, Hoboken, NJ: Wiley & Sons, Inc., 2006). Eles introduziram os conceitos de *seleção* e *aprendizado* para lidar com os vários tipos de incerteza e complexidade.
7. *A guide to the Projectmanagement Body of Knowledge*, Capítulo 11.
8. Loch *et al*, *Managing the Unknown.*
9. Nossa pesquisa não foi especificamente focada em calcular os riscos de projetos. Contudo, oferecemos essas idéias iniciais como uma direção possível para pesquisas adicionais.
10. Alex Laufer, *Simultaneous Management.*
11. Somos gratos a Max Wideman que nos ajudou a desenvolver a estrutura de pacotes de trabalho. Veja Max Wideman e Aaron J. Shenhar, "Professional and Personal Development Management", em *Project Management for the Business Professional: A Comprehensive Guide*, ed. Joan Knutson (New York: John Wiley, 2001).

12. Karen A. Brown, Thomas G. Schmitt, Richard J. Schonberger e Stephen Dennis, "Quadrant Homes Applies Lean Concepts in a Project Environment", *Interfaces* 34, nº 6 (2004): 442-450.
13. James P. Womack e Daniel T. Jones, *Lean Thinking* (New York: Simon and Schuster, 1996).
14. *Business Week*, 21 de março de 2005.

CAPÍTULO 10

1. Vários livros e artigos foram escritos sobre o processo de desenvolvimento de produtos para consumo. Aqui está uma lista parcial: Bruce T. Barkley e James H. Saylor, *Customer-Driven Project Management: Building Quality in to Project Success* (New York: McGraw-Hill Professional, 2001); Robert G. Cooper, *Winning at New Products*, 3ª ed. (Reading, MA: Perseus Book-Group, 2001); Milton D. Rosenau, Abbie Griffin, George A. Castellion e Ned F. Anschuetz editores, *The PMDA Handbook of New Product Development* (NewYork: Wiley, 1996); Robert J. Thomas, *New Product Development: Managing and Forecasting for Strategic Success* (NewYork: John Wiley and Sons, 1993).
2. Uma descrição mais detalhada do processo de gerenciamento de projetos industriais e comerciais encontra-se nos seguintes livros: Michael A. Cusumano e Kentaro Nobeoka, *Thinking Beyond Lean: How Multi-Project Management Is Transforming Product Development at Toyota and Other Companies* (New York: Free Press, 1998); Jeffery K. Pinto e Pelka Rouhiainen, *Building Customer Based Project Organization* (New York: Wiley, 2001); Joint Development Board, *Industrial Engineering Projects* (Oxford, UK: Routledge, 1997).
3. Uma descrição excelente de um grande projeto de transporte público construído em Boston pode ser encontrado em Dan McNichol e Andy Ryan, *The Big Dig* (New York: Silver Lining Books, 2000). Veja também Peter Vanderwarker, *The Big Dig: Reshaping an American City* (Boston: Little Brown and Company, 2001).
4. PMI publicou uma extensão para o PMBOK para projetos governamentais, elaborando sobre a metodologia e técnicas que são especialmente importantes para tais projetos. *Government Extension to a Guide to the Project Management Body of Knowledge* (Newtown Square, PA: PMI, 2002).
5. Jennifer Bean e Lascelles Hussey, *Project Management for Non-Profit Organizations: Ensuring Projects Deliver Their Objectives in Time and on Budget* (Londres: HB Publications, 2005).

6. As histórias de vários projetos espaciais importantes podem ser encontradas em Alex Laufer e Edward J. Hoffman, *Project Management Success Stories: Lessons of Project Leadership* (New York: Wiley, 2000).
7. Existem alguns livros específicos sobre gerenciamento de projetos, a maioria deles sobre projetos de construção e desenvolvimento de software. Existem também alguns livros sobre projetos automotivos e farmacêuticos, mas muito pouco sobre outros tipos de projetos.

CAPÍTULO 11

1. Veja, por exemplo, Aaron J. Shenhar, "Strategic Project Leadership: Toward a Strategic Approach to Project Management", *R&D Management* 34, nº 5 (2004): 569-578.

Índice Remissivo

Os Anexos estão disponíveis em *www.mbooks.com.br*, no link referente a este livro.

D

J

K

Q

R

U

V

W

Y

SOBRE OS AUTORES

Aaron J. Shenhar é Professor de Administração do Instituto e fundador do Programa de Gerenciamento de Projetos do Instituto de Tecnologia Stevens, a Howe School of Technology Management. Ele também atua como professor visitante na Universidade de Minnesota e na Universidade de Tel-Aviv. Shenhar foi o primeiro ganhador do Prêmio de Realizações em Pesquisa do Instituto de Gerenciamento de Projetos e foi nomeado Gerente de Engenharia do Ano pela Associação de Gerenciamento de Engenharia do IEEE. Ele é adjunto e membro do comitê de ciências no Centro de Pesquisa no Gerenciamento de Programas/Projetos na Associação de Pesquisas Espaciais de Universidades da NASA.

Antes de entrar para a vida acadêmica, ele esteve envolvido em empresas de gerenciamento de projetos, inovações, P&D e de alta tecnologia, por quase 20 anos. Ao trabalhar para a indústria de defesa, serviu como executivo na Rafael, o Departamento de Desenvolvimento de Armamentos de Israel, onde foi nomeado Vice-presidente Corporativo de Recursos Humanos, e mais tarde, Presidente da Divisão de Sistemas Eletrônicos.

Em sua segunda carreira, Shenhar fundou o centro de pesquisa e ensino em gerenciamento de projetos, gerenciamento de tecnologia e inovação, desenvolvimento de produtos e liderança de profissionais em organizações embasadas em tecnologia. Sua literatura – mais de 150 publicações, incluindo mais de 60 artigos de pesquisa – influenciaram e moldaram a pesquisa e educação em gerenciamento de projetos no mundo todo. Atualmente, ele atua como consultor para a indústria aeroespacial e para grandes corporações globais, tais como 3M, NASA, Honeywell, Trane, o Exército dos EUA, BMG Entertainment, Lockheed Martin, Dow Jones & Co. e a Indústria de Aviação de Israel.

Shenhar tem cinco títulos acadêmicos, incluindo um BSc e MSc em engenharia pelo Technion em Israel, MSc em estatísticas e sistemas econômicos de engenharia e PhD em engenharia pela Universidade de Stanford. O professor Shenhar é fundador do Technological Leadership Institute, uma empresa de consultoria que foca no alinhamento de empresas e tecnologia.

A carreira de **Dov Dvir** combina anos de experiência prática e acadêmica. Ele é chefe do Departamento Administrativo da Faculdade de Administração na Universidade Ben Gurion em Israel. Ele também atua como professor visitante no Stevens Institute of Technology. Dvir foi fundador e chefe do Departamento de Gerenciamento da Tecnologia no Centro Holon para Educação Tecnológica.

Antes de sua carreira acadêmica, trabalhou para a indústria militar e de defesa de Israel, onde participou em todas as fases de engenharia e administração, de gerente de projetos a posições executivas. Ele serviu como comandante de um grande centro tecnológico nas Forças Israelitas de Defesa no posto de coronel.

Dvir acumulou mais de 80 publicações, incluindo mais de 30 artigos de pesquisa. Seu trabalho se concentra em pesquisa, ensino e consultoria em gerenciamento de projetos, gerenciamento de tecnologia, inovação e empresariado.

Dvir é BSc em engenharia do Techion em Israel, MBA e MSc em pesquisas operacionais e PhD em Administração da Universidade de Tel-Aviv.